· 管理者的主要任务是发现人、培养人，并依靠他们去完成任务 ·

不懂带人，你就自己做到死

平庸团队到精英团队的带人法则

BUDONG DAIREN

NIJIU ZIJI ZUODAOSI

王　剑◎著

成都时代出版社
CHENGDU TIMES PRESS

图书在版编目（CIP）数据

不懂带人，你就自己做到死 / 王剑著. -- 成都 :
成都时代出版社，2014.4（2018.6 重印）
ISBN 978-7-5464-1049-4

Ⅰ. ①不… Ⅱ. ①王… Ⅲ. ①企业领导学－通俗读物
Ⅳ. ①F272.91-49

中国版本图书馆 CIP 数据核字(2013)第 299286 号

不懂带人，你就自己做到死
BU DONG DAI REN, NI JIU ZI JI ZUO DAO SI
王 剑 著

出 品 人　石碧川
责任编辑　李 林
责任校对　李 航
装帧设计　彭 彭
责任印制　唐莹莹

出版发行　成都时代出版社
电　　话　（028）86621237（编辑部）
　　　　　（028）86615250（发行部）
网　　址　www.chengdusd.com
印　　刷　三河市人民印务有限公司
规　　格　170mm×240mm　1/16
印　　张　17
字　　数　230 千
版　　次　2014 年 4 月第 1 版
印　　次　2018 年 6 月第 4 次印刷
书　　号　ISBN 978-7-5464-1049-4
定　　价　39.80 元

前　言

常言道："一个人是条龙，三个人便成虫。"表面上看，"三人成虫"是因为不懂得合作、各自为战造成的，其实，本质上是因为没有优秀的领导者带领这个团队。如果一个团队有优秀的领导者带队，那么，这个团队绝不会萎靡不振。相反，它还会产生"1 +1 +1 > 3"的团队效应。

企业管理的关键就在于带人、带团队，正所谓："火车跑得快，全靠车头带。"在企业中，管理者就是火车头，管理者是否懂得带人，直接关系到企业这列火车的奔跑速度，直接关系到团队的战斗力。

俗话说："不怕狼一样的对手，就怕猪一样的队友。"如果把这句话改成"不怕狼一样的对手，就怕猪一样的领导"，用于形容不会带人、不懂带团队的管理者，显然再合适不过。比如，楚霸王项羽"力拔山兮气盖世"，在战场上总是一马当先，勇猛无比，可是由于不会带人，最后他还是被刘邦打败。

刘邦可怕吗？其实没那么可怕，与其说项羽是刘邦打败的，不如说是他自己打败了自己。要知道，项羽在楚汉争霸中，尤其是在战争前期，有着绝对的优势，还有一批文臣武将的辅佐。但由于他不会用人、不会激励人，无法把部属凝聚在一起，使得团队的力量没有释放出来，最后自刎于乌江，沦为一代悲情英雄。

反观刘邦，由于善于识人、用人、授权、激励，又深谙人性弱点，懂得以情感人、以利诱人、以事业留人，所以他能把部属紧密团结在自己周围，让大家誓死追随。事实证明，江山不是一个人打下来的，而是领导者带领一帮干将打下来的。如果你能成为一名善于带领团队的领导者，那么你离事业成功就不远了。

优秀的领导者可以把团队里的“庸才”变成干将，可以把各抒己见、众说纷纭的不同意见整合成统一的行动方略，让每个团队成员都心服口服地接受命令，坚决执行；优秀的团队领袖可以把各自为阵、自行其是的团队成员团结在一起，让大家相互协作，使大家拧成一股绳，释放出强大的团队战斗力。

所以，身为企业老板、企业领导者和管理者，一定要了解员工，一定要学会激励员工，一定要学会正确用人，让对的人做对的事。因为只有充分了解了员工，才清楚员工的优势与不足；只有学会激励员工，才能让员工始终保持激情与斗志；只有正确用人，才能把员工放在最合适的岗位上，让他们扬长避短，为企业做出最大的贡献。

要记住，企业管理的本质不是领导者事必躬亲，而是要求领导者高瞻远瞩、统筹全局。表面上看，管理是管人管事，但实际上管理是指挥人、是带人心。只有赢得了人心，你才能登高一呼、应者云集；只有赢得了员工的心，才会有员工追随你左右；只有赢得了人心，你才能得天下。所以，带人需要用情，需要坦诚，需要胸怀，需要以身作则，需要个人魅力，但唯独不需要“单干”，否则，你干到死，也难有成就。

目录
CONTENTS

第一章　给你一个团队，你会管理吗？

企业界不乏单打独斗的“高手”，他们个人能力很强，责任意识、执行力都很强，但他们不一定能管理好团队。因为“帅才”与“将才”是不一样的。那么，怎样才能管理好一个团队呢？带团队就是带野心，带欲望，带状态；企业管理是一个借力过程，失败的领导者以其一己之力解决众人问题，成功的领导者聚众人之力解决企业问题。

第二章　不懂带人，你就自己干到死

如果管理只是单纯地管人，就算你费尽心思，绞尽脑汁，也不可能把人管好，只有懂得从管人上升到带人，才能把企业管好。不懂带人，新人难以成长。结果要么是蜀中无大将，廖化为先锋；要么干脆无人可用，最后不得不更加事必躬亲，累及自我。不懂带人，再好的点子也是纸上谈兵，再好的项目也只能胎死腹中。带好人，就可以实现1+1>2的效果，不懂带人，就会使1+1<2。

第三章　用制度管人，按制度办事

车水马龙的道路上如果没有红绿灯的规范，就会陷入混乱；公司里如果没有制度的约束，就无法正常运转。身为企业的管理者，要想保持企业的稳定发展和高效运营，就必须建立一套合理的制度，用制度管人，按制度办事，只有这样才能让“坏”人在好的制度约束下不敢做坏事，慢慢地变成好人，而让好人在制度的保护下，能够充分发挥自己的激情和干劲，为企业的发展注入无穷的能量。只有这样，企业才能长久地发展。

第四章　令出如山，不能让自己的命令打任何折扣

很多管理者有一流的创意和点子，注重制定一流的战略，但是下属却用三流的执行力来对待一流的战略，最后的结果与想象大相径庭。但如果企业有一流的执行力。即使创意和战略差一点，企业也会充满希望。执行力就是竞争力。企业战略的

实施需要有高绩效的执行力，执行力是企业经营环节中最重要的因素。一流的执行力是企业生死存亡的关键，如果一个企业没有高效的执行力，就将失去竞争力。

第五章　领导者一定要有让人甘心追随的魅力

没有凝聚力的团队，就是一群乌合之众，人数再多，也是一盘散沙，无法产生 1+1>2 的战斗力。只有通过凝聚力，才能将团队成员融合在一起、拧成一股绳，那么靠什么来凝聚团队呢？靠的是团队领袖的领导力和魅力。就像一只手的 5 个手指，手掌相当于领袖，只有当手掌具备领导力时，它才能把 5 个手指拧成一个充满力量的拳头，才能克敌制胜。若想提升自己的领导力，领导者自身一定要有让人甘心追随的魅力。

第六章　管事先管人，管人要管心

你可以管好一件事，但不一定能管好一个人。你可以用制度管住员工的手脚和言行，让他们在规定的范围内行事，但是却管不住员工内心的想法。如果员工不信服你、不信任你，但仅仅因为你是领导者，而不得不屈服于你的“淫威”，那么你无疑是个失败的领导。如果你不希望这种情况出现在自己身上，那么就要重视管心。管心就要懂人心，就要懂人情、通人性，要清楚员工需要什么、清楚员工精神上有哪些需求，才能更好地满足他们，从而赢得他们的心。

第七章　会用人，你的管理就会事半功倍

在任何一个企业、团队里，往往需要各式各样的人才。任何一个人，不可能方方面面都出色，也不可能每一个方面都差劲。因此，用人之道的根本在于善于发现、发挥下属的一技之长，这样往往能取得事半功倍的效果。一个成功的领导者，不在于自己有多大本事、能干多少事，而在于他清楚地了解每个下属的优缺点，将他们放在正确的位置上，让他们做正确的事情。这样才能轻松管好人才、用好人才，推动企业发展。

第八章 团结起来的队伍才叫团队，凝聚力决定战斗力

中国有句俗话叫：“人心齐，泰山移。”意思是只要人们心向一处，共同努力，就能发挥出移动高山的巨大力量，克服任何困难。这句话告诉我们，人心凝聚在一起，团结才能产生倍增的力量。即便个体非常弱小，但只要能团结起来，蚂蚁都可以战胜雄狮。因此，团队的领袖应该重视打造凝聚力，让大家心往一处想，劲往一处使，这样的团队才能迸发出强大的战斗力。

第九章 会激励、善批评，把庸才变干将

带团队就是带野心、带欲望、带状态；会带人的领导，带出一群“狼”，不会带人的领导，只会带出一群“羊”，不怕狼一样的对手，就怕猪一样的领导。管理者的主要任务是发现人、培养人，并依靠他们去完成任务。企业说到底是人，管理说到底是借力。只有集众人之力、之智慧，企业才会成功。失败的管理者事必躬亲，靠一己之力解决管理问题；成功的领导者能把身边的庸才变成干将，人尽其才、集众人的力量与智慧把企业做强做大。

第十章　只有把权力放出去，你才是真正的权力拥有者

有一句话说得很好：“紧攥着拳头里面什么也没有，张开双手你才能拥有全世界。”把这句话用到企业管理者授权上，再恰当不过了：当一个管理者紧攥着权力不肯放手时，他不是权力的拥有者，而是权力的奴隶。只有当他把权力授予下属，让下属有空间释放自己的能力时，管理者才是真正的权力拥有者。要知道，权力不是用来控制人的，而是用来激励人做事的，所以，学会授权才是管理者最应该做的事情。

第十一章　上通下达，良好的沟通是管理的生命线

没有沟通就没有管理，美国通用电气公司前首席执行官杰克·韦尔奇曾说过一句名言：“管理就是沟通，沟通，再沟通。”对于管理者来说，有了沟通，工作才能交办清楚，才能有效地把握下属执行的情况；对下属来说，有了沟通，下属才能明白领导者的意图，才知道执行的方向、达到的效果。尤其是在出现重大问题时，唯有沟通才能保证信息的上传下达。所以，一言以蔽之，沟通是管理的生命线。

第十二章　向员工描绘蓝图，好的领导者必须是一个造梦大师

企业发展离不开美好的愿景和伟大的蓝图，离不开宏伟的目标和合理的计划。管理者应该把企业的愿景和蓝图告诉员工，把自己的梦想，把企业的梦想和目标传达给员工，与员工一同分享，以激发员工无限的斗志和工作激情。要让员工看到企业是充满希望的，这样员工才会有希望。同时，管理者要帮员工进行职业规划，让员工不再迷茫，而是每天都有奔头。在这种情况下，员工才会积极进取，为企业的发展贡献力量。

第一章 Di Yi Zhang

给你一个团队，你会管理吗？

企业界不乏单打独斗的“高手”，他们个人能力很强，责任意识、执行力都很强，但他们不一定能管理好团队。因为“帅才”与“将才”是不一样的。那么，怎样才能管理好一个团队呢？带团队就是带野心，带欲望，带状态；企业管理是一个借力过程，失败的领导者以其一己之力解决众人问题，成功的领导者聚众人之力解决企业问题。

1. 团队打天下，管理定江山

有一位智者带着徒弟在河边散步，忽然，智者向徒弟提了一个问题："怎样才能使一滴水永不干涸？"徒弟想了很久，答道："将它托入掌心。"智者笑着说："非也、非也！将它投入大海之中。"

当一滴水融入了大海，它才不会干涸；当一个人融入了团队，他才能更好地施展才华、成就自我。要知道，单个人的力量是渺小的，尤其是在企业打天下时，尽管有些创业者特别能干，但他们个人的力量也是有限的，只有借助团队的力量，才能打下一片更大的江山。

可是，打江山容易，守江山难。相比于带领团队打天下，在打下天下之后，如何治理天下、管理天下，让属于你的天下稳步地发展，会有更大的难度。很多创业者带领一帮员工风风火火"闯九州"，闯下"九州"之后，却意味着事业的止步甚至终结。有一项调查显示，中国的中小企业平均寿命不到3年，这就是"守江山难"的最好例证。

为什么会这样呢？因为打江山时，人们会想：我什么也没有，放手一搏，失败了也没什么。在这种心理状态下，他们会有一股勇往直前、毫无畏惧、破釜沉舟的精神。在与困难斗智斗勇，反复周旋的过程中，不断地获得成功，自信心、进取心会一步步被激发出来，最终取得胜利。而守江山时，人们容易因骄傲而失去危机感，或因取得成就而自以为是，认为自己无所不能，于是轻率冒进。

当然，最根本的原因在于，管理一个公司是一门深奥的学问，管理不当公司就会陷入混乱，这样公司就很难继续发展下去。如果企业管理得当，公司就会有生生不息的生命力，一代一代地传承下来。这一点在著名的美国杜邦公司的发展历程中，就有明显的体现。

杜邦公司从1802年创立至今，已经有200多年的历史，是世界500强企业中最长寿的公司。它之所以如此长寿，得益于杜邦家族在企业制度上的不断创新。

早期的杜邦公司在管理上，崇尚个人英雄主义，尤其是亨利·杜邦掌权时，就特别独裁，哪怕是细微的决策他都要亲力亲为，所有的支票他亲自开，所有合同他亲自签。这种管理方式在他39年的任期内取得了较好的效果，将公司的发展带到了一个前所未有的高度，并帮助他建立起了杜邦帝国。这种成功得益于亨利·杜邦超强的个人能力，而不是得益于完善的企业制度。因此，当他卸任之后，杜邦公司就出现了危机。

1889年，亨利·杜邦去世，他的侄子尤金成为接班人。但由于他的管理经验不足，能力有限，导致公司的效益大衰退，差一点就葬送了杜邦公司。杜邦家族见到这种情况，马上意识到问题，于是决定改行集团式经营的管理体制。

在新的管理架构下，最高决策权依然掌控在杜邦家族手中，但他们拒绝亲力亲为，而是把执行权交给执行委员会。同时，杜邦公司实行制度化管理，而不是仅仅靠人来管理。自从实行这种管理模式后，杜邦公司的效益显著提高。

但是，决策权过于集中也有缺陷，因为市场瞬息万变，杜邦家族在做决策时，很难适应市场的变化。鉴于这种情况，杜邦公司开始深化管理体制改革，把权力下放给分部，这再一次促使杜邦公司获得大发展。

然而，在激烈的市场竞争中，杜邦公司在20世纪60年代初遇到了一次严重的危机。当时他们不得不出售10亿多美元的通用股票，导致公司多年的优良资产被剥离。同时，公司控制的美国橡胶公司也被洛克菲勒家族抢走。

出现这种问题，说明原有的经营模式不再适应公司的发展。于是，科普兰·杜邦临危授命，出任杜邦公司的第11任总经理兼董事长，并改变了原有的经营方针。1967年底，科普兰放弃总经理一职，而是让非杜邦家族的马可担任总经理。科普兰还放弃了财务委员会议长的职位，他只担任董事长一职。由此，杜邦公司“三驾马车”式的体制正式成立。1971年，科普兰又让出了董事长的职务。

科普兰对管理职务的放弃在杜邦发展史上是一个创举，因为在他之前，杜邦家族以外的人无权担任公司最高职务。但是他果断地打破了这一家族恶习，结束了杜邦公司长达170年的专制。从此，杜邦公司从家族企业转变成现代巨型的总经理式企业。

如今，杜邦家族成员基本上成了优秀的经理职员，只有一人进入公司的董事会。尽管杜邦家族在董事会中的人数越来越少，并且基本不参与重要的经营决策，但杜邦家族仍是公司的拥有者，占有公司最大份额的利润。

从第11任总裁科普兰至今，尽管杜邦公司换了8任董事长，但公司的制度一直沿袭了下来。由此我们可以发现，杜邦公司之所以能长久地发展，不在于由谁管理，而在于用什么样的制度来管理。因为单凭人来管理，受限于人的能力，会产生截然不同的管理效果，但用制度管理，按制度执行，一切都在制度的规范下正常地运转。所以，管理定江山，本质上是制度管理定江山。

其次，杜邦公司的发展还告诉我们，企业制度并非一成不变，而要随着现实环境不断地调整，不断地创新。科普兰的制度变革就体现了这一观点。可以说，杜邦的可持续发展与它的制度创新是分不开的。

所以，领袖是打天下的“王”，制度是定江山的“王”。一个企业有怎样的统帅，关系到这个企业能否打下江山，而一个企业有怎样的制度，关系到这个企业能否长久发展。只有坚持制度为王、制度创新为王的管理思想和模式，企业的江山才能永固。

2. 真正的领导是管人的，而不是做事的

在我们身边，不乏夜以继日加班、身先事卒的领导者，他们一边用“拼命三郎”的精神工作，一边抱怨下属的能力不够。他们不知道，领导者的定位是什么？究竟是干什么的？也不知道，正是他们的大包大揽，导致了下属的能力“退化”。

想一想：在过去的一周里，你有多少时间是在做事，有多少时间是在管人、带人？所谓做事，是指你自己去执行具体任务，亲上执行一线，所谓管人、带人，是指你做企业战略规划、制定企业目标、给员工分派任务，然后追踪员工执行进程，根据员工的表现加以指点，或给员工做示范，给员工做评估等等。

如果你把一周的 5 天工作和所花的时间列出来，就会发现用在管人、带人上的时间很少，而用在做事上的时间很多，那么你就要开始改变了。因为真正的领导是管人、带人，而不是做具体琐碎的事情。如果你把过多的时间投入到公司琐碎的事情上，就意味着你在管人、带人上花的精力太少，这势必会影响你带团队的效果。

有一位管理专家在培训课上讲过这样一段话：中层管理者应该用 50% 的时间管人、带人，用 50% 的时间做事；高层管理者应用 80% 的时间管人、带人，用 20% 的时间做事。如果你喜欢做事，无法说服自己少做事，那么你永远无法成为优秀的企业领导者。因为你这种喜欢做事的习惯，注定了你不适合做领导者。

在惠普公司，定位领导者有一个基本的原则，那就是管理者是教练而不是老板。因为老板可以发号施令，但教练却不同，教练水平的高低要看

他带的团队水平如何，而不是看他个人能力多强、多么能干。其实，惠普的这个原则很好地阐释了真正的领导是管人、带人，而不是做事。

看过足球联赛、篮球联赛的人都知道，球队的整体素质、赢球的场次和最终的排名，才是一个教练水平高低的体现。因此，作为一名优秀的领导者，一定要完成从自己做事到指导别人做事的转变。也许一件事，领导者自己做只需 1 个小时，但教下属做却要花 3 个小时，但是领导者别无选择，必须花时间教别人，只有授人以渔，让下属变得更优秀，让团队变得更有战斗力，领导者才是称职的教练。

与此同时，领导者还要容忍下属在某些方面比自己差，甚至很多地方不如自己。试想一下，如果下属各方面都比你强，那他就不应该是你的部下，而应该是你的上司了。如果你有这种心态，那么你就会有足够的耐心来管理、领导下属、提升整个团队的水平了。

事实上，领导者管人、带人主要表现在这样两点：第一，用规章制度管理员工，让公司在一个有秩序、有纪律的环境下运转。第二，善于用人，因为领导者是帅，帅就要会用兵，会用人。善于用人的领导者，懂得发现下属的优点，让下属做擅长的事情，因此他们身边总是人才济济，各个下属都能在某一方面独当一面。

在《史记·淮阴侯列传》中，有关于刘邦与韩信的一段对话，很好地表明了领导者是帅而非将；是管人、带人的而非做事；是把员工放在正确位置上，让员工发挥自己特长的而非把员工放在错误位置上，泯灭员工优势和激情。

有一次，刘邦问韩信："像我这样的人你看能带领多少士兵？"

韩信说："超不过 10 万人。"

刘邦又问："那你呢？"

韩信说："多多益善。"

刘邦有些不高兴："你能多多益善，那怎么还是被我抓了呢？"

韩信说："你不善带领兵卒，却善于领导将士，这就是我韩信为你所用的原因。"

在这段对话中，韩信提出了关于“帅才”和“将才”的概念。在韩信看来，他是一个将才，擅长带兵打仗、攻城拔寨，而刘邦是帅才，擅长领导大将，给大将放权，让大将去战斗、去执行任务。事实就是如此，刘邦不仅领导着韩信，还领导着张良与萧何。这三人在刘邦手下，各自在自己擅长的位置上施展才能，最后帮刘邦夺得天下。

领导者是帅才，管理者是将才，帅才比将才高一个层次，帅才偏重于战略思维，其学识和涵养有助于提升自己的思维空间和眼界，以保证总揽全局、放眼长远。而将才是在一定范围内掌控局势，带领下属完成统帅分派的任务，他们偏重于战术或方式方法的研究。

对于领导者而言，你要做的不是按照你的想法去塑造下属，而是为他们的成长提供条件，帮助团队获得成功。通过发现下属的优势，给下属安排正确的职位，让他们更好地发挥自己的才能。这才是领导者真正要做的事情。

3. 管理大师首先是一位心理学大师

在管理学上，有一个著名的霍桑试验，它很好地反映了员工在工作中，情绪、心理的变化会影响工作效率，进而影响企业效益。这个实验的具体情况是这样的：

1924年，美国西方电气公司在芝加哥附近的霍桑纺织工厂遇到了经营问题：这个纺织厂的工人没什么问题，老板也富有人情味，十分开明，生产和经营的秩序良好。但奇怪的是，细纱车间的工人流动率出奇得高。相比于其他车间5%—6%的流动率，细沙车间的工人流动率竟高达50%。

1927年冬，心理学教授伊尔顿·梅奥应邀参加了以霍桑工厂为对象的霍桑试验。在他之前，先后有不少工程师对这种高流动率的现象进行了诊断和治疗，所采取的办法无外乎“胡萝卜加大棒”，制度约束和奖金激励并用。但是先后制定了4个奖金方案，都没有根本性地解决问题。

就在人们认为这是行业的通病、无法解决时，工厂的老板却不认这个理，他请来了梅奥，要求他彻底弄清这个问题的症结所在。梅奥通过对工厂和工人的观察，发现纺纱车间的环境、工作条件、管理办法与其他部门没有什么两样，都是每周5天工作制，每天工作10个小时，5个小时一班。换班之间，有45分钟的吃饭兼休息时间。

不过，梅奥发现了一个问题：在纺纱车间里，工人在一个长约30码的狭窄过道中看管两边的纺纱机，每个过道里有3名工人，他们的任务就是接续纱锭上的断线。这种工作看似简单，可是非常单调沉闷，需要高度的注意力，还要不停地走动，并且在接线和换纱锭时，要保持很快的速度。更可怕的是，上班的时候，每个工人都是孤独的，根本无法与同伴说话交流。

由于“上班太累”，细纱工人下班之后，没有心思参加娱乐活动。最终，他们干不了几个月，就会出现情绪暴躁、莫名其妙大发脾气的现象，他们过得不开心，最后只好选择辞职走人。

面对这种状况，梅奥认为，工人的情绪低落、工作疲惫是导致工作效率低下的罪魁祸首。于是从1923年10月到1924年2月，梅奥在细沙车间推行上下午各两次（共4次）工间休息的方案，每次休息10分钟。既可以躺着休息，也可以打个盹。在这种制度下，细纱车间的员工彼此多了沟通，还建立了友善的关系。

原来工厂规定，要想拿到奖金，必须完成标准定额的75%以上，可是细纱车间的员工，从来没有完成定额的70%。但是自从推行了休息制度，细纱车间的工作效率大幅度提升，在实验初期的5个月，车间每个月生产量稳居在定额的80%左右，一直没拿到过奖金的纺纱工人连续拿到了奖金，工人的情绪非常高涨……

梅奥认为，这次实验反映出的不仅是休息问题，更重要的是，作为社会人的员工，有尊严、有情绪、有理想，管理他们的时候，必须弄懂他们的心理需求。领导者要重视倾听他们的诉说，如果工人可以畅所欲言，那么他们的心理压力就能得到释放。如果工人相信管理者是真诚的，对公司的福利和关心产生信任，他们就会感到温暖。尤其是把休息的权力下放给员工自己决定，使员工有了自主权，使员工之间开始沟通，开始由原来闷头干活的个人变成有交流的团队。这才是使员工士气振奋的真正原因。

霍桑试验虽然针对的是生产车间的工人所研究的，但对现代企业管理的意义相当大。在当今激烈的职场氛围下，员工所承受的心理压力和生存压力，绝对不低于当年生产车间的工人，员工对公司的期望，对公司制度的看法，对公司环境的需求，是复杂而多样的。作为领导者，是否重视倾听员工，重视关注员工的心理需求，尽最大努力营造让员工舒适的工作环境，制定让员工乐意接受的工作制度呢？而这一切，都需要领导者懂点心理学。

中国无产阶级革命家、政治家陈云同志曾经指出：“领导艺术在于了解群众的心理。”同样，在管理企业时，领导者也要了解员工的心理，成为一个优秀的心理大师。只有懂员工的心理，领导者才能有的放矢地与员工沟通和相处，才能轻松驾驭下属，有针对性地激励下属工作。

美国马萨诸塞州有一家企业生产效益糟糕，工人们担心公司会倒闭，担心自己的前途，一个个唉声叹气、抱怨连连，工作积极性大受影响。公司领导者看到这种情况，意识到员工在企业缺乏安全感，必须想办法安抚员工的情绪。于是，他当众宣布：公司无论何时，都不会抛弃员工，希望员工团结一心，与公司共度难关。与此同时，公司推出了丰厚的奖金制度，以褒奖表现优秀的员工。经过一系列的措施，员工的情绪得到了安抚，公司生产恢复了往日的高效。一段时间后，公司的产品打开了市场，公司走出了危机。

这个案例充分说明，要想把企业管理好，把员工管理好，管理者就必须充分了解员工的心理，针对员工的心理需求下手，才能调动他们的工作积极性，从而提高企业的经营效益。

身为企业领导者，要善于摸清员工的需求，并想办法满足他们的合理需求。当然，每个员工的心理需求是不同的，但企业至少满足员工的共性心理需求，比如，对公司环境的需求，对安全感的需求，对奖励的需求，对认可、肯定和器重的需求等等。如果领导者能在这些方面进行努力，相信定能极大地激发员工的激情和斗志。

4. 优秀的领导者能把一群绵羊变成冲锋的战士

一只狮子带领一群绵羊，与一只绵羊带领的一群狮子战斗，哪一方会取胜呢？让我们来看一看吧！

一只狮子站在绵羊面前，以专业的素养训练着一群绵羊，训练结束后羊群的战斗力有了很大的提升。另一边，绵羊首领站在一群狮子面前。训练开始了，绵羊按照羊群的散漫管理方式来训练狮子群，结果可想而知，大家军心涣散，反而失去了原有的战斗力。当两军对垒时，狮子训练的绵羊军团战胜了绵羊训练的狮子军团。

的确，正如一位法国军事家说过的那样："一只狮子带领一群羊，要远远胜过一只羊带领一群狮子。"这句话是非常有道理的，因为狮子是优秀的"领头羊"，它能通过自己的领导才能，激发出整个绵羊团队的激情，使绵羊成为冲锋的战士。

其实，优秀的领导者就是雄狮，一个团队的战斗力，归根结底要看领导者的带人能力。巴顿将军曾经说过："在战争中有这样一个真理，士兵什么也不是，将领却是一切。"一个团队能否迸发出战斗力，关键在于领导者是否有魄力、决断和勇气，是否善于带领团队、激励队员、合理地安排队员的工作。所谓"兵怂怂一个，将怂怂一窝"就是这个道理。

优秀的领导者之所以能把一群绵羊型的员工变成冲锋的战士，主要在于这样几点：

首先，优秀的领导者要对员工充满期许。

把绵羊变成雄狮，看似是不可能实现的目标。因此，在一开始，领导者就要向员工提出这样的期许。如果你不将这种期许告诉员工，员工或许不可能朝着你所期望的方向发展。要知道，每个人都很享受别人对自己的高期许，因为这意味着自己的价值被肯定。

领导者要知道，对员工期望越高，员工的发挥可能越好，甚至会超出这种期望。在心理学上，有个“皮格马利翁效应”，说的是一个名叫皮格马利翁的雕刻家精心雕刻了一位美女，并深深爱上了这个雕像。他每天祈祷盼望着这个雕像能成为现实中的人，与自己生活在一起。后来，他的诚意感动了神，这座雕像被赋予了生命，真的与皮格马利翁生活在了一起。当然，这是一个神话，但它说明了真心期许的重要性。

对领导者而言，不需要把不现实的事情变成现实。领导者要做的，就是期许下属变成战斗力强的“雄狮”。只要你对他们表达期望，发现他们的闪光点，鼓励他们努力，他们就会变得越来越出色。

其次，优秀的领导者要对员工表达信任。

当你领导一支团队时，你要相信：这支团队缺少的并不是想法和建议，而是缺少领导者对员工的信任和信心。如果领导者始终对员工抱有希望，员工就会感到无比的自信。他们会愿意花时间和领导者一起研究如何让团队变得更优秀。

当员工提出建议和想法时，如果领导者表达认同和肯定，并且能有选择地加以采用，那么对员工就是非常好的激励。当领导者分派给员工任务时，说：“去干吧，我相信你没问题。”员工也会感受到信任的力量，从而百分百地投入精力，争取不辜负领导者的期望。

某电信公司的领导者贝蒂·扣兹洛夫斯基在带领团队时，就采用了信任的原则，她是这样总结她的带队经验的：“我会尽量让我的团队了解到，我真心认为他们可以做好这项工作，我相信他们能够做出判断，寻找信息，及时获取信息。在我们的团队会议上，当我们分析总结员工工作成就时，我会有意识地表扬队员们的贡献，不会当面指出他们的不足之处。”

这样，公司就会充满轻松的氛围，员工们感觉自己尽了全力，大家相互之间就不会指责，而是相互支持和尊重。贝蒂说：“我相信人们会实现我们的期望，只要你选择信任他们，表扬员工的成就，就可以让他们自动高效率地为你做事。”

再次，优秀的领导者重视激励员工。

著名领导力训练专家樊老师曾表示，10 个失败的领导者，9 个不懂得激励下属；10 家失败的企业，9 家企业忽视激励员工。我们先来看一个历史案例。

《史记》中记载，汉楚相争之初，项羽兵力多达40余万，是刘邦的4倍。然而，项羽不会看人识人，奖罚不明，“于人之功无所记，于人之罪无所忘，战胜而不得其奖，拔城而不得其封”，“虽有奇士不能用”。这直接导致陈平、韩信等优秀的部下离他而去，选择为刘邦效力，甚至还直接逼走了亚父范增。最后，这位“力拔山兮气盖世”的霸王被善于用人、善于激励的刘邦所灭。

领导员工发展企业，与带领队伍打天下的道理是一样的。如果你想避免企业走向衰落，请从激励员工开始。比如，你要经常问一问自己：员工希望获得哪种激励呢？当我称赞员工时，他是否会兴奋呢？我最后一次在工作中称赞别人是什么时候？其实，激励员工很容易，简单地拍一下后背，表达一种友善和认可，一句表扬，表达赏识和器重，一个充满肯定的眼神等等，都能激励员工奋发向上。

此外，还有授权、对话、承诺，都是领导者要做的。德国西门子公司在这方面做得很好，他们重视向员工授权，充分信任自己的员工，并千方百计为员工实现目标排忧解难。公司的领导者认为，授权的前提是信任，信任的前提是员工能够胜任。其次，领导者还要重视与员工对话、沟通，这样做的目的是向员工承诺，给员工一个值得憧憬的目标，给员工实实在在的发展空间。

如果你能做到以上几个方面，那么，你也能把绵羊型的员工变成雄狮般的战斗勇士，让他们冲锋陷阵，为企业攻城拔寨。

5. 别给员工讲道理了，没人听

小时候，犯了错误，父亲会把我们叫到跟前，滔滔不绝地跟我们讲道理："你怎么会犯这样的错误呢？不知道这样做不对吗？"长大后，进入公司，如果犯了错误，领导者也会把我们叫过去，喋喋不休地跟我们讲道理。知道吗？我们已经很反感别人给我们讲道理了，员工也有同样的心理。

有一次，一位领导和下属谈话，下属的情绪有点低落，领导就劝她几句。怎么劝说呢？无非就是讲一些大而空的道理，领导讲的时候见下属没吭声，于是继续讲。突然下属忍不住了，大声说："你真不愧是领导，这么会讲道理。"一时间，领导明白了什么意思，知道讲道理激起了下属的反感。

也许很多领导者不知道，下属听你讲道理的时候，表面上不吭声，甚至对你点头表示认可，实际上他们心里早已厌烦，只不过出于对你的尊重，不好意思让你难堪，才忍气吞声地接受。他们在听的时候，早已经左耳进，右耳出，你的大道理对他们根本没有作用。有这样一段对话：

一位女职员和朋友谈起领导，说："领导经常给我讲道理，好像他知道的东西多，我就是不懂事的小孩子一样，特别让人讨厌。"

朋友说："那是领导关心你，才会找你谈话，跟你讲道理，是为你好啊！"

女职员说："我才不稀罕。他讲道理时，我听也是左耳听右耳出，他说也白说。”

从这段对话中，我们可以发现：讲道理是没有效果的沟通。所以，聪明的领导者，千万不要给员工讲道理，因为没人愿意听。当一个领导者想通过给员工讲道理来解决问题时，他已经落于下风了，这是管理上的无能。

有一位企业的人力资源经理说，他在日常管理中，最喜欢“讲道理”，她每天都会花大量时间去“讲道理”。当员工发生冲突时，她去讲道理；当部门之间配合不好时，她也去讲道理；当下属不支持她的工作时，她也去讲道理。可是，当别人问她“讲道理能解决问题吗”时，她却一脸无奈地说：“唉，这些人都不讲道理。”

要知道，每个人都有固定的思维模式，每个人都有自己的思想和理念，都有看问题的不同角度。如果你和他讲道理，只是站在你的角度跟他讲道理，那么他怎么可能认同你呢？道理讲得多了，就成了纯粹的理论，这些理论早已经被别人嚼烂了，你再去反复讲述，味同嚼蜡，谁爱听呢？

事实上，真正优秀的领导者，不会和员工讲道理，而是和员工讲故事，通过讲故事，来表达一种观点，引起员工思考。而且这个故事往往很有趣，很有深意，让人听了之后，久久忘不掉，这样就能持久地发挥影响。通过讲故事来表达观点，激励员工，是一种趣味性的沟通，绝不同于讲道理来强迫员工接受，所以，效果往往比较好。

一个人力资源经理跳槽到一家新单位，上任伊始，老板为了让他在公司树立威信，公布任命之后，就让他发言。他站起来，很幽默地说：“我是一头驴。”大家一听，顿时哄堂大笑。

接着，人力资源经理说：“我们家乡有一头驴，一天它不小心掉到枯井里，在井里凄惨地叫了好几个小时，主人想了很多办法，都没有把它救起来。最后，他决定用土把驴埋在枯井里，一来免得驴子活活饿死，二来避免其他东西再次掉进枯井里。于是他找来村民帮忙，大家抓起铁锹，开始往井里填土。一开始驴子恐慌地嚎叫，不一会儿，驴竟然安静下来，当村民把土铲到它背上时，它迅速地把土抖落下来，然后狠狠地用脚踩结实。就这样，驴一点一点地升到了井口。”

讲到这里之后，人力资源经理又说：“我现在还说我是一头驴，大家还觉得好笑吗?”在沉静片刻后，大家爆发出热烈的掌声。掌声渐停后，人力资源经理说：“我的存在就是和大家一起抖落身上的土，希望全体成员和我一样，配合我的工作，为公司清除发展中的障碍，为公司的发展贡献一份力量。”这时全场再次掌声雷动。

如果你不给员工讲道理，而是给员工讲故事，并且故事有寓意、有深意，而且讲得生动有趣，那么你将成为一个受人欢迎的领导者。领导力大师约翰·科特认为：“故事长驻大脑，因此带来变化，有机会影响员工的行为。”因此，从今天开始，尽量不要和员工讲道理，试着给员工“讲故事”，用故事阐述道理，用故事引导员工改变行为，这样效果会更好。

6. 不能改变员工的个性，但你可以改变他的行为

俗话说：“人心不同，各如其面。”人与人之间的个性差异很大，不同的人有不同的个性，对客观现实的态度，对同一事件的看法都是不同的。在管理中，针对不同个性的员工，你要做的不是去改变他们，而是想办法转变他们性格带来的不良行为。

张先生被公司调到一个效益糟糕的分店当店长。上任初期，他召开营销会议，一位部属在会议上当面顶撞他，而且态度十分不佳，这位部属说：“你原来的分店和现在的分店，两个地方的情况是不同的，你照搬原来的那一套是没用的。”

这位部属的话让会议气氛有些尴尬，张先生不得不简单地安排了工作，提前结束了会议。散会之后，张先生把那位部属留下来，单独与他谈

话。当时他的态度依然糟糕，一副根本不把张先生放在眼里的感觉，惹得张先生想跟他发火。不过张先生还是忍住了，因为他知道发脾气无济于事。

张先生耐着性子问："你刚才在会议上，为什么要那样说话？"

"没有啊！我一直都是这样说话的，我说话比较直，而且本来两地的市场就不一样，你在那边能做的，在这边不一定能行。"

"好，你的意思是：不同的市场要有不同的经营模式，是这样吗？你的这个想法很好，谢谢你提醒我。"

接着张先生说："但是，刚才你在会议上当众顶撞我，我觉得非常不妥。你不只让我这个店长很没有面子，而且还干扰到会议的正常进行。这是所有人都在的场合，不是你一个人表演的舞台，我建议你改变你的态度，可以吗？"

见部属点了点头，张先生又说："我会慎重考虑你的意见，根据两地市场的不同，调整营销战略。我还需要你的想法和建议，要不明天你写一份报告给我，把你对我们店的营销思路说一下，让我做个参考。"

第二天，这位部属敲开了张先生办公室的门，拿出了几页很有价值的建议，并为昨天的冒犯道歉，他说："我一直习惯了那种说话方式，那就是我的个性，我知道那样显得不礼貌，对不起。"

张先生说："我喜欢你这样直接发表意见，但我希望在众人面前那样做，你可以私下和我交流想法，私下里你可以直言快语，我不会介意的。"

在企业里，每个员工都有自己的个性，有些个性非常让人反感，如果你想改变他们的个性，那么你是很难成功的。你唯独可以做的，就是提醒他们不要让自己的个性行为，影响了大家的正常工作，影响团队的氛围。为此，你要引导他们适当收敛行为，控制自己过激的言行举止，通过改变行为来表达对团队成员的尊重。下面，我们就来针对几种不良的个性，分析如何引导员工改变他们的行为。

（1）脾气暴躁，经常与人结怨

对于脾气暴躁的员工，你要做的就是让他们控制自己的情绪，而不是让他们彻底改变暴躁的个性。因为你无法改变他们的个性，那是人性深层次的秉性，根本不可能因为你几次悉心的教导，就让员工发生改变。

某员工出生于一个贫穷家庭，从小就有严重的自卑心理。在工作中，他的表现很认真，也很执着，但遇到不顺利时，他总认为别人故意与他作对，为此经常大发雷霆，甚至向领导投诉，造成办公室火药味十足，大家见到他都远远地躲开。这种不良的人际关系，直接影响了他的工作情绪。

对于该员工的这种个性，领导没有刻意地改变，而是引导他："以后你有不愉快的情绪，就来我这里向我倾诉，不要轻易发脾气，那样会造成公司人际关系紧张，也会影响你的个人形象，你觉得怎么样呢?"这个员工答应了，以后他在工作上遇到不顺心的事情时，就找领导倾诉，而不是对员工发脾气，这样一来，他的暴躁脾气"不见"了。

很多时候，脾气暴躁的员工并非坏人，他们只不过因为自我情绪控制能力弱，无法克制内心不良情绪的冲动。虽然你无法改变员工的这种坏脾气，但你至少可以通过行为上的引导，让员工把这种坏脾气"收起来"。这样就会减少对团队产生的负面影响。

（2）自尊心极强，感情脆弱

有些员工自尊心极强，感情脆弱，面对激烈的竞争，他们显得不太适应。当你指出他们工作中的不足时，他们就会认为你在批评他，心中极为不安，无形中产生了一股压力，对工作丧失信心和兴趣。对待此类员工，你说话时要小心措辞，尽量避免从个人角度出发，多强调"我们"和"公司"。当你批评他们时，要照顾到他们的自尊心，多一丝温和的笑容，多一句关切的问候，都会增加他们对你的好感，这样就能避免他们产生沮丧不安的情绪。

（3）消极悲观、缺乏自信

公司召开会议、讨论某项主题时，有的人提反对意见，而有的人什么意见都不提，但是一味地持反对态度，你让他们说出自己的意见，他们却说不出来。其实，这是因为这类员工消极悲观、缺乏自信导致的。对于这种持反对态度的行为，如果不加以改变，不仅会阻碍公司变革，还会破坏公司创新的氛围。

要想改变消极悲观、缺乏自信者的一味反对态度，你要做的就是培养他的自信心。比如，你放权给他，让他负责某项工作，并时常给他鼓励和肯定。随着他们自信心的一点点增强，他们就不会轻易表现出质疑别人、反对别人的行为了。同时，他们对自己的意见和观点，也会多一点自信，敢于表达出来。

（4）急功近利、一味求快

有些员工做事图快，一味追求速度，忽视了质量。其实，这是由于他们内心的急功近利造成的，对于这类下属，你要做的就是认真倾听他的想法，适当地称赞他的观点，然后漫不经心地告诉他："凡事都要按部就班，这样才能保证执行到位，如果一味求快，难免会忽视细节，出现差错。"通过这样的引导，让急功近利的员工不那么求快，而对执行质量有所重视。

7. 少管是最好的管，无为而治是管理的最高境界

作为企业领导，你的任务不是处处管着、处处监视员工，而是建立一个能让每个人都能成为人才的制度，让员工自发地对待工作。因为一个企业最好的控制方法，就是来自于员工的自我管理。

杰克·韦尔奇有一句经典名言："管得少就是管得好。"管得少却能管得好，是因为各种制度、措施真正发挥了主导作用。在良好制度的规范下，员工的自觉性、责任感、积极性都能得到充分的激发，这对减轻管理压力、简化管理环节、提高执行力，都有非常好的作用。这一点在下面的例子中得到了充分印证。

苏州某工业园区实行体制规范、政策透明的“授权管理”，先后制定了45项新的管理办法和实施细则，里面清楚地规定什么可行，什么不可行，哪类问题应该怎么做，都规定得非常详细。在“授权管理办法”实施以后，员工们发现，领导亲自过问事情的现象越来越少，但按制度办事的良好风气却在园区内逐渐形成。

由于少了很多管理环节，一些项目审批、海关物流、外事管理等看似复杂的问题变得十分简单而有效，园区的主要经济指标8年保持50%左右的增长速度。仅2002年全年的GDP总额就达到了252亿元，财政收入32亿元。

管得少并不是说管理者的作用被弱化了，恰恰相反，由于在管理上变“人”治为“法”治，真正实现了按制度办事，用制度规范企业，管理的效率大大提高，管理者可以从繁杂的管理事务中解放出来，更好地去做企业战略上的规划。

台湾奇美公司是一家生产石化产品ABS的企业，该企业虽然比不上王永庆的台塑公司，但它的生产力是同行企业的4倍。在20世纪70年代，其产品掀起了石化业的一场革命，其产品质量之高、价格之低让同行的美国和日本企业都畏之如虎。公司想要投资的地方，众多的美日厂商都会退避三舍，不敢与之竞争。

为什么奇美公司有如此强大的竞争力呢？这得益于公司董事长许文龙的“无为而治”的管理方式。虽然许文龙挂着董事长的头衔，但这是一个十足的虚名，他就像英国女王一样，对企业内部的大小事，根本就不参与管理，而是全部授权给部属。许文龙从来不做任何书面的指令，即使偶尔和主管们开会，也只是闲聊家常。很多时候，他甚至根本不知道公司的图章放在哪里，更奇怪的是，他连专门的办公室都没有。因为他很少在办公室，而是经常开车去外面钓鱼。

有一次，他在外面钓鱼时，突然遇到大雨，于是他就开车去公司避一避雨，顺便看一下公司。当员工看到他时，竟然惊讶地问道：“董事长，没有事你来干什么？”他想了想说：“对呀！没事来这干什么？”说完，一溜烟地开车离去了。

许文龙的例子启示我们，作为老板，一定要信任员工，充分放权。充分放权，减少控制，这种“无为而治”是一种管理境界，是一种依托企业制度、企业文化、企业战略而建立起来的经营平台。“无为”并不是什么都不做，你别看许文龙什么都不做，实际上他对奇美的发展情况心明如镜。“无为”是让企业在制度、文化的规范下，非常自然有效地运行，就像钟表上了发条，尽管你不在钟表旁，但是它不会因为你的离开而停止运行。

海尔集团的董事长张瑞敏曾说：“我经营海尔主要是无为而治。我只抓大事，企业的大事就是文化、组织和战略。”在张瑞敏看来，“无为”中有“有为”，他认为“无为”就是企业的价值观，它是无形的，但是非常重要。在这个无形价值观的指导下，可以产生有形的企业发展成果。张瑞敏说：“所谓的‘超级领导’，就是当你的下属没有你的管理时，仍然能够正常工作。”

反观一些中小企业的管理者，就缺乏无为而治的勇气和自信。据一份权威的调查分析报告称：“中国企业每个层次上的管理者，大概都把80%的时间用于管理，把20%的时间用于工作上。”许多管理者习惯于崇拜自己、相信自己，对员工不放心，经常不礼貌地干预员工的工作，从始至终都不敢放开下属的手，每个环节、每道关他们都要严把。管理者忙得团团转，到最后企业却在生存的边缘上苦苦挣扎。究其原因，就是因为管理者管得太多造成的。

因为管得太多，管理者终日疲于奔命，没有精力抓制度、抓战略、抓落实，因而很难取得工作实效；因为管得太多，管理者顾此失彼，漏洞百出，问题层出不穷，使企业利益严重受损；因为管得太多，员工的积极性和创造性会严重受挫，会变得越来越束手束脚。时间一长，企业就会缺少活力，缺乏生机。

管理者管得太多，对员工的危害是致命的。在这方面，我们可以用“大象理论”来加以阐述。大象小的时候，饲养员用一条铁链将它拴住，使它无力挣扎。时间久了，大象就失去了挣扎的习惯，习惯了铁链。直到它长成大象，原本力气足够大，可以轻而易举地挣脱铁链时，它也不去挣脱。

其实，领导者对员工管理过多、管理过严，最终也会把员工变成不想挣脱铁链的大象。员工会习惯性地依赖管理者，而不会积极地思考、创新，不会独立地、自信地完成工作。在这种情况下，员工不可能获得成长，不可能变得出色。因此，管理者应该从一开始，就放开拴住“小象”的“铁链”，即使你觉得员工能力不够，也要给他机会去尝试、去锻炼、去成长。这样员工才可能在某一天，成为独当一面的人物，去分担你管理上的压力，帮你实现无为而治。

第二章 Di Er Zhang

不懂带人，你就自己干到死

如果管理只是单纯地管人，就算你费尽心思，绞尽脑汁，也不可能把人管好，只有懂得从管人上升到带人，才能把企业管好。不懂带人，新人难以成长。结果要么是蜀中无大将，廖化为先锋；要么干脆无人可用，最后不得不更加事必躬亲，累及自我。不懂带人，再好的点子也是纸上谈兵，再好的项目也只能胎死腹中。带好人，就可以实现1+1>2的效果，不懂带人，就会使1+1<2。

1. 巧妙带人比费尽心思管人更重要

有一位非常负责的管理者，每次分派工作都会从开始到结束，事无巨细，指示得非常清楚。比如，安排下属布置会议室，他会对下属小张说："摆100把椅子。"对下属小李说："买10斤茶叶。"对下属小黄说："买10箱水果，5箱橘子。"对下属小邓说："会标上的字要用毛笔写，找谁写……写多大……"

也许开始下属们尚能接受，但时间一长，大家肯定不会太情愿，因为他们会觉得上司就像一个喋喋不休的老太婆，什么事情都管，管得那么细，让他们没有一点自主权，干起活来挺没劲的。尤其是当上司的主意并不高明，他们提出意见上司又不采纳时，他们更不愿意按照领导的意思去办，但又迫于无奈，只好硬着头皮去执行。试问，在这种情况下，他们会迸发出强烈的积极性、责任感吗？会把任务执行到位吗？

管理者们要明白，反感被别人管是人的本性。生活中，我们经常听见小孩说："你凭什么管我？""我不要你管！"就连小孩都有排斥被管的情绪，更何况是成人呢？而且管人还有诸多危害，对下属的成长极为不利，对企业效益的提高也不利。

首先，过度管理会打击下属的积极性。原本解决问题的办法有100种，管理者让员工用某一种，而这种办法并非最好的，但员工只能照办。渐渐地，员工会懒得思考办法，只知道按照管理者给出的办法执行，这样员工的创造性就慢慢丧失了。

有一位心理学家曾说："对创造者来说，唯一最好的刺激是自由——有权决定做什么和怎么做。"管理者越俎代庖，无异于给下属的思维上锁，锁住了他们的积极性，也锁住了他们的创造性。

其次，过度管理会导致下属不自信，不利于锻炼下属的实际工作能力。许多管理者继承了为人父母者的品质，对待下属就像父母对小孩一样，生怕员工把事情办砸了，千叮咛、万嘱咐。这很容易影响下属的自信心，不利于下属提高工作能力。

员工的成长过程，就是一个犯错、摸索、尝试的过程，走一些弯路、摔一些跟斗有什么关系呢？反而会让下属变得更加坚强和成熟。如果处处呵护着下属，下属就会变成未经世面的“弱智儿”。

真正高明的管理者才不会事无巨细地管，他们往往只告诉员工期望得到什么结果，而不会告诉员工应该怎样去做。比如，让员工推销一批商品，他们只会告诉销售目标、产品的价格、相关的经济合同等，而不会告诉他们去哪儿推销，怎么向客户推销。这样下属就可以充分地发挥自己的主观能动性，开动脑筋想办法完成任务。所以说，巧妙带人比费尽心思地管人更重要。

通用集团前 CEO 杰克·韦尔奇曾经说过：“掐着他们（员工）的脖子，你是无法将工作热情和自信注入他们心中的。你必须松手放开他们，给他们赢得胜利的机会，让他们从自己所扮演的角色中获得自信。当一个员工知道自己想要什么的时候，整个世界都将给他让路。”

有个年轻人学做西装，师傅只简单地告诉他一遍怎么做，然后就让他自己做。当他遇到困难时，他就会请教师傅，但师傅只是提醒他、引导他、暗示他，而不会直接告诉他怎么做。师傅说：“你自己想半天甚至一天，实在想不出来我再教你，这样印象深刻，否则，你问我我就马上告诉你怎么做，你明天就会忘掉，到时候还是不会，还要问我。”

这位师傅不愧是一个教练型的领导，他懂得巧妙带徒弟，激发徒弟的思考意识，而不是原封不动地把方法告诉徒弟。如果你想成为优秀的管理者，那么你很有必要学习这位师傅的带人方法。

不可否认的是，“带人”也是“管人”，但它比管人更高级，涵盖面更宽。如果管理者只是单纯地管人，就算你费尽心思、绞尽脑汁，也不可能把人管好，而且你管得越严，越适得其反。只有懂得从管人上升到带人，才能把企业管好。要想带好人，不妨从下面几个方面努力：

（1）用“理人”代替“管人”

管理管理，重要的不是“管”，而是“理”。中国人经常说：“你为什么不理我?”“半天都没人来理我。”中国人对别人的不理睬、忽视很在意，因此，管理者要注意这个问题，少管下属，但要多理他。

理下属，表明你关心他，关注他，看得起他，这样下属也会理你。这就叫“敬人者人恒敬之”。而管就是看不起，表明我比你能力强，比你职位高，你要听我的，这会让下属没面子。总之，要想员工尊敬你、服从你，你就要多理他，少管他，让他知道你器重他。

（2）用“安人”代替“管人”

仅仅是“理”人还不够，要想下属努力工作，最高的境界是“安人”。你把下属安抚好了，即使你不理他，他也会好好工作。所谓安人，通俗的解释是把人安顿好，人一安顿好，就没事了。安顿好了下属，就容易打动下属的心。这表现为尊重并信任下属、敢于放权，不要一开口就说：“我看你也做不好。”这样下属真的会做不好。你要说的是：“你放心去做吧，我相信你能做好。”这是一种激励人的方法。

（3）用“传帮带”代替“管人”

“传帮带”是独具特色的带人方法，“传”是指传授、传承，“帮”是指帮助，“带”是指带动、带领。在传帮带中，管理者与教练的角色合二为一，然后运用自己的经验、智慧帮助下属成长，带领他们共同完成使命。

2. 带出一群精兵强将是企业发展壮大的关键

很多管理者个人能力很强，在某一领域甚至称得上是专家，但是他们不一定能带领好一支团队。因为他们习惯了做执行中的主角，喜欢大小权力一把抓，喜欢让员工当他们的助手，最后他们取得了突出的业绩，而员工的表现却很一般，整个团队的战斗力也没有得到提升。

美国著名管理学家哈默有一个朋友，他在公司是领导者，每天除了要与客户进行电话联络外，还要处理公司的大小事情，桌子上的公文一大堆，每天他都忙得不可开交。

后来，这位朋友对哈默说："我做得事情太多了，我的员工却只做简单的工作，也不愿意动脑筋思考问题。"

哈默对他说："我不否认你的个人能力，但是作为领导者，你是不称职的，因为虽然你很优秀，但是你却没有让员工变得更优秀，你的团队依然停滞不前。这对公司发展是意义不大的，因为公司的壮大靠的不是一个或几个领导者，更多的应该靠广大员工，靠整个团队的付出。"

一个优秀的管理者，即使不吃不喝、不睡觉，一天也只有24小时可供使用。若不能充分调动员工的积极性，让员工变成精兵强将，那么单靠管理者个人的力量，是不可能推动企业发展的。因此，管理者的工作重点应该是建设团队，让团队成员变得更优秀，这才是企业发展壮大的关键。

怎样才能让团队成员变得更优秀，让团队力量壮大呢？毫无疑问，答案是正确地用人，选好人，用好人，用对人，并让每个人都有强烈的团队意识，相互间保持协作与支持。同时，作为公司的最高领导者，要在中层管理者心中树立这样一种管理理念：带出一群精兵强将才是你应该做的事，表现自我、突出自我，忽视对员工进行培养，是不值得提倡的。这样，中层管理者们才不会以个人的业绩为荣，而是以他们各自团队的业绩糟糕为耻。

刘先生和吴先生分别是一家公司两个营销团队的主管，两人水平不相上下。工作上，刘先生认真负责，工作之余，他有强烈的学习意识。一年下来，他的个人业绩在全公司名列前茅，而且拿了很多重量级的资质证件，他以为这样可以在不远的将来，为自己的职业晋升增加筹码。

然而，一年后总公司市场部经理一职空缺，公司打算从公司内部提拔人才担任市场部经理，刘先生信心满满，很多员工也认为市场部经理一职非刘先生莫属。可是当公司宣布市场经理的人选时，刘先生彻底傻眼了，这个人不是他，而是吴先生。

刘先生非常气愤，他找到公司老板，说："我的市场营销能力大家有目共睹，去年我的业绩全公司第一，我这么出色，为什么不让我，而是让吴先生做市场总监？"

老板平静地对刘先生说："我知道你的业务能力很强，而且你考了很多资质证书，这证明你个人水平、能力十分出色，但并不代表你带领团队的能力出色。你看看，去年你的业绩非常突出，可是你的团队总业绩却很糟糕。这一年你的团队业绩与前年相比，没有任何增长，而吴先生担任营销主管的一年里，让他团队的总业绩比往年翻了5倍，虽然他个人的业绩不如你，但是他给公司带来的效益却是你的5倍，这个你不得不承认。"

听到这里，刘先生无话可说了。这时，老板对刘先生说："也许你完全有能力培养出优秀的下属，也让你的营销团队变得更加有战斗力，希望你今后朝这方面去努力，而不是一味地追求个人的业绩。要知道，公司考核你的业绩主要是看你所带领的团队为公司创造了多少利润，而不只是根据你个人的业绩来考评你。"

刘先生说："那么我该怎么做呢？我有时候担心下属的业绩会超过我，所以我总是抢着接单。"

老板说："在这方面，你可以向吴先生学习，他花费了大量的精力和心血，为公司培养了5名非常优秀的业务骨干，他们在销售方面的技能非常出色，甚至都超过了吴先生，但是吴先生丝毫不担心他们超越了自己，因为他始终看的是团队的业绩。"

一个优秀的管理者不但要自己会打仗，更要让下属们都成为精兵强将，成为独当一面的人物，这样公司才会有希望。因此，管理者要努力把下属培养成人才，培养出一个有战斗力的团队，而不仅仅是追求个人业绩。在这方面，杰克·韦尔奇为广大管理者做出了一个榜样。

杰克·韦尔奇曾经说过："我的主要工作是培养人才。我就像一个园丁，给公司750名高层管理人员浇水施肥。"管理者不仅要对企业和上级承担责任，还应该对下属负责，指导他们完成工作任务、帮助他们成长。当下属的能力不断提高，当他们变得越来越优秀时，团队的战斗力自然会提高，企业才会茁壮成长。

3. 要把庸才变成干将，自己先要做个干将

一家企业生存和发展的关键在于员工的执行力，有执行力，企业的战略规划才能落实到行动，才有可能变为现实。ABB公司的董事长巴巴维克曾表示：“成功靠的是5%的正确决策加上95%的高效执行。”微软总裁比尔·盖茨也坦言：“微软在未来10年内所面临的挑战就是执行力。”

执行力不仅是决定企业生存和发展的关键，还是评判一个人能否成为干将的关键要素。不少管理者都想把下属变成有执行力的干将，但他们自己却光说不练，说起战略规划一套一套的，但就是没有行动力。这种“语言上的巨人、行动上的矮子”很难把庸才变成干将。

我们不否定“光说不练”型管理者的能力，但问题是能力不代表执行力，如果他们有能力，却不解决实际问题，那能力再强也没有意义。而有些管理者不但个人能力强，而且执行力也强，他们在把庸才变成干将之前，自己就是一个优秀的干将。在这方面，电视剧《亮剑》中的主角李云龙就是一个典型。

李云龙身上有一名优秀领导者具备的3种重要能力，分别是思考力、判断力、执行力。这三种特质是一个干将必须具备的素质。在《亮剑》中，有这样一个故事：

李云龙为了带领战士们战胜装备精良的日本鬼子，他采用了近乎实战的训练方法。他说：“宁可让战士们在训练中受伤，也不让他们在战场上送命。”接着，他灵光一现，提出了一个创造性的想法，他决定成立一个特种技能突击队。

什么意思呢？那就是让有武术刺杀技能的战士组成一个专门的刺杀格斗突击队；让擅长投手榴弹的战士组成一个专门的掷弹队；让枪法准的战

士成立一个狙击手突击队。通过这种方式，让战士更加专业化，使战士们能够发挥自己的优势，做自己擅长的事。

这个案例充分体现了李云龙的思考力。李云龙的这种用人思路，对现代企业用人特别有借鉴意义。因为尺有所短、寸有所长，让人才在自己擅长的岗位上做事，他们才会最大化地释放能量，这也有利于他们提高执行的积极性。

在惯性思维下，要想成立一个特种技能突击队，一般的做法是让各连队以班为单位逐级上报战士的特殊技能，但这会延长时间周期。李云龙是怎么做的呢？他的做法是请人煮一锅猪肉，然后把全体战士都召集过来，向大家宣布：我们要成立特种技能突击队，你们谁有特殊技能，马上上报，只要符合特殊技能要求的，都可以吃到猪肉。

要知道，在当时的革命年代，吃一锅香喷喷的猪肉，是一件非常难得的事情，对战士们具有非常大的吸引力。因此，战士们纷纷自告奋勇踊跃报名，李云龙当场将符合要求的员工安排到各个技能突击队，并奖赏他们猪肉。

从这个故事中，我们可以看到李云龙在把想法变成现实方面的执行力。他想好了就干，毫不犹豫，而且采用的办法非常直接了当，效果十分明显，没有任何拖泥带水。如果把李云龙视为现代企业的管理者，毫无疑问他是一位优秀的管理者，是一位充满执行力的干将。下属们在他的带领下，一定会成为冲锋陷阵、披荆斩棘的勇士。

身为企业领导者，只有你积极去行动，去解决问题，用高效的执行力证明自己是一个干将，你才有可能影响你的下属，带动你的下属提高执行力，让他们完成从“庸才”到“干将”的转变。

莱特原本是底特律一家汽车公司的一名普通销售员，但由于他做事积极主动，经常迎难而上攻克高难度的销售目标，最后他被公司提拔为销售部的经理。下面，我们就来看一下莱特是如何获得提拔的。

受经济危机的影响，美国汽车业受到了重创，汽车市场疲软，公司为了度过危机，经过详细地核算之后，提出了年度600万美元的销售额。如果完不成这个销售额，公司将会出现亏损。

销售部经理认为这个目标根本不可能实现，私下里开始怨天尤人，下属们也充满抱怨。为了使公司降低年度销售指标，他经常找各种理由与上级交涉，强调完成这个销售指标的困难。公司拒绝降低销售指标，销售经理这才不得不将600万美元的销售指标平均分配给各个销售员。

莱特作为一名普通的销售员，没有任何抱怨，他想如果拖延下去，肯定完不成指标，如果现在立即去执行，还有可能完成指标，就算最后真的完不成，也可能会接近那个目标。于是，他开始拼命地推销。

离年终一个月时，销售部经理和其他员工只完成各自目标的一半，但莱特已经圆满完成了自己的销售目标。由于销售业绩不好，销售部经理提出了辞职，莱特由于表现出众，被公司任命为新的销售部经理。

上任后，莱特更加忘我地工作，他的行为影响了其他销售员。与此同时，他积极指导和帮助下属们，就这样，在元旦的前一天，大家竟然完成了剩下的50%销售额。

在这个案例中，原销售部经理由于拖延、抱怨、没信心，致使最后没有完成销售目标，而莱特一接到任务就立即行动，没有半点拖延，从而高效地完成了销售额。在他得到老板赏识的同时，他也影响了其他销售员。尤其是当他成为销售部的经理之后，在他的带领下，公司的销售团队呈现出一片欣欣向荣的气象，销售员们一个个精神饱满，士气高涨，公司的销售业绩持续提升。由此可见，把庸才变成干将，管理者自己首先要做个干将。

4. 带人的关键是“行动”，而不是“心动”

有这样一个故事：

在四川一个偏远的山区，有一个穷和尚，还有一个富和尚。

有一天，穷和尚对富和尚说：“我决定去南海，你怎么看？”

富和尚说：“去南海哪有那么容易，你有什么条件？”

穷和尚说：“我没有足够的盘缠，我只有一个饭钵。”

富和尚笑着说：“实不相瞒，我多年以来，都有去南海的想法，可是我一直没有做到，因为我感觉自己没有准备好。你仅凭一个饭钵就想去南海，真是痴人说梦。”

富和尚的话没有打击倒穷和尚，他去南海了，第二年，当他从南海归来，把所见所闻告诉富和尚时，富和尚深感惭愧。

俗话说“心动不如行动”，在这个追求高效率的时代，怎样在最短的时间里，消耗最少的资源，获得最大的收益是每个人都应该思考的问题。身为企业的管理者，更应该牢记一句话，这句话是比尔·盖茨说的：“过去，只有适者能够生存；今天只有最快处理完事务的人能够生存。”因此，如果你在带团队方面有一些想法，那么不妨立即行动起来，而不要只是想一想就完事，却永远没有落实到行动上。

心动不如行动，想到不如做到，这是一个高素质管理者必须具备的特质。不少管理者理论知识丰富，擅长滔滔不绝地讲道理，但是他们却不去实践、不去反思，不懂得用实际行动带动员工，这样就很难取得好的带队效果。

常言道：“喊破嗓子，不如做出样子。”作为团队的领头羊，管理者自己工作能力、处事方法、言行举止等，都会对团队成员产生莫大的影响。因此，用实际行动去影响下属，而不只是靠一张嘴，这样你才会更有号召力。

有一次，巴顿将军率队伍行军作战，在行进途中，汽车陷进了泥坑，他当即喊道：“大家赶快下车，把车推出泥坑。”大家都跳下车，一起用力推车。当大家把车推出泥坑时，有个士兵见自己的身上有很多泥，当他准备拍掉泥巴时，突然发现身边还有个人满身是泥，他仔细一看发现那人竟然是巴顿将军。

原来，巴顿将军刚才和大家一起推车。那个士兵一直把这件事记在心里，直到巴顿将军去世，他才在巴顿将军的葬礼上对巴顿将军的遗孀说出这个细节。

士兵的态度取决于领袖的态度，下属的态度取决于管理者的态度。在下属眼中，管理者是自己学习的标杆，如果管理者用行动带人，而不只是用“心动”带人，那么整个团队就会充满激情和斗志。

在日本的企业界，人们普遍认为：如果想提高企业的效益，管理者就要起到带头作用。这样才能让下属们养成敬业的好习惯。日本《经济时报》曾一度面临危机，但是在新任领导正坊地隆美的带动下，大家一起努力帮助公司度过了危机。

有一次，公司进行大扫除，正坊地隆美也参加了。当他发现地上有几个铅笔头时，他意识到这是一个教育大家的好机会。于是，他马上叫来财务部长，然后当着他以及下属们的面，捡起了地面上的几个铅笔头。通过这种行为，他给大家树立了节约的榜样，增强了全体员工节俭的意识。大家见总经理都这么节俭，心想自己今后一定要注意。

正坊地隆美见地上有铅笔头，意识到这是一个教育的机会，于是就去做了，这种把心动转化为行动的做法，值得管理者们学习。反观有些管理者，内心明明对某些下属的行为不满意，但却不好意思指出来。举个例子吧！

某公司的管理者见下属经常上班迟到、工作时聊 QQ，内心十分不满，但又不好意思批评下属，害怕“得罪”了那位下属。于是，他一而再、再而三地纵容。但与此同时，他内心十分不满，怎么办呢？他只好向朋友倾诉，朋友很不解地说：“你是管理者，下属有违反公司纪律的地方，你就应该指出来，你找我发泄不满有用么？”

这位管理者是典型的懦夫，连管理下属、指出下属错误的勇气都没有，又如何带领团队呢？真正优秀的管理者绝不容许这种事情发生，他们在带队时如果有想法，就会立即去行动，绝不会做懦夫，也不会做高高在上的指挥者，有想法没做法，有心动没行动。

5. 把你身边的平凡人变为得力助手

经常听到管理者抱怨下属能力弱，工作积极性不高，或不服从管理，爱找借口，爱抱怨等等，他们渴望带领优秀的员工，厌倦带领平庸的员工，可是优秀的员工从何而来呢？

美国著名管理学家吉姆·柯林斯说过：“任何卓越公司的最终飞跃，靠的不是市场，不是技术，不是竞争，也不是产品。有一件事比其他任何事都举足轻重，那就是招聘并留住好的员工。”

不可否认，通过人才招聘可以获得优秀的员工，但真正高明的管理者不仅仅是通过人才招聘获得优秀的人才，他们还会想办法培养优秀的员工，正如阿里巴巴的创始人马云所说：“优秀的员工是自己培养出来的。”

管理者必须明白一点：招聘来了优秀的人才，不等于他们就是优秀的员工，只有让他们与企业融合到一起，他们才算得上是优秀的员工。因此，从这个角度来说，一切优秀员工都是企业培养出来的，都是管理者培养出来的。许多著名的企业，都非常重视人才培养。

在美国，DELL公司经常会组织“最具潜力领导者”的培训项目，董事会主席麦克·戴尔和总裁兼CEO凯文·罗林会经常来客串几天讲师，公司把这种课程称为“领袖教领袖”。在百事可乐公司，也有类似的人才培养活动。公司主席兼CEO斯蒂夫·雷蒙德往往会全程参与，“手把手”地培养中层管理者，使他们成为自己的得力助手。

还有著名的投资银行瑞银集团，也实施一种逐级指导制度。集团内部会选出10名级别最高的成员，组成一个集团执行委员会，之后再选出60位成员，组成集团管理委员会，执行委员会的10名成员，就是管理委员会成员的导师。管理委员会的成员还会成为下一层成员的导师，以此类推，通过上层管理者培养下层管理者的办法，在业务和领导方法上对下一级别的员工加强培养，从而达到培养人才的目的。

中星微电子有限公司董事长邓中翰，这位获得2005年度CCTV经济人物大奖的企业家，对培养人才有独特的经验。他在创业初期，面对国内芯片设计制造等各方面人才欠缺的现实情况，想到了让有经验、有技术的员工教其他员工，形成一种“传、帮、带”的人才培养模式。

如今，中星微电子公司发展稳定，人才济济，但依然沿用“老人带新人”的传帮带机制。通过这种人才培养方式，使得中星微电子公司在短短10余年内实现了飞跃性的发展，成为我国第一个制造中国芯片的企业。

企业的持续发展离不开得力的人才。要想平凡的下属变成你得力的助手，就要让下属不断汲取营养，去适应更复杂的工作。那么，怎样把下属培养成得力助手呢？下面介绍5种方法：

（1）机会教育

所谓机会教育，指的是指针对下属在工作中出现的问题，现场指导他们纠正。比如，下属哪个地方做错了，你及时指出来，提醒他注意错误，加以改进。与此同时，把自己的工作经验、个人想法拿出来与下属分享，对下属也会有很好的帮助。

（2）即时激励

要想下属变得更优秀，加强激励是必不可少的手段。因为仅靠绩效、薪酬难以达到理想的激励效果。怎样激励呢？那就是及时发现下属身上的闪光点，及时肯定下属的表现，让下属感觉你时刻都在关注他，让下属感觉到只要他有好的表现，都会被你看在眼里。这样他们就会更积极地工作。

（3）适时授权

授权是一种有效的激励方式，通过授权，管理者不但可以解放自己，还可以激活下属。下属在被授权之后，会更加主动地解决问题，遇到困难时，他们也会积极思考。这样他们的主动性、创造性和执行的积极性都会大大提高。反之，如果你凡事亲力亲为，每件事都紧盯着下属，下属就会觉得你不信任他，就会对你造成依赖，继而缺乏独立思考和解决问题的能力。

(4) 参与式管理

参与式管理是一种双向互动的管理模式，即管理者不单单是高高在上地指挥下属，对下属颐指气使，而是更多地以一种教练的身份，以一种辅导员的角色来与下属相处。同时，管理者会引导下属参与管理的具体事务，鼓励下属畅所欲言，表达观点，达到集思广益、取长补短的效果。在下属参与管理的过程中，上下级之间多了沟通和商量，共同制定决策和规定，这样下属更愿意去执行，更愿意遵守规定，因为这些决策和规定有他们的心血。

(5) 专业培训

有时候，管理者个人的知识、技能、智慧是有限的，在培养下属时显得力不从心。因此，给下属提供专业的培训是很有必要的。在这方面，麦当劳就做得很好。进入麦当劳的新人可以在18个月内成为餐厅经理，可以在24个月内成为监督管理员，可以在3年之后成为地区顾问，甚至成为总公司在某一地区的全权代表。那么，员工为什么会如此迅速地成长呢？因为麦当劳坚持长期的专业培训，针对不同层次的员工，麦当劳会制定相应的培训课程，使每个员工都能一步一个台阶地成长。

你也可以给下属提供相应的专业培训，比如，安排专家来公司授课，或送下属到专业的机构接受培训。如今，专业培训课程多如牛毛，可供你选择的培训内容很多。下属哪方面的能力欠缺，你就可以为他们提供针对性的课程，从而帮下属更好地成长。

6. 方法总比问题多，鼓励下属有效利用资源解决问题

世界上最容易做到的事，就是找借口。当狐狸吃不到葡萄时，它找出一个借口：葡萄是酸的。当一个人无法做成某件事时，他也会找个借口为

自己辩护。其实，借口不过是弱者自我安慰的解药，是懦夫拖延行动的温床。真正的强者，从来不会找借口，而是找方法去解决问题。

李嘉诚小时候辍学，扛起了家庭的重担，但是一路摸爬滚打，最后成为世界华人首富；富兰克林·罗斯福患小儿麻痹症，下肢瘫痪，但他通过努力却连任4届美国总统；杨百万从摆小摊开始做生意，最后成为“蚊帐大王”；盛田昭夫以经营电器做起，经历过无数的挫折和失败，最终把“索尼”推上世界名牌的宝座……

无数成功的企业家都不喜欢找借口，因为他们坚信：方法总比问题多。他们在管理企业的时候，会鼓励下属找方法解决问题，并把不找借口的优秀习惯传给下属。

1861年，美国南北战争爆发，当时林肯还没有找到合适的联邦军队指挥官。在整个南北战争过程中，他先后启用了4名指挥官，但他们都没能100%地执行林肯的命令。最后，林肯任命格兰特为联邦军队的统帅，从这一刻开始，南北战争的局势开始向北方军有利的方向倾斜。最终，在格兰特的指挥下，北方军获得了胜利。

格兰特从西点军校毕业，通过南北战争成长为一名出色的统帅，他的升迁之路几乎是直线上升。这是因为他拥有超强的执行力，无论多么困难的任务，他都能不折不扣地执行。

后来，格兰特将军成为美国的总统。有一次，他到西点军校时，有一名学生问他：“总统先生，西点的什么精神使您勇往直前？”

“没有任何借口。”格兰特答道。

“如果您在战争中吃了败仗，您会为自己找一个借口吗？”

“我唯一的借口就是：没有任何借口。”

其实不仅是在西点军校，整个美国军队都把“不找借口”当成士兵的执行格言。不找借口的人，才会积极地找方法，这是一种积极主动的工作态度。有了这种态度，员工不仅可以把分内的工作做好，而且还能将看似不属于自己职责范围内的工作做好。在这方面，我们不妨来看这样一个故事：

联想集团有一名员工在电脑城里逛，无意间听到一位顾客和销售经理吵架。一开始，他没觉得什么，但仔细一听，他觉得不得不关心了。因为顾客与销售经理吵架的原因不是别的，而是为了一台联想电脑。

原来，客户把电脑买回去之后，觉得有些地方不满意，就来找销售商讨说法。销售商觉得那不是自己的责任，于是两方就吵了起来。

换做很多企业的员工可能都会睁一只眼闭一只眼，反正不是自己的事情。但这名员工没有置身事外，他觉得这件事与联想有关，自己作为联想的一分子，就不能不管。于是，他主动过去劝架，说自己是联想员工，询问顾客遇到了什么问题。

顾客与销售经理一听他是联想的员工，竟然都把矛头对准他，把他当成联想的代表，狠狠地批评了一顿。他非但不生气，还微笑着倾听、耐心地解释，并提出了解决方案。之后，他又和联想相关的部门打了很多电话，不断地协调，前后花了几个小时，终于把这件事圆满地解决了。

不久之后，这位顾客和销售经理共同写了一封邮件给联想集团总经理杨元庆，杨元庆看到这封信后十分感动，立即号召公司员工向这名员工学习，并将联想集团的最高奖——“联想奖”，颁发给这名普通员工。

在这个案例中，联想的普通员工表现出了优秀的特质：首先，遇到本不该自己负责的问题之后，他想到的是主动去解决，而不是找借口逃避；其次，在解决问题的过程中，遇到困难没有临阵脱逃，而是打电话给公司的相关部门，寻求帮助。

身为管理者，杨元庆的做法也值得我们学习，他收到感谢信后，立即号召公司员工向那名主动解决问题的员工学习，并将公司的最高奖颁发给他，这对那名普通员工是一种高度认可，同时也激励大家向这位榜样学习。

我们知道，每个人的能力都是有限的，在工作中，有些问题单凭一己之力难以解决，这个时候寻找帮手，集合公司同仁的智慧是很有必要的。因此，管理者有必要告诉下属：“在遇到困难时，如果你思考了很久，也找不出解决问题的办法，不妨找大家商量，看别人有什么意见和建议。”这样可以避免员工一个人在困难面前死磕，有助于提高执行的效率。

7. 不想自己干到死，就把有潜力的人培养成“接班人”

诸葛亮屡出奇谋，帮刘备三分天下，鞠躬尽瘁，死而后已。千百年来，他已经成为智慧的象征，长留于中国人的心中。然而，蜀国还是灭亡了，而且是三国中最先灭亡的。为什么蜀国会有这样的结局呢？其实，这里有诸葛亮的责任——没有把有潜力的人培养成接班人。

自从刘备白帝城托孤以来，诸葛亮事必躬亲、不辞劳苦，但他唯独忽视接班人的培养。当他用兵点将时，我们很难看到核心团队成员参与决策，多数时候是诸葛亮一个人在决策，致使广大谋臣缺乏实战决策的锻炼，造成后来“蜀中无大将，廖化充先锋”的局面。

尽管后来诸葛亮选定姜维为接班人，其实主要是让他做事，在如何制定战略、如何处理内政等方面缺乏悉心的培养和指导。诸葛亮如此做法，就连他的对手司马懿也觉得不行，司马懿说：“孔明食少事烦，其能久乎！”意思是，每次吃得那么少，事务繁杂、事必躬亲，肯定活不长。果然，最后诸葛亮积劳成疾，一个人干到死。蜀国随着他的逝世，形势急转直下，很快就灭亡了。

回到企业管理中来，有不少管理者立志高远，雄才大略，经过一番艰辛的打拼，终于使企业站稳脚跟，但是打江山容易，管理江山却不简单。公司规模越大，员工数量越多，他们管理起来越累，他们和诸葛亮一样，不重视培养接班人，事必躬亲，于是我们看到很多企业出现了“活不过三代”的现象。

有一项调查显示，在民营企业中家族企业占90%。但由于找不到合适的接班人，95%的家族企业无法摆脱“活不过三代”的宿命，90%以上小企业甚至活不过两代。当然，也有企业管理者注重培养接班人，使企业得到了很好的传承，加速了企业的发展和壮大，使企业越来越有生命力。在这方面，联想公司就得益于柳传志重视培养接班人，并培养出了合适的接班人。

在上个世纪90年代中期，柳传志就开始着力培养联想的接班人，他把杨元庆、郭为作为接班人的重点培养对象。柳传志的主要做法是一方面让他们逐渐参与决策、参与管理，一方面在价值观、思想方法甚至工作技巧等方面，与他们求得一致。

柳传志要求他们主动思考，把自己当成创造执行的发动机，而不能做被动式接受、传递的齿轮。在工作上，柳传志会指导他们，但是绝不代替他们。同时，柳传志还把权责利说得很清楚，然后放手让他们去施展才能，在工作中锻炼自己。

柳传志的做法有这样几个好处：一是群策群力，避免重大决策失误；二是让杨元庆和郭为有职有权，充分调动了他们的积极性；三是当他们有能力独当一面时，柳传志可以腾出时间和精力思考公司发展更重大、更长远的问题。

从如今联想的发展来看，柳传志在培养接班人一事上是比较成功的。先有杨元庆、郭为，后有朱立南、陈国栋、赵令欢，在他们背后还有一批优秀的干将，使整个联想大家庭的人才队伍极具厚度。

在IBM，有一个接班人计划，俗称“长板凳计划”。IBM要求管理者必须确定，在未来一到两年之内，谁来接任自己的位置。在未来三到五年之后，又由谁来接任。这样做是为了保证每个重要的管理岗位都有至少两个接班人。

“长板凳计划”是一个完善的系统，在该系统中，有一个标准、两个序列、三种方式和评委审定。所谓一个标准，指的是领导力模型；两个序列是指行动和专业；三种方式是指案例培训、实践磨炼和发掘“明日之星”。评委审定是由技术、市场、销售等方面的高层经理共同组成的评审委员会，在明日之星答辩完成之后成绩通过了，才有资格做正式的高级专业人员或经理人。

每一年，IBM 都要在全球 5000 多名管理者中挑选近 300 人作为重点培养对象。这种培养主要包括四个阶段：第一阶段是专业能力、专业技能训练；第二阶段让培养对象在不同的工作岗位上获得不同的经验；第三阶段是以业绩为导向的考核，使每个培养对象的能力得以释放；第四阶段是要求培养对象将个人的成功扩大到团队。IBM 的这种培养接班人的方式很好地避免了把宝押在某一个人身上，避免了接班人选择失误。

世界上的优秀企业，都注重接班人的培养。在这一点上，通用公司就是一个典型。通用公司是 1896 年道琼斯成分股中唯一发展至今的公司。它之所以经久不衰，关键在于通用的领导者注重接班人培养。

在《从优秀到卓越》一书中，吉姆·柯林斯这样写道："100 多年来，GE 公司最擅长的本领似乎就在于，它总能在合适的时候选择合适的人。"据统计，从通用公司创立至今，它已经为世界 500 强企业培养出 170 多位杰出的 CEO，可以说，通用是培养领导人的摇篮。

对于很多中小企业来说，也许做不到为世界 500 强企业培养杰出的 CEO，但完全可以为自己的企业发展培养优秀的接班人。有了合适的接班人，企业管理者就不用担心：如果哪一天，企业没有了我，会陷入瘫痪。正如保洁公司的前任 CEO 雷富礼所说："如果我下周乘坐飞机失事，第二天一早就会有人接替我的位置。"

尽管企业管理者的人生充满了无法预知的状况，比如，病痛、灾难等，但并非所有的管理者都能像柳传志、雷富礼那样，如此坦然地面对接班人的培养问题。与柳传志在同一时期创业的企业家，大多数习惯了"一手抓"，他们都是企业强人。比如，宗庆后兼董事长、总经理、副总经理于一身，创办企业 30 余年，却没有带出一支可以信赖的团队，这是不明智的。如果你想缓解公司的接班人危机，不妨像柳传志那样，把有潜力的人才培养成接班人。

第三章 Di San Zhang

用制度管人，按制度办事

车水马龙的道路上如果没有红绿灯的规范，就会陷入混乱；公司里如果没有制度的约束，就无法正常运转。身为企业的管理者，要想保持企业的稳定发展和高效运营，就必须建立一套合理的制度，用制度管人，按制度办事，只有这样才能让“坏”人在好的制度约束下不敢做坏事，慢慢地变成好人，而让好人在制度的保护下，能够充分发挥自己的激情和干劲，为企业的发展注入无穷的能量。只有这样，企业才能长久地发展。

1. 伟大的企业从伟大的制度开始

管理是树木，制度是滋养万物的土壤。只有土壤肥沃，才能培育出茂盛的植物。怎样的制度才称得上是肥沃的土壤呢？答案是合理完善的制度，这是规范企业、约束员工的有效保障。只有不断完善的制度，才能让管理走向规范化，才能让管理者从繁琐的事务中解放出来，为员工提供舒适的创造空间。

著名的英特尔公司从创立的那一天开始，就十分强调制度的重要性，公司各个方面都有清晰的制度规定。比如，每天早上的上班制度，就是最明显的例证。

在英特尔，员工每天早上8点开始上班，如果谁8：05分才报到，就要上“英雄榜”，背负迟到的“罪名”，即使他前天晚上加班到半夜，第二天仍然要8点钟准时上班。这个规定始于20世纪70年代，当时社会盛行嬉皮士运动、个人享乐主义，英特尔公司为了规范员工，才出台了这种严格的上班制度。

除了上班制度之外，英特尔公司的其他管理制度也很严明，从制造、工程和财务，甚至行销部门，每件事都有清楚的规范，人人都以这些规范为准则。如果谁逾越了这一规则，就将受到制度的惩罚。很多公司强调人性化管理，但英特尔却强调制度胜于一切。

如今的英特尔实力之强大，令众多企业仰视，但是当年它也是从小企业发展而来，只不过它一开始就注重制度，而且有一套完善的制度，这才有了英特尔的今天。因此，与其羡慕那些公司实力有多么强大，不如借鉴他们的制度有多么合理完善。比如，著名的玫琳凯公司，在用制度管理企业方面，也是独树一帜的代表。在直销领域，玫琳凯公司是一个成功的典范，其管理制度、管理方式颇受业内关注。

在玫琳凯公司，有一套合理完善的奖励制度，每年公司用于奖励员工的奖金总额高达 3800 万美元，极大地激发了员工的积极性。

玫琳凯公司的奖励制度规定：当美容顾问的订单达到一定的数量时，就可以享受公司给予的服务费。比如，如果订单金额在 800～1200 美元之间，就会给 13% 左右的服务费；1800 美元以上就会得到 20% 的服务费；如果员工卖出一定的产品就会得到一条缎带；业绩达到一定标准的员工，会得到特别设计的别针，这些别针充满着特殊的意义。

玫琳凯有自己的杂志，专门在公司内部发行，这本杂志每月发行一次，主要刊登受到奖励的优秀员工的相关信息，通过这本杂志，全体员工可以相互分享优秀员工的工作经验。

玫琳凯每年都会给业绩优秀的员工海外旅游的机会，受到奖励的员工可以带着自己的家属一同去旅游。当然，除了这些奖励，公司还奖励员工名车、竞赛奖金等，这很好地激励了员工不断开拓市场。

合理完善的制度是企业管理的法宝，是企业发展的保障，伟大的制度造就伟大的企业。那么，什么样的制度才称得上是伟大的制度呢？伟大的制度有这样几个特点：

首先，伟大的制度是不断完善、不断发展的制度。

所谓伟大的制度，其实并非一成不变的制度，它往往是在某些特定时期非常适合企业的制度，并随着企业的发展，不断地挑战和完善，始终与企业的发展保持协调，这样才能让企业保持生命力。

伟大的制度需要在变化中求和谐，在和谐中求发展，在发展中求完善。大到治理一个国家，小到管理一个企业，制度都需要不断创新，不断创新的制度可以为企业的规范管理提供支持，为企业提供竞争力。而一成不变的制度则会制约企业的发展。

曾经有一家公司有一项滑稽的规定：以发生意外事故的多寡来决定是否表彰员工。可笑的是，这项规定用在几乎没有危险的工作场所。因此，生产车间的管理者几乎年年受到表彰，这让其他部门的管理者很不服气。要知道，这项规定之所以出台，是因为当年生产车间的设备落后，经常发生意外事故。后来，企业的设备不断更新换代，但是这项制度没有废除，所以，才有了如此可笑的情况。

其次，伟大的制度不是完美的制度，而是合理的制度。

很多人以为，伟大的制度是完美的制度，是没有任何缺点的制度，其实不然，就像这个世界上没有一个完美的人一样，这个世界上也没有一个完美的制度。所谓伟大的制度，其实更确切地说，是一个合理制度，趋于完善的制度，符合企业实际情况的制度。所以，有些公司的制度很好，但照搬过来不一定适合你的企业。

再次，伟大的制度可以把管理者从繁琐的事务中解放出来。

作为一个管理者，相信有时你会感到焦头烂额。因为公司的很多问题都要你去解决，大家各行其是，没有一个规范大家的合理制度。如果你碰到了这种情况，那表明你的公司需要一套合理的制度。优秀的制度可以让全体成员在规范下行事，可以把企业管理工作变得简单，一切常规事务的处理，都有章可循，企业内部的一切工作，可以处于一种有序的状态中。

最后，伟大的制度可以让员工充满激情和创造力。

伟大的制度会保护好人，规范坏人，让坏人没办法做坏事，因为一旦他们做坏事，就会受到制度的处罚。这在某种程度上，是对好人的一种保护。在伟大的制度的规范下，只要员工认真对待工作，积极创新，他们都能得到制度的认可，并获得相应的奖赏。

2. 没有规矩，不成方圆

俗话说："国有国法，家有家规。"凡是都要讲个规矩，做人有做人的规矩，做事有做事的规矩，管理企业同样有管理企业的规矩。如果没有规矩，那么企业经营就非常容易变得混乱。如果有规矩不遵行，有章不循，规矩也会成为一纸空文，对企业管理产生不了任何作用。对企业管理而言，“没有规矩，不成方圆”这句话是绝对的真理，它主要会产生以下几种不良的后果：

首先，职责不清造成的无序。

在有些推崇“人治”的企业和制度不规范、不合理的企业，经常会出现这样的情况：某项工作好像两个部门都负责，但其实谁都没有真正负责。一旦出了问题，两个部门就开始相互推诿责任、纠缠不清、整天扯皮，使企业运营陷入无序之中，造成极大的资源浪费。

其次，业务流程的无序。

在很多不讲制度、不按规矩办事的企业，领导者往往采取的是人治的模式，采用直线职能制的纵向部门设置，而忽略横向的业务流程，各个部门大多以本部门为中心，考虑的是一项工作在本部门是否进展顺利，而较少以整个企业为中心，与其他部门协调配合、从而导致流程的混乱，使工作无法顺利完成，需要反复协调，加大了管理成本。

再次，协调不力造成的无序。

一般来说，协调不力表现为商机的指示不明确、信息传递不明确、业务流程不明确等情况。比如，由于制度不规范、不合理或根本没有制度，企业根本没有明确规定某项工作由哪个部门负责，导致权责对应不明确，导致部门间出现断层，相互间的工作缺乏协作精神和交流意识，彼此都在观望，结果工作没人管，小问题也被拖成大问题。协调不力是管理工作最大的弊病，它使整个组织无法产生凝聚力，缺乏团队意识，导致工作效率低下。

最后，有章不循造成的无序。

很多企业虽然制定了规章制度，但是大家并没有把制度当成自我规范的守则，没有自律。尤其是领导者，没有以身作则，不按制度进行管理考核，造成有章不循、有章无序的状况，影响了制度的威严，损害了遵守制度的那些员工的积极性和创造性，影响了整个团队的工作效率和质量。

通过上面的四点分析，我们可以发现：规章制度对企业管理而言，其重要性是不言而喻的。身为企业管理者，一定要想办法用制度来经营和管理企业。在这一点上，老干妈的创始人陶华碧做得很好。

陶华碧从小到大没有读过一天书，但是当她的老干妈公司越办越大时，她意识到只靠自己来管理是不行的，必须制定合理的规章制度，用制度来管理公司。为此，她想到了自己的长子李贵山。

李贵山是一个转业军人，做事非常讲规矩。进入老干妈管理层后，他第一件事就是处理文件，整章建制。他经常把规章制度读给陶华碧听，陶华碧听到重要处时，经常站起来说："这条很重要，要制定得更具体一些。"当她听到不妥之处时，就会立即口述更正，然后再由李贵山修改……如此反复多次，直到满意，她才会在材料的右上角画个圆圈。在李贵山的协助下，陶华碧的老干妈公司终于制定了规章制度，而且制度宽严并济，奖惩分明。

规章制度制定之后，并不意味着万事大吉。很多管理者认为，规章制度是给普通员工制定的，是用来规范大家的，而把自己置身于规章制度之外。其实，身为管理者，更应该身先士卒，率先垂范，为员工树立一个遵守规章制度的榜样，这样才能带动大家积极遵守规章制度。

在美国 IBM 公司董事长沃森身上，曾发生过这样一件事：

一天，沃森陪同一个国家的王储来工厂参观，走到厂门口时，两名警卫拦住了他们："对不起，先生，您不能进去，我们 IBM 的厂区胸牌是浅蓝色的，行政大楼工作人员的胸牌是粉红色的，你们佩戴的粉红色胸牌是不能进入厂区的。"

沃森的助理彼特见状，马上对警卫叫道："这是 IBM 的董事长沃森，难道你不认识吗？现在我们陪重要客人参观，请放行吧！"

没想到警卫却说："我们当然认识沃森董事长，但公司要求我们只认胸牌不认人，所以我们必须按照规定办事。"

面对这一情况，沃森高兴地赞扬了警卫的尽职，并安排助理立即给大家更换了胸牌。

沃森身为公司的董事长，其拥有的权力至高无上，但是在规章制度面前，他和普通员工是平等的。他没有以董事长的身份自居，更没有凌驾于制度之上，这种敬畏制度的表现，值得每一位管理者借鉴。

在中国企业界，联想集团的总裁柳传志也是以身作则、遵守制度的典范。联想集团每周都会召开一次办公例会，有一段时间，经常有参会的领导因为各种原因迟到，会议经常因迟到者而中断，极大地浪费了大家的宝贵时间。

鉴于这种情况，柳传志决定在会议制度里补充一条：迟到者要在门口罚站5分钟，以示警告。纪律颁布后，开会迟到现象有了明显好转。但不久之后，柳传志因电梯出现故障，被困在电梯里导致开会迟到。走进会场之后，他自觉地罚站5分钟。很快，这件事在联想就传开了，全体员工为柳传志的做法喝彩，其榜样的效果不言而喻。

在企业中，管理者是众人瞩目的人物，其一举一动，都会对其他员工产生很大的影响。如果领导者严于律己，遵守公司制度，对员工而言无疑是一种良好的示范。大家会想：领导都遵守制度，我还好意思违反制度吗？这样一来，大家的自觉意识就会提高。

对于不遵守制度的员工，管理者有必要按制度办事，当批评则批评，当惩罚则惩罚，绝不姑息纵容。只有这样，才能维护制度的威严，才能建立按制度办事的企业文化。在这一点上，《孙子兵法》的撰写者孙武的做法，值得每一位管理者参考。

吴王为了考察孙武的练兵能力，特命他训练宫里的一群宫女。孙武自信地接受了这一任务，他将列队操练的要领讲得清清楚楚，但正式喊口令时，这些宫女依然嬉戏打闹、笑作一团。孙武又喊了一遍口令，但宫女们依然我行我素，不听指挥。结果，孙武对带头的两位宠姬处以斩首的处罚。顿时，场上立即肃静下来，宫女们再也不敢有令不遵、有章不循了，结果孙武把这群女人训练成了一只纪律森严、令出必行的军队。

从孙武练兵的故事告诉我们，合理的规章制度一经制定，就必须严格执行。如果有制度，却不按制度办事，当员工违反了制度时，管理者不对违反者予以处罚，那么制度的威严就得不到维护，如此一来，企业就没了规矩。只有严格按制度办事，制度才是有效的，才能对企业管理起到积极的作用。

3. 一套好的制度比多几个人管理更有用

一代伟人邓小平同志曾精辟地论述了制度的重要性，他说："制度好可以使坏人无法任意横行，制度不好可以使好人无法做好事，甚至走向反面。"用制度来管理企业，来解决问题，是一项比用"人治"来管理企业更重要的管理之策，是一项更有稳定性、长期性和根本性的管理之道。

很多企业在创立之初，由于创始者的能力和个人魅力出众，即使没有规范的企业制度，他们也能带领企业走向某一发展高度。然而，当他们卸任之后，如果企业依然没有规范的制度，那么新任的领导者就很难带领团队超越创始者，而且很容易走下坡路。即便企业多聘请几个能力出众的管理者，如果没有一套好的制度，也难以把企业经营和管理好。

相比之下，有些企业在创办之后，有一套好的管理制度，无论企业接班人、管理层如何更替，无论企业经历了怎样的风浪，只要企业按照这套制度去管理，并随着企业的发展，不断完善制度，企业也能一步步发展壮大。所以说，一套好的制度，比多几个人管理企业更有效，好的制度才是真正的老板。

慧聪网董事局主席郭凡生曾表示，"把坏人变好人"的制度能造就伟大的公司，而一个腐朽没落的制度只会把聪明人变笨、把勤劳人变懒。所以，管理企业和员工，靠的是制度。好制度才能激励员工，才能保护员工的积极性，使坏人干不了坏事，不得不做好事。时间长了，坏人就变成了好人，这就是最伟大的制度。

不好的制度会把"活人"变成"死人"，而好的制度能把"死人"变成"活人"。

17至18世纪，英国船只经常押送犯人到澳洲，当时私营船主是按上船的人数收钱的。由于每艘船运送的犯人数量过多，船上生存环境恶劣，加之船主为了多赚钱，克扣犯人的食物，导致很多犯人因饥饿、患病在中途死去。更残忍的是，有些船主还会虐待、毒打犯人，甚至干脆将犯人扔进大海里。

后来英国政府制定了一项新规定：按活着到达澳洲的犯人数付钱给私营船主。这一下，船主们马上绞尽脑汁，千方百计地让犯人活着到达目的地。从那以后，犯人中途死亡率大大降低，最低死亡率只有1%，而原来最高死亡率竟高达94%。

不好的制度会使企业遭遇发展瓶颈，走向山穷水尽，好的制度可以使企业迎来柳暗花明，走向充满希望的春天。

有一家降落伞制造厂，其产品的不合格率一直高居2%，公司换了好几任总经理，也无法降低产品的不合格率。后来，一位新上任的总经理颁布了一道命令：从今天开始，全体员工立即停工，从管理者到普通员工，全体赶赴跳伞训练场，使用我们厂生产的降落伞接受跳伞训练。此外，公司进一步规定：从今以后，凡是我们生产的降落伞，在出厂之前，都要抽样由工人轮流试跳。这项规定一经颁布，该厂降落伞的不合格率马上下降为零。

不好的制度会让人产生事不关己、高高挂起的心态，好的制度会使人尽职尽责、荣辱与共。

16岁时，狄克·狄维士酷爱开车，父亲见他那么爱跑车，就借给他一辆豪华的汽车。由于这辆车不是自己的，狄克·狄维士用起来毫无顾忌，一点也不爱惜。没过几天，车子上便沾满了烂泥，伤痕累累，惨不忍睹。父亲非常心疼，可是狄克·狄维士却不以为然。

两年后，父亲将一辆新车过户给狄克，这时狄克非常疼爱自己的汽车。几年过去了，汽车依然崭新如初。这件事让狄克意识到：切身利益与责任心之间有密切的关系。

后来，狄克从父亲手中接手公司之后，他确立了营销员的分销商地位，使公司成为每个营销员自己的事业。这种制度充分调动了每一位营销员的积极性和创造性，为公司的发展带来了经久不衰的生机。如今，这家公司营销员多达300多万人，其产品行销全世界80多个国家和地区。这家公司就是有名的美国安利公司。

不好的制度使人随意浪费，不懂珍惜，好的制度使人懂得珍惜，为企业节省运营成本。

在很多事业单位，办公用品随便领、随便用，办公电话随便打、随便使的现象普遍存在，针对这一问题，天津市河东区建委用科学的管理制度加以规范，采取“办公用品货币化”“办公电话限额划卡”的管理办法。自从采用这个制度之后，据统计，河东区建委每月的办公经费支出从原来的2万元猛降到5000元。

不好的制度会使英雄失去用武之地，使人才没有展现自己的舞台，好的制度能使人八仙过海，各显神通。

有舞台，才会有人才涌现。近些年，很多青年歌手大奖赛如雨后春笋，不断涌现出来，这些歌唱比赛为歌坛输送了一批批优秀的人才。据统计，目前活跃在歌坛上的，被广大群众所喜闻乐见的歌手，百分之八九十是从各种歌唱比赛中脱颖而出的。可以说，正是这种“赛马”制度取代了“相马”制度之后，才有人才的不断涌现。

当然，好的制度虽然对企业管理，对激发被管理者的积极性，提高企业的经营效益有很多好处。但是不可否认的是，好的制度也有局限性，也不是十全十美的。而且随着企业的发展，随着市场大环境的不断变化，好的制度也不是一劳永逸的，而需要与时俱进、不断调整和完善。只有这样，才能保证制度符合企业发展的实际情况，才能为企业发展带来更大的推动力。

4. 制度要抓重点，要简洁、明确

不少公司的制度文本拿出来一大叠，厚厚的像一本书，翻开内文，细细一看，你会发现，里面啰啰唆唆的内容一大堆。原本一句话可以说清楚的内容，他们硬生生地扩展成一段话，好像写得“丰满”就意味着制度完善一样，好像上面的字越多，显得制度考虑的问题越全面一样。

其实，真正好的制度，并不是越复杂、条款越多越好，而是针对一定的问题，把该考虑到的方面考虑到，避免有些“坏”员工钻了制度的空子。与此同时，制度的表述应简洁、明确、言简意赅，让大家看得明白，容易执行。

说到容易执行，我们就不得不提制度的另一个极端，那就是过于简单，过于模糊笼统，没有具体的执行标准。举个例子：

某公司员工上班迟到现象屡见不鲜，有时候甚至过了上班时间9：00，只有两三个员工准时坐在电脑前办公，多数员工没到公司。9：10之后，那些迟到的员工手里提着早餐，三三两两、陆陆续续地来到公司，然后大家打开电脑、聊着天、吃着早餐、看着新闻，这么一折腾，时间差不多到了10：00，原本只有3个小时的上班时间，仅剩两个小时。

有几次，公司领导来到公司，发现很多员工没来，于是意识到要解决这个问题。一天，他开会时宣布：“大家注意了，为了提高工作效率，以后上班不要迟到了。”就这么一句话管用吗？当然不管用，这句话说出来等于没说。因为这项规定没有监管的负责人，没有任何惩处措施。

果然，那些习惯了迟到的员工，除了在会议的第二天做了做样子早到之外，过后又和往常一样了，他们继续发扬着上班迟到的“工作作风”……

在这个案例中，领导者针对具体的问题——员工上班迟到频繁的现象，做了一个规定：“以后上班不要迟到了。”这个规定抓住了迟到问题，但是没有提出具体、明确的要求和处理措施，也没有指定具体的监管人，因此，这项规定流于形式，如风中的一团烟雾很快就烟消云散了。如果该规定明确指出，上班以后迟到多少分钟，要扣发多少钱；考勤制度由谁来具体负责监督实施等，那么效果就会大不一样了。

现实中，公司在制定制度的时候，发生这种舍本逐末、表述繁冗或过于笼统、不够明确的现象是非常普遍的。作为管理者，在制定制度时，应注意什么呢？

（1）抓住重点问题，避免舍本逐末

有些制度条文中，列举了很多无关紧要或关系不大的内容，这会严重削弱制度中重点内容的分量，是典型的喧宾夺主。比如，有一项制度是针对员工上班聊 QQ 的，但制度条文中，却大篇幅地说员工上班聊 QQ 的不良影响，这有必要吗？管理者只需规定上班除工作不准闲聊 QQ 即可，闲聊者一经发现如何处理等，无需在制度中讲大道理。

（2）制度表述要简明扼要，避免啰唆

制度的出台，是为了让公司全体成员执行，如果制度条文太啰唆，絮絮叨叨，就会削弱制度的威信。比如，有一家纺织厂的《安全守则》中，有这样一条：“公司厂区内不得燃放可燃性或容易导致燃烧的器具。”这句话就不够简明，不易被人理解，其实这句话的意思就是——厂区之内，严禁烟火。

（3）内容具体，避免误解

内容具体的制度，不容易让人产生误解，可以减少执行过程中的偏差。所谓具体，指的是公司希望员工怎样做，如果员工不怎样做，将会受到怎样的处罚。因此，制度包含了两方面的内容，一方面是不允许员工做什么，另一方面是如果员工违反了规定，将受到怎样的处罚。可是很多公司在制定制度时，只有前一个方面，却没有后一个方面，违背了制度应该承担什么责任，没有事先的约定。

比如，公园的草坪上有“请勿践踏草坪”的标语，但是草坪照样被人践踏。厂房里有“禁止吸烟”的字样，但是员工照样在厂区吸烟，为什么会这样呢？因为这些禁止的内容，根本没有惩罚性，如果把那句标语改成“禁止吸烟，违者罚款”，甚至更具体一些“禁止吸烟，违者罚款 100 元”，那么这项规定就更有约束力了。

因此，管理者一定要搞清楚：制度是干什么的？制度是规范人们的行为的，让人们按照一定的标准去行事，如果员工没有做到，要承担什么责任？是扣奖金、扣工资、降级，还是辞退员工？当然，具体怎样处罚，还需管理者自己思考清楚。

5. 把制度细化为可以有效执行的流程

曾有一位从事体育科研的专家对世界上夺得 110 米栏的冠军进行过分析，对他们跑步和跨栏的动作进行了细致的分析，并将他们连续复杂的动作分解为简单的步骤。最后整理出简明的、可参照的训练流程，然后指导 110 米栏的运动员按照这个流程训练，结果成绩提高很快。这就是按流程办事带来的高效率。

一位来自于全球管理咨询公司麦肯锡的一位顾问曾说：“你所要做的事，如果以前有人做过，你最好把这个人找出来。如果你能把这个人的成功经验流程化，然后按流程去执行，你就一定可以提高绩效。”这句话充分肯定了按流程办事的价值。

很多企业管理者羡慕世界 500 强、跨国公司的员工，因为他们执行力超强，管理者丝毫不用担心员工执行出问题。可是，有多少人思考过：为什么那些公司的员工执行力强呢？是因为他们的职业化、素质高？还是因为他们天生就有主动做事的意识？

其实，没有人天生就是自发自动的工作狂，那不过是管理者理想化的奢望。正如巨人集团的创始人史玉柱在一次电视节目上所说的那样："永远不要期望员工像老板一样工作，那不现实。"事实上，在这个世界上，能够自发工作的员工，真的是寥寥无几。

那么，世界500强公司、跨国公司的员工为什么那么有执行力呢？其实，真正的原因是那些公司能够把制度细化为可以有效执行的流程，简单地说，他们推崇按流程办事、按流程执行。所谓流程，就是做事的步骤和程序，有了清晰的流程，员工就明确了岗位职责和执行标准，执行起来就可以少走弯路，执行效率也会大大提高。

流程就是执行的工具，如果你的员工都能按流程执行，那么他们的执行力就会体现出来。这就是为什么越是优秀的企业，越重视流程化办事。因为他们尝到了按流程办事的甜头，发现了流程化对企业发展带来的作用。

丰田汽车公司就十分强调流程。当一件事出现问题时，团队的领导一定会问下属："你有没有按照标准化工作执行？"在解决问题的过程中，领导者往往会对照操作人员的执行流程，一步一步地检查，看员工是否按流程执行了。如果员工完全按流程操作仍然出现了问题，那么领导者会考虑对这些标准步骤加以修正。

由于这套流程的推行，世界上只要有丰田车的制造厂，那里就有全球统一的高品质丰田汽车。这是丰田能够在全球获得成功的重要原因之一。

按流程、按标准执行看似烦琐，实际上保证了工作质量。也许有人觉得按流程执行太过死板，太过教条，太过循规蹈矩，于是他们自作聪明地省掉某些看似不必要的流程，以为这样可以加快执行进度，却不知，执行少了一个环节，就多了一分安全隐患。

2009年4月10日上午，山西太原火车站附近发生了一起汽车爆炸事件，造成一死一伤的悲剧。这起悲剧发生在一家汽车维修部内，原因是一位工人在修理汽车时，违规操作，导致油箱爆炸。

这位工人到底怎样违规操作了呢？原来，这名工人在给卡车焊接油箱时，没有对油箱进行抽气（含氧空气），就迫不及待地进行焊接，结果引起了爆炸。正确的操作流程应该是，先把油箱内的汽油放干，并对油箱进行抽气，让汽油全部挥发，然后才能进行焊接。

有人说，中国人脑子特别灵活，擅长变通，而且把变通的智慧发挥到各行各业的各个环节。无论是在为人处世方面，还是在工作上，变通无处不在。变通无可厚非，但要看什么事情。在为人处事上，多一点变通未尝不可，但是如果在执行中随意变通，并以走捷径为骄傲，那就不值得提倡了。

因为在很多时候，变通并不能给执行带来效率，反而会出现一些意料不到的问题，从而降低工作效率。更重要的是，很多工作涉及到团队协作，你在这一环节上变通，节省了某些环节，导致工作出现问题，就会影响到别人的工作环节，最终影响团队的工作质量。

有一位中国学生在美国一家饭店里打零工，他的工作就是洗盘子。饭店规定，每个盘子必须冲洗7遍，学生忙活了半天，也挣不了多少钱。后来他觉得，盘子没必要冲洗7遍，冲洗5遍就可以。于是，他偷偷省掉了两遍，这样一来，他的工作效率大大提高，工钱也增加了。

可是这家饭店的老板特别重视洗盘子这件简单的事情，有时候他会到厨房去抽查盘子的清洗情况。一次，老板用专用的试纸检测出盘子的清洁程度未达标准，就找来中国学生询问情况。

中国学生感到很委屈，就说："洗5遍和洗7遍效果差不多，何必浪费水、浪费时间，多洗两遍呢?"

饭店老板淡淡地说："洗7遍是标准，你没有达到这个标准，不按流程做事，请你离开。"

把制度细化为可以有效执行的流程，严格按流程办事，不仅是一种工作要求，更是一种工作精神或者说是一种企业文化。这家饭店的老板为我们做出了榜样。

波音（中国）公司总裁王建民曾被记者询问：“对稳定的追求和对流程的要求是否会导致公司反应迟缓、执行力不足？”王建民的回答是：“按照流程执行是我们不变的方针，虽然这样可能导致反应慢些，但是对流程的严格遵守，正是执行力的体现。”

把制度细化为可以有效执行的流程，并按流程执行，不仅关系到个人的执行力，还关系到团队的执行力。有了流程化的执行标准和制度规范，员工才会明确各自的职责，才不会越位、错位、缺位，这样的团队才有执行力和战斗力。

6. 不要让陈腐的制度浇灭了工作激情

每一项制度的出台，都与当时的现实情况有关。制度往往都是针对企业的某一时期的某些现实问题，但随着制度的实行，随着企业的发展，这些问题可能逐渐被解决掉了。因此，原来的制度就没有存在的必要了。如果企业不懂得与时俱进，废除意义不大的制度，那么陈腐的、脱离实际的制度就很容易浇灭员工的激情。

很多年以前，德克福图书公司曾出台了一项制度，规定每个员工上班的第一件事是看报纸，而且必须看45分钟。看完报纸之后，才能开始工作。在这45分钟内，员工如果不看报纸，而是做别的事情，将被视为违反制度，轻则被领导批评，重则会被罚款、降职。

为什么德克福图书公司要出台这样的制度呢？这是因为那时候报纸是人们了解信息的重要载体，那时候还没有网络，员工想策划出好的图书，就必须通过报纸来关注时事动态。通过看报纸，能够了解社会动态、关注民生民情，有助于开拓员工们的写作思路、激发员工的创作灵感。可以说，这项制度在当时非常有意义，员工由于执行了这项制度，确实策划出不少畅销图书。

然而，随着网络时代的到来，公司这项制度依然在推行，渐渐地，员工们开始抱怨，他们认为这项制度已经落伍了，必须废除，原因是如今人们了解社会动态靠的是网络，上网看新闻比在报纸上看新闻更方便，了解的信息更多。而且如果大家都上网看新闻，还能为公司节省订阅报纸的费用，对公司是有益的。

然而，公司领导年纪较大，他们对网络认识不够，不太接受网络，因此，他不听大家的意见，置员工的抱怨于不顾，并设立监督机制，监督员工的执行情况。这种举措激起了民愤，员工的工作激情被打击了，大家充满了怨言。

谁也不否定读书看报的益处，但是随着时代的变迁，员工更愿意上网了解社会动态，如果公司强制要求员工看报纸，这显然是不合时宜的。案例中的看报制度显然已经过时，但是公司的领导者却不与时俱进，导致陈腐的制度引起了员工强烈的不满，这势必会影响员工的工作态度和工作效率。

很多人打开电脑时，都会习惯性地点开杀毒软件查杀一下电脑，看电脑是否有病毒，是否有软件需要更新。如果杀毒软件不能及时更新，那么出现新的病毒之后，旧版的杀毒软件可能无法查杀病毒，于是电脑就存在瘫痪的隐患。

其实，公司制度就像杀毒软件一样，需要不断地更新换代，不断地升级。当一项制度无法解决现实问题时，管理者就要想办法完善它；当一项制度的存在，对解决现实问题没有意义或意义不大时，管理者就要摒弃、废除这项制度。要知道，条条框框的制度太多，并不一定是好事。毕竟，制度的存在是着眼于解决问题的。如果不能解决问题，还留着干嘛呢？

某家大电器制造厂有一则规定：员工如果延迟交货，单位就向他们征收违约金。这项制度的出台在当时确实有必要，因为当时有几名员工时间观念不强，经常拖延交货，公司针对这种情况才出台了这项规定。规定出台之后，也确实对这些员工起到了约束作用。

然而，多年之后，员工主观上的延迟交货情况已经大有改善，这时候虽然也会发生延迟交货现象，但多半事出有因，比如：生产过程中遭遇不可抗拒的天灾、人祸，或机器出了故障、厂方本身的原因等等。故此项规定有名无实，应马上改正，可是领导者没有改变，而是依然执行这项制度。这样一来，员工延迟交货被公司罚款后，内心就特别不痛快，因为错并不在于他们。

规章制度的建立应该随企业的发展、进步而不断改变，千万不能一成不变。在过去的生产规模、生产条件下，某项规章制度可能很完善，但由于新的形势及新的经营方式出现，旧的规章制度会因此出现各种各样的漏洞，变得不合时宜，这时就要求领导者要及早废止，另行出台新的制度，只有这样才能保证制度的合理性，保护员工的积极性。

社会经济在不断发展，企业所面临的市场环境也在不断发生变化，再加上员工队伍、组织自身的发展变化，企业实时更新制度是一种必然要求。当然，这种更新不是天天变、月月变，而是当制度不能促进企业发展时，才有必要变。否则，随意乱变的制度也会让企业人心不稳。

7. 制度的生命力在于不折不扣地执行

建立一套合理的规章制度是经营和管理好企业的前提，但是有了制度不等于高枕无忧，如果有合理的制度，却没有有效执行，那么会出现什么情况呢？有这样一个案例：

一天晚上，某家公司的财务室被撬开，墙边的保险柜也被打开，柜内的20万元现金被盗。这笔钱是公司第二天急用的购料款，但这笔钱突然丢失了，严重影响了公司的正常业务。

然而，令人不解的是，这个保险柜是国内最先进的一款，柜子上面有报警器、电击系统和密码装置，而且密码系统由电脑控制。既然保险措施如此齐备，那保险柜为什么还会被盗贼轻而易举地打开呢？

事后经过调查发现，使用保险柜的出纳是个马虎大意的人。虽然公司制定了一整套财务保卫的规章制度，但是出纳根本没有按制度执行。在他看来，这个保险柜确实不错，但是他觉得公司很安全，没必要小题大做，因此他把钱放进保险柜之后，并没有将其锁上，而是虚掩着保险柜的门，这样便于他取钱时方便……

有保险柜不用，有制度不执行，这样的保险柜还有何用？这样的制度还有何用？这个案例告诉我们，企业的规章制度再好，如果没有不折不扣的执行，制度也会沦为一纸空文，无法发挥应有的作用。

很多企业制定了成套的管理制度、工作标准，大到厂纪厂规，小到领物规定、作息规定等，不可谓不完善。如果这些制度真的能贯彻执行下去，对企业绝对有很大的帮助。但遗憾的是，很多企业把制度当做花瓶和摆设，导致制度流于形式——做出来只是为了给别人看，却没有体现在执行中。

看看那些破产或倒闭的企业，它们破产或倒闭的原因在哪呢？很多人可能会说，管理者的决策失误，领导不力。也许有这方面的原因，但在管理者没有失误、公司制度没有问题的情况下，有些企业依然会破产，这是什么原因呢？其实，出现这种问题的根源在于制度没有得到有效执行。

东北某地有一家工厂倒闭了，之后该工厂被一家日本公司收购。日本总部只派来一位日籍管理者，他上任之后，没有风风火火地搞改革，而是遵照工厂原来的规章制度搞生产。结果不到一年，工厂就起死回生了。这是怎么回事呢？原来这位日本管理者上任之后，只做了一件事：强化制度落实。

这个案例告诉我们，企业倒闭的原因是多方面的，但根源可能不在别处，而在于制度没有得到不折不扣地落实。由此可见，制度再合理完善，如果没有强有力的执行，也没有意义。只有付诸实践，不折不扣地执行，制度才能发挥作用，企业发展才有保障。

把眼光放到那些发展势头良好、生命力强大的企业身上，你就会发现它们成功的原因所在。在这些企业，管理者一定是强化制度执行的人，决不会无视制度的权威。当他们发现有不遵守制度的情况时，肯定会严肃处理，绝不姑息纵容。

康佳是国内彩电行业知名度颇高的企业，也是一家十分强调制度执行的公司。在康佳公司，有这样一条规定：在工作场合不准吸烟！然而，这个看似简单的规定，并不是每个员工都做得到。公司里有一个20多岁的年轻技术员，非常受公司领导的器重。由于他的能力突出，进入公司不久便晋升为车间的副主任。在走向领导岗位之后，他工作更加积极，表现更加优秀。

可是，该年轻人有一个不好的习惯——特别爱抽烟，而且烟瘾极大。由于公司明文规定不准在工作场合吸烟，因此，他只好每天上班之前猛吸几口烟，到了中午吃完饭，再猛吸几口烟，然后强忍着烟瘾熬到下班。

一天，年轻人发现楼梯的拐角处比较隐蔽，他个人觉得这个地方不能算是工作场合。于是，他抱着侥幸的心理，在上班的间隙在这个地方抽烟。非常不幸的事情发生了，正当他享受吞云吐雾的快感时，公司的副总经理恰好路过此处。

虽然当时副总经理没有过多地批评他，但是公司的人力资源部很快就做出了处理决定：第一，免去了他车间副主任的职务；第二，罚款；第三，全厂通报批评。

这事件被公之于众后，在康佳公司的整个生产车间引起了巨大的反响。很多员工认为公司的管理方式太苛刻，惩罚力度太大。但是自从这件事之后，再也没有人在工作场所吸烟了。

如果你是那位年轻人，也许你会觉得自己很冤，心想：我不就是抽了一支烟吗？至于大动干戈吗？给我一个口头警告不就可以了吗，或者让我私下写个检讨书，再不然罚我一两百块钱也行，为什么要撤我的职呢？这不是存心让我难堪吗？

但是，如果你能站在公司管理者的角度考虑问题，也许就不这么认为了。因为公司已经明确规定，不能在工作场合抽烟，你却明知故犯，公然违反制度。如果管理者不按制度的规定严惩你，制度的威严何在？今天管理者对你网开一面，明天别人违反了制度，管理者是否也要对他网开一面呢？如此一来，制度还有约束力吗？

所以说，康佳的副总经理的处理方法是明智的，他让公司的制度成了万伏高压电，让员工害怕触碰，这对全体员工都充满威慑力。对不遵守公司制度，不按制度办事，不按制度执行的员工，若不下几剂“猛药”，他们是不知道疼痛的。只有让他们痛过，才能深刻地记住教训，才能乖乖地执行制度。

三国时期，诸葛亮挥泪斩马谡，在军中树立了不折不扣地执行制度的楷模。今天的康佳公司，严肃地处理了违反制度的员工，也为现代企业管理者树立了榜样。如果你想管好企业，想让企业不断发展壮大，一定要让公司的制度不折不扣地执行。

第四章 Di Si Zhang

令出如山，不能让自己的命令打任何折扣

很多管理者有一流的创意和点子，注重制定一流的战略，但是下属却用三流的执行力来对待一流的战略，最后的结果与想象大相径庭。但如果企业有一流的执行力。即使创意和战略差一点，企业也会充满希望。执行力就是竞争力。企业战略的实施需要有高绩效的执行力，执行力是企业经营环节中最重要的因素。一流的执行力是企业生死存亡的关键，如果一个企业没有高效的执行力 ，就将失去竞争力。

1. 一流的执行比一流的点子更重要

很多管理者有一流的创意和点子，注重制定一流的战略，但是下属却用三流的执行力来对待一流的战略，最后的结果与想象的大相径庭。但如果企业有一流的执行，即便创意和战略差一点，企业也会充满希望。

日本软银公司的董事长兼总裁孙正义与马云曾经探讨："一流的点子加上三流的执行，与三流的点子加上一流的执行，哪一个更重要?"结果他们得出一致的结论："三流的点子加一流的执行，比一流的点子加三流的执行更重要。"

1997年6月，世界拳击史上爆出了一个丑剧。在一场重量级拳王争霸赛中，著名的拳王泰森与拳坛名将霍利菲尔德对垒。在比赛中，泰森急于求成，他想在短时间内结束战斗，但对手霍利菲尔德却采取拖延战术，他不急不躁地按既定的战术比赛，并利用身高臂长的优势，很好地牵制了泰森。

每当泰森使出组合拳时，他就对泰森搂搂抱抱，这样极大地消耗了泰森的体力。泰森有劲使不上，因此非常恼怒，在愤怒之下，他居然咬下霍利菲尔德的一小块耳朵。没想到，当霍利菲尔德处理好伤口继续登台比赛时，泰森再次咬了他的耳朵，裁判只好终止了这场荒唐的比赛。

比赛后的第二天，美国有个大型超市就出现了一种名叫"霍利菲尔德"的巧克力，其形状栩栩如生，就像人的耳朵。这种新奇的巧克力立即引起了好奇幽默的美国市民的哄抢，大家都想像泰森一样咬老霍的"耳朵"，过把瘾。那家生产"霍利菲尔德"巧克力的厂商因此大赚了一笔。

"耳朵"好吃吗?生产"霍利菲尔德耳朵"这个点子未必是最好的，但由于该厂在最短的时间内，将这个点子付诸实施，很好地抓住了消费者追求新奇的心理，所以赚了一大笔钞票。如果你的企业也有生产"霍利菲尔德耳朵”的那种执行力，那么你定能抢先他人，抓住转瞬即逝的市场商机。这就是一流的执行带给企业的竞争力，它比一流的点子更重要。

埃克哈德·法伊弗担任原康柏电脑公司总裁期间，制订了一个战略计划，他要在6年时间内将康柏公司由一家高价位办公室PC制造商转变为世界第二大（仅次于IBM）的计算机公司。

在微软和英特尔建立Wintel体系之前，法伊弗就意识到为包括掌上电脑和服务器网络在内的所有设备提供服务是一个巨大的商机。但是单凭康柏电脑公司的实力，根本无法建立起这样一个服务系统，况且为客户提供计算机服务并不是康柏电脑公司的长项。

为了提升康柏电脑公司在计算机服务方面的实力，法伊弗先后兼并了天腾公司和数字设备公司，这两家公司是高端服务器的制造商。事情进行到这，一切都进行得很顺利。法伊弗的战略计划也一环扣一环，看上去非常完美，但是他忘了一个重要的问题——如何使康柏真正进入服务市场？

对于这个具体的问题，法伊弗并没有深入地思考，也没有做出有效的规划，因此，他的战略计划没有得到执行，最后不了了之。

后来，法伊弗被康柏电脑公司辞退了，对此，康柏电脑公司的创始人和主席本·罗森表示，法伊弗制订的战略计划没有做错，但是他缺少执行力，无法打造一个有执行力的团队，这才是他被公司解雇的原因。

任何一家企业要想获得成功，都不能缺少执行力。团队执行力越强，企业越有希望。《执行力》一书的作者保罗·托马斯和大卫·伯恩，曾在书中说过这样一段话：“满街的咖啡店，唯有星巴克一枝独秀；同是做PC，唯有戴尔独占鳌头；都是做超市，唯有沃尔玛雄居零售业榜首，而造成这些不同的原因，则是各个企业的执行力的差异，那些在激烈竞争中能够最终胜出的企业无疑都是具有很强执行力的。”

一流的执行力是企业生死存亡的关键，是企业核心竞争力的重要体现。如果企业没有执行力，那么企业就将失去核心竞争力。微软公司的创始人、世界首富比尔·盖茨多次坦言：“微软在未来10年内，所面临的挑战就是执行力。”实力如此强大的公司，都能如此强调执行力的重要性，那么，对于我们这些中小企业来说，更应该着力打造企业的执行力。

2. 做老板，就要把执行力当做经营成败的关键

很多人把公司经营失败的原因归咎于策略失误，2003 年初，拉里·博西迪和拉姆·查兰所著的《执行——如何完成任务的学问》一书问世并风靡全球，他们在书中指出：执行力才是企业经营成败的根本原因。

通用公司前 CEO 杰克·韦尔奇很早就说过："即使是错误的决策，我们也可以通过执行来把它做对，而不是再回来讨论。"这个观点有力地证明了一点：执行力才是企业成败的关键，如果没有执行力，一切创意、战略、计划都将成为空中楼阁。

2003 年，海信集团的销售收入达到 221 亿元，增长幅度为 14.5%。海信电视、空调、冰箱、手机等主导产品的产销规模都有了较大增长，海外市场开拓、产业结构优化等也取得了不小的成绩，经营质量得到进一步提高。

在成绩面前，海信集团董事长周厚健却谦虚地表示，海信目前急需解决的问题仍然是执行力不强的问题。他还具体地指出，海信的执行力不强的表现主要有：

第一，不能按时执行战略，导致好的思路和策略成为空谈；

第二，安排工作不到位，执行任务拖拖拉拉、没有紧迫感；

第三，执行过程马马虎虎，得过且过，敷衍了事。

周厚健表示，执行力低下是企业管理中最大的黑洞，再好的策略都必须通过执行才能显示出价值。如果企业执行力差，将会直接导致在贯彻企业经营理念、实现经营目标上大打折扣，更重要的是削弱了领导者、广大员工的斗志，破坏了工作氛围，影响了企业的整体利益。长此以往，它将会断送企业的前途。

那么，是不是说海信集团没有执行力呢？当然不是，周厚健表示，海信的管理团队和管理机制还是具备强大的执行力基础的。他还举例说明了这点，比如，1995年海信研发空调时，公司内外一片反对声。公司相关人员经过近两年的产品分析、市场调研，最后决定研发变频空调。决策拍板后，集团上下从项目引进、消化，到迅速建成全国规模最大的变频空调生产基地，整个过程彰显了强大的执行力，从而使这个项目获得了巨大的成功。这个项目的成功，与其说是决策上的成功，不如说是执行上的成功。在海信，这样的例子还有很多，成功的或失败的，都与执行力有关。

尽管海信集团发展势头如火如荼，但周厚健表示海信集团执行力不强的观点一点也不夸张。在上世纪90年代以后，凡是高速发展而且发展得好的世界级企业，都是因为他们有好的执行力。IBM总裁郭士纳曾说："一个成功的企业和管理者应该具备三个基本特征，即明确的业务核心、卓越的执行力及优秀的领导能力。"在他看来，执行力是企业成功不可缺少的特征之一。

思科系统公司（Cisco Systems，Inc.）是全世界最大的网络设备公司，也是2000年全世界股票市值最大的公司。很多人认为，这样一个拥有强大技术和实力的公司，其核心竞争力肯定是技术，但是Cisco全球副总裁林正刚却认为Cisco的成功不在于技术，而在于执行力。由此可见，世界级的大公司多么重视执行力。

那么，为什么很多企业执行力不足呢？其实，这是有原因的：

首先，管理者没有对执行力常抓不懈，他们往往虎头蛇尾，导致企业无法始终保持高效的执行力。其次，公司的管理制度不严谨，经常朝令夕改，让员工无所适从，这也会影响企业的执行力。第三，制度本身不合理，缺少操作性和针对性，或者过于繁琐，不利于执行。比如，处理一个文件只需7分钟，但由于公司处理文件的制度过于繁琐，文件在中间的环节耽搁太久，导致执行力低迷。

执行的关键在领导，如果领导者能强化贯彻，对提高企业的执行力是很有帮助的。当然，企业的成功主要靠团队执行力，团队有执行力，企业才有竞争力。把团队的执行任务分解到个人，就可以看出个人的执行力。

从每一个员工的执行力上，可以看出企业的团队是否有执行力。

在执行中，很多员工是为领导而做的，领导说什么，他们就做什么。对此，周厚健表示，执行绝不是领导说一句，你就做一件事；领导布置一个任务，你就完成一个任务；执行不是为领导而做，而是为企业而做。

周厚健说："执行的根本目的是为了企业的发展，一切对企业不利的事情都不应该被执行。如果员工非常坚定地执行领导的一句话，而不顾企业的根本利益，将会对企业发展带来负面的影响。如果这种执行得不到有效遏制，最终受损的是企业利益。"

那么，如何强化团队的执行力呢？

（1）树立明确的目标，确定执行力的方向

确定目标，似乎是一个老生常谈的话题，但确定目标并不是容易的事。确立目标的基础是，前期做大量的分析调研工作。在制定大目标之后，要进一步将目标分解，所谓"千斤重担大家挑，人人肩上有指标"这里的指标就是每个员工的目标。如果每一名员工都能完成自己相应的指标，那么企业的大目标就能得以实现。

从企业"大"目标到部门"中"目标和员工"小"目标，体现了目标的层级关系。正是因为有了目标分解，目标才会越来越具体，越来越有操作性。当企业目标明确时，大家才会各司其职，而不是像盲人骑马，走到哪算哪；当企业目标明确时，各个部门、各个员工才能在执行中形成一股合力，从而更好地发挥聪明才智，促进目标的达成。

（2）引导员工实现团结协作

团结协作是一种良好的职业道德，需要企业营造一种团结协作的环境。要想做到这一点，可以从这样几个方面入手：一是树立美好的愿景，让员工看得到企业的前景，为共同的奋斗目标而努力；二是；建立明确的工作职责与工作目标及合理的薪酬体系，因为清晰的工作职责与目标，对员工找准努力的方向十分有利；三是加强员工教育，培养他们团结协作的合作精神。

3. 没有任何借口，任何人做事都要做到位

在《读者》2008年第20期的卷首语中，有一篇名为“90%的玄机”的文章。这篇文章值得每一位管理者思考，它的大意是：

90%90%90%90%90%＝？答案是59%。在工作中，很多人知道，如果把工作做到59%就是不合格，就很可能被炒鱿鱼，但是把工作做到100%又太困难、太辛苦，也不现实，于是很多人觉得，如果能把工作做到90%就已经很不错，很满足了。殊不知，公司的各项工作之间是环环相扣的，很多看似不错的90%，最终带来的结果是59%，依然是不及格。

这段话告诉我们，如果不能把工作中的每个环节都做到圆满，那么五个环节之后，工作可能就会出现严重的问题。也就是说，执行经不起打折。只有每个环节都有一流的执行力，才能保证最终的执行到位。

很早以前，英国曾经流传这样一段民谣：“少了一个铁钉，丢了一只马掌；少了一只马掌，丢了一匹战马；丢了一匹战马，败了一场战役；败了一场战役，失了一个国家。”相信很多人都听说过这个民谣，它告诉我们：做事要注重细节，决不可马虎大意，忽视看似不重要的事情。一些细小而关键的因素，看似毫不起眼，但往往决定着事情的成败。

战场上无小事，经营企业同样无小事。世界上每天都有企业亏损、破产、倒闭，这与他们打折扣的执行脱不了干系。有一位管理专家曾说：“从你手中溜走1%的不合格，到了用户手中就会变成100%的不合格。而一旦用户对你的产品失去了信心，结果就是你的产品卖不出去，企业运转失灵，最后关门。”可见，保证执行到位，绝不打折扣，关系到企业的生死存亡。只有把每个环节都做到位，把每个细节都注意到，才能保证有一个圆满的执行效果。

著名的企业管理培训大师余世维曾说过："中国人向来聪明勤劳，也不乏创造性，但为什么我国优秀的企业不多呢？最大问题就在于我们对执行的问题缺乏敏感性，也不重视。"他表示，美国企业在很多年前就宣传"almostrightiswrong"，意思是"差不多就是错"。正是由于有了这种工作态度，美国的工业才会强大。而我们国人的嘴里，却经常冒出"差不多""过得去""那有什么关系""不就是一件小事嘛"类似的口头语，其实，这就叫偏差。

余世维表示，由于对偏差没有感觉，所以，很多人只注重执行，却不注重执行到位。比如，答应好的约会，他们去了，只不过迟到了5分钟。很多人认为，不就是迟到5分钟嘛，有什么关系？在这种"做了就行"的心态驱使下，我们怎么可能把工作做到位呢？

其实，真正的执行是"做好了"，仅仅停留于"做了"是一种敷衍、应付差事，而不是执行。很多企业的员工只是满足于"做"，却不重视结果。表面上看起来，他们整天在付出、在努力、在忙碌，但是这种忙碌是穷忙、是瞎忙，忙得没有任何效率，因此，这种忙是毫无意义的。

虽然"做了"与"做好"只有一字之差，但却有本质的区别。前者只是走过场，甚至是糊弄人，后者却意味着对目标负责、对工作的品质负责。一个员工执行力强不强，关键就看他是重视"做了"还是重视"做好"；一个企业是否抓住了执行的重点，关键就看他们是否重视执行的质量，用心抓"做好"这两个字。

一个法国农场主驾着奔驰车前往德国，一路上都很顺利。可是，当车行驶到了一个荒村时，发动机出故障了，农场主非常气恼，他没想到一贯宣称质量好的奔驰车这么容易坏。不过，他还是抱着试一试的态度，用车上的小型发报机向奔驰公司的总部发出了求救信号。

没过多久，天空传来了飞机引擎声。原来，奔驰汽车修理厂的维修人员乘坐飞机赶了过来，为农场主提供维修服务。维修人员一下飞机，就对农场主说："对不起，让您久等了。但现在不需要很久了。"他一边安慰农场主，一边开始给汽车排除故障，不一会儿，车就修好了。"

"多少钱？"农场主见奔驰公司的维修人员坐飞机来给他维修，心中有些担忧维修费，担心奔驰公司会收一笔不菲的维修金。

“我们乐意为您提供免费服务！”维修人员回答。

听到这话，农场主简直大吃一惊，“可你们是乘飞机来维修的呀？”

“但是因为我们的产品出了问题才这样的。”维修人员一脸抱歉，“我们的质量检验工作没做好，才使您遇到了麻烦，所以我们理应为你提供免费服务。”

法国农场主非常感动，回去之后，他又买了一辆崭新的奔驰货车。

很多公司喊着“优质服务”的口号，却做不到用心为顾客提供服务，要么敷衍了事，要么干脆推卸责任，而奔驰公司要么不做，要做就要做好。这就是奔驰公司的执行态度，也是为什么奔驰公司在100多年里一直有着良好的口碑，并保持着良好销售业绩的重要原因。

只有做好了，才会让人印象深刻。企业只有不断对自己提出要求，高质量地完成工作任务，才能不断提升自己的产品质量。如果在执行中，仅满足于“做了”这一点，是一种自欺欺人。这不仅会浪费公司的资源，还会影响公司的声誉和形象，使企业陷入危机。

在这方面，海尔集团的张瑞敏和奥康集团的王振滔的做法，值得每一位管理者学习。张瑞敏砸烂了76台质量不合格的冰箱；王振滔亲手剪掉了数千双质量不合格的高档皮鞋。他们的举动向员工们传达了两个观点：一是要么不做，要做就做好；二是发现不合格的产品时，一定要从源头上杜绝，而不能让它流入市场，给公司的形象和信誉造成损害。如果你也能这样管理企业，相信你的企业将会发生质的飞跃。

4. 执行对事不对人，制度面前没有例外

战国时期，商鞅在秦国推行变法，他的做法是有令则行，有禁则止，赏罚公正无私，处罚时一视同仁，不论是强宗大族，还是君王亲属，都坚

持这个原则。

有一次，年幼的太子犯了法、杀了无辜的平民，商鞅坚持按大秦律法加以处治，但由于黥刑和劓刑无法施及太子。于是，他说："教不严格，师之惰。"于是，把太子的老师和叔父抓来代替受刑。

这种严厉的处罚，在当时震惊了朝野。很多人都批评商鞅冷酷无情，但是商鞅不受影响。一年之后，秦国在商鞅的治理下，出现了"路不拾遗，夜不闭户"的井然秩序，秦国的兵力也异常强大，成为诸侯国中新的霸主。

其实，商鞅并没有什么高招，他只不过制定了一套好的法律法规，并且严格地执行了下去。其实，管理企业与治理国家的道理是相通的，那就是制定合理的制度，并严格地执行下去。如果制度只是冠冕堂皇的条文，没有被落到实处，那么制度就是一纸空文，就是一种摆设，对约束员工根本起不到作用。

有法不依，要法何用？有制度不执行，要制度有何用？执法令行禁止，社会治安才能稳定；管理令行禁止，企业才有发展的希望，团队才有战斗力。在执行中，管理者一定要放下所谓的"面子""人情"，一视同仁地对待全体成员，也包括自己，这样才能传递"人人平等"的公平理念，这样才能树立制度的威严，强化执行的力度。

美国克莱斯勒汽车公司因经营不善，到了20世纪70年代后，公司效益每况日下，到了破产的边缘。后来，艾柯卡担任公司的总经理，他进行了大刀阔斧的改革，采用新的经营管理措施。在管理上，他从严执法，坚决执行制度。当公司要削减人员时，无论什么人他都不留情面，该辞退的员工，一律辞退。在留下的职员中，无论原来的职位多高，每个人都要深入生产第一线。他手下的一些中层管理者，如果完不成生产计划，就别想逃脱制度的处罚，甚至会被毫不留情地撤职。由于艾柯卡坚决对事不对人地执行制度，克莱斯勒汽车公司的执行力大大提高，渐渐地，公司走出了低谷。

中国人特别讲究"人情"，管理者对犯错之人经常法外开恩，网开一面。殊不知，这看似有人情味，却是在破坏制度，纵容违反制度的员工，打击遵守制度的员工的积极性。因此，我们应该像艾柯卡一样，对违反规章制度的人按章办事、从严处罚，来不得半点仁慈和宽容。惩罚虽然会使人痛苦一时，但绝对有必要，联想的柳传志就是这么做的。

在联想，由于开会的机会较多，经常有参会者迟到，对会议的进行产生了很不好的影响。为了保证会议的顺利进行，联想出台了一项制度：谁迟到了谁就要被罚站，罚站一定要站一分钟。当迟到者罚站时，会议会停下来，大家都看着迟到者，像默哀似的，让迟到者很难受。

这项制度推行之后，第一个迟到者是柳传志的老领导——原计算机科技处的老处长，但即便如此，柳传志也要求执行制度的规定。柳传志说："当时老处长罚站的时候，站了一身汗，我坐在一边，也是一身汗。后来我跟他说：老吴，晚上我到你们家去，给你站一分钟。但是今天，你必须罚站一分钟。当时真的很尴尬，但我还是硬做了下来。"

后来，联想的创始人之一张祖祥也因开会迟到而罚站。尽管他是公司的领导人物，虽然他位高权重，但是违反了公司的制度，同样要接受制度的惩罚。当然，柳传志也有迟到的时候，他没有搞特殊化，柳传志说："我被罚三次其实也不算多，因为我开会最多。有一次，我被困在电梯里，电梯坏了，我不停地敲电梯门，想叫人帮我去请假，最后没人。在这种情况下，我也要罚站。"

不少企业的管理者认为，制度是用来约束员工的，是给员工执行的，自己位高权重，可以凌驾于制度之上。有了这种想法之后，他们的行为就会屡屡与制度发生冲突，在这种情况下，制度的权威性和严肃性就会被破坏，管理者的个人影响力也会大减，甚至会造成整个企业的执行力低下。

某酒店的工作制度中，明确规定：员工在工作期间，不得擅自离开工作岗位，违者必究，违者必罚。可是，由于公司一直以来，并未严格地执行这一制度，员工违反了这一条规定，就会找各种看似合理的理由为自己辩护，领导者觉得理由合理，就没有处罚他们，久而久之，员工越来越肆意妄为。直到有一天，发生了一件严重影响该酒店声誉的事情，酒店的领导才认识到执行制度的重要性。

有一年，全省服务行业开始狠抓质量，狠抓服务水平，提倡礼貌用语、热情服务，并开展了多种评选活动。这家酒店参加了全省推出的“旅游之星”评选活动，大家都认为它当选的可能性最大，因为它是当地公认的最好的一家酒店。为了稳操胜券，该酒店前期利用媒体做了很多宣传工作。

一天，一位重要的领导住在这家酒店，由于他的活动安排很紧，没时间接受媒体的面对面采访。于是，有一家媒体想等活动结束后，在酒店整理行李的20分钟时间内，对该领导进行一个电话采访。

到了约定的时间，那家媒体的记者往酒店的前台打电话，想让他把电话转接给那位领导所在的房间，但总机却一直没有人接。眼看着时间一分钟一分钟过去，记者非常着急。要知道，当时手机还未普及，除了通过总机转，他没办法联系上这位领导。

十几分钟后，前台终于有人接电话了，电话那头传来了服务员甜美可爱、彬彬有礼的声音：“您好！请问有什么可以帮您的？”

记者让她赶紧把电话转接到那位领导的房间，但是过了一会儿，服务员说：“您好！那位客人在几分钟前已经离开了酒店。”服务员的声音仍然彬彬有礼。

记者听后非常生气，事后他写了一篇题为《别贬低了‘您好’的价值》的文章，将整件事情进行了报道。报道刊登出来之后，引起了很大的反响，这家酒店立即对那位服务员进行了处理，相关的服务员也受到了处理。

事后记者了解到，原来那名服务员在那十几分钟内刚好不在前台，原因是她的母亲从乡下来城里看她，于是她擅自离开了前台，把母亲安顿好之后才回到岗位。虽然这种行为可以理解，但是这不是执行缺位的理由，毕竟工作时间就是工作时间，没有任何请示，就随意离开岗位，这显然违背了酒店的制度规定。这就是以往同类行为没有受到处罚，才导致这件事顺其自然发生的原因。这件事对这家酒店造成了很不好的影响，使它没能评上“旅游之星”，声誉大受影响。

从这个案例中，我们看到：酒店对员工违反制度规定的行为没有予以处罚，导致员工习以为常，之后，员工的这种行为给酒店造成了严重的负面影响，损害了酒店的声誉。可见，如果公司的制度没有被落实到位，那么制度对员工执行任务的规范作用就会大大降低，甚至导致员工执行不到位。因此，我们应该吸取这样的教训，坚决执行公司的制度，当员工违反制度规定时，一定要严肃处理，以保证公司制度对提高员工的执行力起到积极的作用。

5. 有计划的执行才会让执行效果更完美

古人说："凡事预则立，不预则废。"意思是，不论做什么事，都应事先做好计划和准备，否则，就很难把事情做成。前苏联著名教育实践家苏霍姆林斯基曾经说过："敏捷而有效率地工作，就要善于安排工作的次序，分配时间和选择要点。"

在执行中，管理者应鼓励员工学会制订计划，按照计划去执行任务，这样效果会更好。怎样做计划呢？其实，只需要对所要做的工作划分步骤，分清阶段，规划好每一步做什么，每一天做什么，这样就能按部就班地把任务执行到位。

哲人说，成功的人生需要正确的规划。其实，要想成为优秀的执行者，也应该善于做计划。有计划地执行才能让执行效果更完美，而盲目地执行，走一步算一步，走不通再换，往往容易失败。

"巴基斯坦齐亚·哈克将军一行75人来华，由于气候恶劣，专机难以在北京降落。经磋商，决定改由上海着陆。现在专机正向上海飞来，两小时后到达，请立即做好迎接准备！"这是1977年11月4日，上海著名的锦江饭店接到的一项紧急任务。

接到任务时，距客人到达饭店仅有两个小时，时间非常紧迫，但丝毫都不得马虎，该怎样完成这个紧急的任务呢？锦江饭店的经理任百尊放下电话后，第一件事就是组织接待班子，急召得力干将开会，为这两小时的“战斗”做一个计划。

在会上，任百尊说：“大家听清楚了，两小时后车队就要到达上海，所以我们的工作必须在120分钟之内完成。这么庞大的国宾队伍需要75套客房，由一百辆轿车组成的迎宾车队，供一二百人用膳的国宴……这一切必须在两小时内按时、按质、按量完成！”

命令一下，全体动员，各个员工该做什么事情，都有了具体的安排。在客人到达酒店的前10分钟，任百尊开始检查客房，推开房门之后，仔细打量，只见地上、墙壁上、天花板上都一尘不染，床面平挺、毛毯平顺。他点了点头，然后又检查床头的插花，只见那些花枝含苞待放、造型新奇、典雅大方。

检查完75间客房之后，服务员已经各就各位，准备迎接来宾。这时，厨师长向任百尊报告：厨房一切就绪，只等客人到来，就可以准时开饭。

就在这时，任百尊接到电话：“国宾车队已到达淮海路茂名路口，两分钟后进入客房。”

齐亚·哈克将军一行人在锦江饭店住得非常满意，他们赞不绝口地称赞其服务到位。直到那一刻，任百尊才放下那颗悬着的心。

任百尊仅用两个小时，就安排饭店完成了高规格的接待任务，这种高效、到位的执行，是每个企业都应该具备的成功元素。任百尊之所以能圆满完成任务，与他接到任务后，正确地计划和安排是分不开的。这种统筹全局的能力，是制订有效计划的重要保证，也是每个员工能够按时、按质、按量完成任务的保证。

看过警匪片的人都知道，警察接到报案后，会在第一时间赶到现场，然后针对现场的情况，制订“斗匪计划”，在哪个地方安排狙击手，从哪个地方开始突破等等，这个计划是制伏劫匪的重要保证。如果没有这个计划，很难想象警察如何完成任务。

其实，当我们在工作中接到一个任务时，也应该在第一时间制订一个计划。这个计划可以写在纸上，也可以记在脑子中，这样才能从容不迫地去完成任务。许多优秀的企业家都十分重视有计划地执行任务，李嘉诚在这方面就是高手。

当年李嘉诚为了将长江塑胶厂的塑胶花打入北美市场，他特意制作了精美的产品广告画册，并通过香港有关机构，了解欧美各贸易公司的地址，然后把这些广告画册寄出去。不久之后，有一家实力强大的贸易公司对长江塑胶厂的塑胶花产生了浓厚的兴趣，他们对李嘉诚的报价也颇为满意，并表示会在一周之后派人来香港参观，以便更好地考察工厂，洽谈合作。

李嘉诚对这家公司十分重视，他了解到该公司是北美最大的生活用品贸易公司，销售网络遍布美国和加拿大。如果能够拿下这个客户，与它建立长期稳定的合作关系，那么对长江塑胶厂的发展十分有利。李嘉诚知道，该公司派人来香港考察，并不是考察他一家公司，怎样才能赢得该公司的信任与合作，才是他要做的事情。

当时长江塑胶厂论实力、论产品质量、论企业规模，都算不上老大，拓展欧洲市场时，由于他的企业规模有限，不被客户信任。因此，他决定吸取之前的教训。李嘉诚是怎么做的呢？他立即召开公司高层会议，宣布了一个艰巨的任务计划：

在一周之内，将塑胶花生产规模扩大到令外商满意的程度。为此，要把旧厂房退租，把可用的设备搬迁到新厂房，购置新的设备，设备安装调试，招聘新人并对新人进行上岗培训。这一切都要在一周之内完成，任何一个环节出了问题，都可能使这个计划前功尽弃。

尽管只有短短的 7 天时间，但李嘉诚带领员工从容不迫地执行任务。哪组人该干什么，哪些工作由谁做，每一天的工作进度，李嘉诚都安排得十分妥当。

7 天之后，当那家公司的代表抵达香港时，李嘉诚新厂的设备已经完成了调试。李嘉诚让副手负责安排全员上岗，自己亲自开车去机场迎接客人。与此同时，李嘉诚已经派人在港岛希尔顿酒店为外商预定了房间……

一切都在李嘉诚的计划之中进行，最后，那家公司与李嘉诚签订了长期的合作协议，李嘉诚也由此蜚声全港，成为著名的“塑胶大王”。

李嘉诚能够赢得那家公司的信任，靠的不是运气，而是高效的执行力。正因为有了如此高效的执行力，李嘉诚才能在短短的7天里，完成一项浩大的工程，完成一个看似不可能完成的任务，最后把一个崭新的塑胶厂展现在商家眼前，让商家产生充分的信任感。

身为企业管理者，你很有必要在公司推行有计划的执行习惯，让每个员工在接到任务之后，都有制订计划的意识。比如，你让员工完成一个项目策划，员工脑子里会想到：我将用几天完成这个项目策划？第一天干什么？第二天干什么？如果每个员工都能如此有条不紊地执行任务，那么团队的执行力将会异常强大。

6. 执行不是从员工开始的，而是从老板开始的

有人说："企业的失败，20%错在总裁，因为他的战略错了；另外的80%还是错在总裁，因为他的执行层错了。"作为企业的领导者，作为团队的带头人，如果你本身缺乏执行力，那么你的团队在你的带领下，也会变得执行力低下。

联想集团总裁柳传志认为，领导者既是一个组织的发号施令者，更是组织的排头兵。因为领导者的行为表现大家都看在眼里，记在心上，甚至会效仿。所以，领导应该身先士卒，做执行的榜样，这样才能给员工积极的影响。

三国时期，一次，曹操带兵出战，出发前，他规定：不许踩踏农民的庄稼，违者将处以死刑。可是在行军途中，曹操的坐骑受到了惊吓，慌乱地窜到了麦田里，把麦子踩坏了。见此情景，曹操立即叫来随行的官员，要求对自己定罪。

官员说："按规定，应该是死罪，但是怎么能给丞相定罪呢？"

曹操说："我亲口定下的规矩，如果我不遵守，还有谁心甘情愿地遵

守？一个不守信用的人，怎么能统领士兵呢？”说着，就从腰间抽出佩剑要自刎，部将们赶紧将他拦住。

这时，谋士郭嘉走上前说：“古书《春秋》上说，法不加于尊。丞相统领大军，重任在身，怎么能自杀呢？”

曹操沉思片刻，说：“既然古书《春秋》上有‘法不加于尊’的说法，那就暂且免我一死。但是我说话不能不算数，我犯错了也应该受罚，那就割发代首吧！”说完他用剑割断了自己的头发。

割掉头发，在现在来看是一件很正常的事情。可是在古代，发肤受之父母，随便割掉头发，不仅大逆不道，而且还是不孝的表现。曹操作为军队的统帅，能够割发代首，所表达的是身先士卒、以身作则的姿态。这种姿态体现了对制度的敬畏，极好地维护了制度的权威性和严肃性，给下属提了一个大大的“醒”。

在企业中，执行同样需要榜样，行动也需要榜样。身为领导者，应该做好这个榜样，因为榜样的力量是无穷的。很多管理者存在一个错误的观念，他们认为制度是给下属制定的，任务是给下属安排的，下属必须执行，而他们自己则肆意违反制度，高高在上地指挥。殊不知，从布置任务到完成任务，中间要经过很多环节，管理者应该承担起沟通、协调、协助和监督的任务，这样才能保证执行到位。

德国有一家公司名叫“无限的爱”（组织）日用品和化妆品连锁超市（简称 DM），该公司在德国知名度非常高。在 30 多年之前，格茨·维尔纳创办了第一家 DM 连锁店。在经营管理过程中，他十分重视以身作则地培养员工的执行力，而且尤其重视执行中的细节问题。

有一次，维尔纳巡视一家 DM 分店时，发现灯光聚集在地上，货架上却没有灯光，于是他叫来分店的经理，并让他把扫帚拿过来。分店经理一脸疑惑，当他把扫帚递给维尔纳时，维尔纳示意分店经理看灯，说：“你看，灯光亮点聚集在地上，并没有照在货架上，这不是浪费了吗？”说完他用扫帚把灯管拨了一下，让灯光照在了货架上。

这么小的问题，都被维尔纳注意到了，而且他不仅是注意，还及时将问题解决掉。正是靠着这种示范，维尔纳把公司经营得越来越大，如今拥有了1300多家连锁店，属下员工达两万多名，年销售额高达百亿欧元。2003年，维尔纳的个人资产已经达到了9.5亿欧元。

有人曾问维尔纳："你是怎么把企业做大做强的？"维尔纳回答说："以身作则地注重细节。"他解释道，"这样做永远比下达指示给员工留下的印象深刻得多。"当然，他也表示："我不可能每天都到所有的分店跑一圈，不可能每个细节都放过，所以，这就是我在全公司打造细节执行力的原因所在。我不但要自注重在细节中执行制度，更要让全体员工都重视细节。"

作为一名管理者，你不可能凡事亲力亲为，你也没必要事必躬亲，但是在某些方面，你一定要为员工做出表率。比如，像维尔纳一样，为员工做一个注重细节的榜样，影响和感染员工形成良好的执行习惯。这样，企业制度的执行才能做到完美，企业的工作才能真正落实到位。

7. 敢于问责，执行效果关键在于监督

有一家公司，为了加强上班纪律管理，便实行上下班签到制。刚开始，迟到早退的现象有了一些改善。可是，随着时间的推移，迟到早退的现象渐渐多了起来，弄虚作假的现象也经常发生，比如，员工之间相互代签。不是有制度的规范吗？为什么迟到早退现象越来越严重呢？

有人说，这是因为个别迟到早退的员工没有受到应有的处理，有人说，这是因为弄虚作假的现象没有得到惩罚，还有人说，是上下班签到制不合理……真是这样吗？其实，这些不是根本原因，真正的原因是上下班签到制出台之后，公司没有委派负责人来监督制度的执行。所谓监督，是指当有人违反制度之后，负责人要按制度规定，对迟到者进行处罚。但是在上面的例子中，我们始终不知道谁是监督者，谁是执行者。

当一家企业的制度没有制定监管者时，那么，公司领导者就是约定俗成的监管者，当他出现在办公室时，大家都会乖乖地遵守制度，当他不在公司时，那么大家就会为所欲为起来。在这种情况下，不是制度在约束大家，而是管理者在约束大家。可问题是，管理者经常忙里忙外，不在公司也很正常，在这种情况下，谁来监督制度的执行呢？如果没有监督者，员工是不可能自觉地执行的。

IBM 前总裁郭士纳说过："员工不会做你希望的，只会做你监督和检查的。"这句话道出了管理的精髓，即检查和监督是促使员工把制度落实到位的关键一环。如果监管不力，那么制度就无法产生威信。只有做好监管，敢于问责，才能及时把违反制度的情况纠正过来。

德国纽豪斯电器公司是一家十分重视工作监督的企业，总经理纽豪斯认为，监督是保证执行效果的重要手段。在公司里，小到一张票据，大到百万欧元的项目研究，他都要求相关部门做好监督工作。

有一次，为了改善员工宿舍的生活条件，后勤部的员工 Mahncke 在公司的安排下采购了一批电风扇和凉席。由于这些用品是在小商店购买的，那家小商店没有正规的商业发票，因此，只给 Mahncke 一张等额的餐饮票代替。

Mahncke 原以为只要面额相等就可以，但是公司的财务部却对 Mahncke 说："这个餐饮票据无法起到正规发票的作用，你必须找商店补办合格的发票。"最后，Mahncke 费了好大的劲，才拿到正规的发票。

如果同样的事情发生在中国企业，擅长变通、灵活处事的中国人一定会说："只要面额相等，什么样的发票都可以。"但是在坚持原则，按规矩办事的德国人眼中，这种事情是不允许发生的。例子中就是通过监督才发现了问题的所在，如果没有财务部门的认真监督，这种"滥竽充数"的现象就会更多。

不仅在执行制度方面，需要有力的监督和问责，在具体事项的执行过程中，管理者也应该做好监督工作。当前，企业中存在不少"半截子"工程，即管理者把任务布置下去之后，由于缺少有力的监督和过问，下属在执行中遇到困难之后，就把工作搁置起来，最后不了了之。等到管理者想起那个工作任务，找到下属询问执行情况时，才发现工作没有执行到位。

还有这样一种情况：由于缺少了监督、把关，有时候管理者布置给下属的工作，下属并未按照领导的意图去执行。在这方面，有一个典型的案例：

格里·富斯特是美国著名的演说家，他曾讲述两件发生在自己身上的事情：

富斯特前后有两名助手，一个叫琳达，一个叫艾米。8年前，富斯特前往多伦多参加一个会议。在芝加哥换机时，他给助手琳达打了一个电话，以确认琳达是否把工作安排妥当："琳达，我演讲的材料送到多伦多了吗?"

琳达说："6天前我就已经将材料寄出去了。"

富斯特问："他们收到了吗?"

琳达说："快递公司说他们保证两天后送到。"

尽管如此，富斯特还是有点不放心。虽然表面上看，琳达做了自己该做的工作，甚至提前把资料交给了快递公司，但是在多伦多会议主办者收到资料之前，意味着这项工作没有执行完毕，意味着还有不可预知性。

结果，当富斯特赶到多伦多的会场时，得知他的材料还没有送过来。为此，他只好将材料上的重要话题挪后，直到材料送到。

8年后，富斯特再次前往多伦多参加会议，同样是在芝加哥转机，他想起了8年前的经历。于是他拨通了艾米的电话："我的材料到多伦多了吗?"

"那边的会议负责人说，你的材料3天前就到了。"接着，艾米又说："对方说，听众人数可能比原来多400人，为此，我多寄去600份材料，这些材料也已经寄到了。"

艾米还补充道："对方问我，您是否希望在演讲的时候，听众手中都拿着你的材料。我告诉他，你通常是这样做的，但是这是一个新的演讲，我不确定你会怎样做。如果你不同意听众拿着你的材料听你演讲，你可以给对方打电话，我这里有他的电话，你可以记下来，随时跟他联系……"

听了艾米的一番话，富斯特彻底放心了。

富斯特故事充分说明，一流的执行必须要有一流的把关。要想员工执行到位，管理者就要做好把关和监督工作，在琳达身上，富斯特的监督不够，导致执行出现了问题。但是在艾米身上，由于她是一个具有前瞻性的执行者，富斯特在监督和把关中没有发现问题。但这并不意味着监督是多余的，事实上，并不是每个执行者都像艾米那样考虑周全，如果下属执行不力，管理者通过监督就能及时发现问题，避免执行出现重大偏差。

值得注意的是，监督和问责不能走过场，不能搞“花拳绣腿”，而要真正追究到底，把责任人找出来，进行相应的处罚。如果管理者在监督和问责时，害怕得罪人，对事情略知皮毛般地过问，那么这样的监督和问责是没有意义的。

还有一点，管理者必须重视，在监督别人、问责别人时，还要有强烈的自我问责意识。孔子说：“吾日三省吾身。”强调的就是自我反省。身为管理者，应该保持自我反省的意识，当出现问题时，要反思自己的责任，扛起必要的责任。这样的管理者才能真正在下属心目中树立威信。

第五章 Di Wu Zhang

领导者一定要有让人甘心追随的魅力

没有凝聚力的团队，就是一群乌合之众，人数再多，也是一盘散沙，无法产生1+1>2的战斗力。只有通过凝聚力，才能将团队成员融合在一起、拧成一股绳，那么靠什么来凝聚团队呢？靠的是团队领袖的领导力和魅力。就像一只手的5个手指，手掌相当于领袖，只有当手掌具备领导力时，它才能把5个手指拧成一个充满力量的拳头，才能克敌制胜。若想提升自己的领导力，领导者自身一定要有让人甘心追随的魅力。

1. 江山之固在德不在险，小领导做事，大领导做人

在冷兵器时代，战争成败的因素归纳起来，无外乎天时、地利、人和。以三国为例，曹操携天子以令诸侯——占了天时；孙权坐拥江东——占了地利；刘备有诸葛亮和五虎上将的辅佐——占了人和。正因为如此，曹操、孙权、刘备才能各占天下之一，呈三足鼎立之势。但是，如果仅占天时、地利、人和三者中的一条乃至三条，是否就能打下江山，是否江山永固呢？对此，战国初期著名的军事家吴起表达了个人的看法：

魏文侯死后，他的儿子继承王位，称魏武侯。一天，魏武侯在吴起的陪同下坐着船，顺黄河而下，船到半途，他回过头来对吴起说："山川是如此的险要、壮美哟，这是魏国的瑰宝啊！"吴起说："国家政权的稳固，在于施德于民，而不在于地理形势的险要。从前三苗氏左临洞庭湖，右濒彭蠡泽，由于他不修德行，不讲信义，所以夏禹能灭掉他；夏桀的领土，左临黄河、济水，右靠泰山、华山，伊阙山在它的南边，羊肠坂在它的北面，但由于他不施仁政，所以商汤放逐了他；殷纣的领土，左边有孟门山，右边有太行山，常山在它的北边，黄河流经它的南面，但由于他不施仁德，武王把他杀了。由此看来，政权稳固在于给百姓施以恩德，不在于地理形势的险要。如果您不施恩德，即便同乘一条船的人也会变成您的仇敌啊！"武侯回答说："讲得好。"

在吴起看来，影响战争成败的因素，不仅是天时、地利、人和，更重要的是君主的德行。如果君主的德行不好，如果君主不修德行，即便拥有天时、地利、人和这三者，也不见得能在战争中取胜，更不能保证江山永固。所以，吴起这才有了"江山之故，在德不在险"的观点。

著名的满学家阎崇年先生曾经说过："爱新觉罗·努尔哈赤之所以能为大清朝的建立奠定坚实的基础，除了拥有天时（明朝腐朽内忧外患）、

地利（统一女真雄踞一方）、人和（八旗劲旅同仇敌忾），还有最重要的一点就是“己和（心态平衡心胸开阔）。”

阎崇年所谓的“己和”与吴起的“君主的德行”十分近似，不同的是，“己和”表达的是内在的心态、心理和智慧，而“德行”说的是治理国家的心态和智慧。可以说，“己和”是君主德行的根本，只有当君主有了良好的心态时，他才有可能表现出好的德行。

其实，管理企业与君王治理国家，在本质上是没有区别的，只是设计的管理范围、人数不同而已。管理企业，同样离不开一个“德”字，所谓“厚德载物”，领导者唯有良好的德行，才能行走在竞争激烈、危机重重的商场，才能得人心，得天下。在这方面，代表性的人物有史玉柱、牛根生、柳传志等。

当年“巨人大厦”项目崩盘时，巨人的核心管理层并未因史玉柱的破产而离去，核心管理者们对史玉柱依然不离不弃，这种风雨同舟的情愫，源于他们对史玉柱的信任，这是史玉柱后来崛起的关键。

牛根生创立蒙牛时一穷二白，既没有资金，也没有厂房，连奶源都没有，他的办公室是居民楼里的一套两居室，牛根生自嘲道“就是这么个环境，当时的蒙牛是中国乳业的尾巴尖上的最后一根毛”，但是牛根生的创业团队雄心不小，始终团结在一起，最终打造出今天的蒙牛集团。

联想在柳传志的带领下，从当年只有20万元的企业，发展成今天上百个亿的大企业，成为中国电子工业的老大。联想能有今天，与柳传志的人格魅力和高尚品格是分不开的，柳传志曾说过一段很有名的话：“第一，做人要正。虽然是老生常谈，但确确实实极为重要。一个组织里面，人怎么用呢？我们是这么看的，人和人相当于一个个阿拉伯数字。比如说10000，前面的1是有效数字，带一个零就是10，带两个零就是100……其实1极其关键。很多企业请了很多有水平的大学生、研究生，甚至国外的人才，依然做得不好，是因为前面的有效控制不行，他也是个零。作为‘1’的你一定要正。”

柳传志说得到做得到。在联想的“天条”里，有一条是“不能有亲有疏”，意思是领导者的家属、子女不能进公司。柳传志的儿子毕业于北京邮电学院计算机专业，但是柳传志不让他来联想，因为他害怕子女进公司，各亲属结成利益团体，到时候没法管理。这只是柳传志做人的一个缩影，正是这种浩然正气，使得联想的事业蒸蒸日上。

翻阅历史，从无到有、从有到强大，在逆境中生存的例子不胜枚举，他们都有一个共性：都需要一群人，一个团队，而且需要一个有德行的领袖。史玉柱有“德”，所以在逆境中，依然能用人格魅力凝聚他的团队；牛根生有“德”，所以他才能带领团队，走过创业初期最艰难的日子；柳传志有“德”，所以他才能通过正人先正己，树立个人的影响力，把联想做成世界级的企业。

今天，有多少企业小老板有“德”？悲观地说，大多数企业是“树倒猢狲散”，甚至有些企业，“树”还没倒“猢狲”就已经散了。这一点从一个企业的人才流失率上就能看出端倪。当一个企业的人才不稳定，尤其是核心人才频繁流失时，企业的领导者就应该反思了，到底为什么无法聚集人才？这肯定是有原因的，而最大的原因，恐怕就是领导者“无德”。

牛根生曾说过：“小胜凭智，大胜靠德。”如果老板无德，他永远只能凭借“小智”取胜，他永远只能经营一个小企业，做一个小老板。试问，优秀的人才怎么愿意跟着没有前途的小老板，混迹在没有前途的小公司呢？

领导者们要清楚一点：振臂一呼，应者云集的号召力，绝不是职位赋予的，如果没有追随者，领导者的职位只是一个空壳，也就是说，是追随者成就了领导者，是追随者凸显了领导者。所以，领导者必须加强个人德行的修炼，学习做人的智慧。只有这样，才能领导团队，打下江山，把企业做大做强。为此，领导者要注意以下几点：

(1) 要有“仁德”——敬天与仁爱

所谓仁德，指的是驱利除害、无私爱人的崇高道德，还指人与人相互友爱、互助、同情等。作为领导者，要学会爱自己的员工、下属，爱自己的事业，只有无私的爱，才能把事业做大。

(2) 要有“言德”——信任与守诺

所谓言德，指的是嘴上有德，即说话要讲信用，说到就要做到，只有当你以身作则、言而有信时，你才能让大家相信你。当你兑现了员工承诺时，你才能激起员工更强烈的动力，你要相信，给员工足够的动力，他们就会为企业创造出业绩，这是基本的信任。

(3) 要有“品德”——正直与胸怀

所谓品德，指的是个体依据一定的社会道德准则和规范行动时，对社会、对他人、对周围事物所表现出来的稳定的心理特征或倾向。品德归纳为一点，是指对身边的人充满善意，对社会有所贡献，比如，尊重他人、为人正直、胸怀宽广等，都是品德的一种表现。

2. 打铁还需自身硬，自己做到才能要求别人

一个连自己都管不好的领导者，如何管理别人？

一个每天上班不守时的领导者，怎么要求下属守时？

一个上班经常打私人电话、上网聊天的领导者，下属会全力以赴地工作吗？

一个在背后说客户坏话、轻慢客户的领导者，下属会真心诚意地对待客户吗？

反之，如果领导者能先管好自己，表现出过硬的素质，给员工做好表率，那么就会有大不一样的结果。

一个不论刮风下雨，都准时来上班的领导者，下属往往会自觉地准时上班。

一个重视学习、不断进取的领导者，他的下属往往也会努力学习，害怕被淘汰。

一个上班兢兢业业、严于律己的领导者，他的下属怎敢造次？

一个对客户彬彬有礼、真诚服务的领导者，他的下属怎么会傲慢滑头？

一个懂得管好自己的领导者，根本不用费尽周折地管理下属，因为下属往往会自觉地向领导者看齐，自觉地约束自己。一个连自己都管不好的领导者，无论他怎么“使手段”，都难以管好下属，因为上梁不正下梁歪。

在管理学中，有这样一则寓言：

有个农夫养了一只大狼狗，然后让狗看好鸡群，免得可恶的狐狸们来

吃鸡。尽管狐狸们很狡猾，但是有了狼狗的守护，它不敢贸然去吃鸡，它又馋又怕危险，简直伤透了脑筋。

一天晚上，机会终于来了。因为农夫忘了关鸡笼子。狐狸们在鸡窝不远处徘徊了很久，趁农夫一家包括大狼狗呼呼大睡之际，成功潜入了鸡群，然后大开杀戒，把鸡窝搞得满目狼藉。最后，狐狸们“酒足饭饱”之后，带着几只鸡走了。

第二天早上，农夫起床后发现鸡笼子里“尸横遍野”，鲜血淋淋，顿时火冒三丈，他抄起鞭子，狠狠地抽打大狼狗，嚷嚷道：“该死的畜生，你怎么能让狐狸进入鸡笼子吃鸡呢？你昨晚干吗去了？难道昨晚你死了吗？”

狼狗很惭愧，也很委屈，它答道：“你是一家之主，鸡被狐狸吃了，这件事你也脱不了干系，连你都不留心照看鸡笼是否关好，只顾睡大觉，又怎么要求我看护鸡笼子呢？”

狼狗的申辩句句在理，一个连自己都管不好的人，有什么资格去指责别人？一个失职了却不承认错误的人，有什么资格去斥责别人不坚守岗位？身为企业管理者，你所处的位置就像农夫，尽管你下面有忠诚的“狼狗”，但是不要忘了，你是领导者，下属犯错、失职有你的一份责任，而且如果你自己都做得不够好，你就难以让人信服。

有些老板对员工训话时，引经据典，头头是道，可是他说的那些道理，自己根本就没做到，他制定的制度，他也根本没执行。比如，有个企业老板请来一个培训专家给员工做培训，专家问他：“你参加吗？”他说：“我很忙，不参加了，你给员工讲一讲，让他们好好学习一下。”专家说：“那就算了，我还是不讲为好。”试想一下，一个不愿意学习的老板，如何要求员工不断学习？真正需要学习的，不仅仅是员工，更有企业的老板、团队的领导者。

有个乡下人来到清真寺，向阿訇诉说儿子多么不孝，阿訇问他：“你对父母怎么样？”乡下人脸一红，不吭声。原来，乡下人对自己的父母也不孝，他和父母比邻而居，但却视父母为路人，一年到头都不去看望父母。可笑的是，他居然痴心妄想儿子孝顺他。

《论语·子路》中说：“其身正，不令而行：其身不正，虽令不从。”一个人如果不讲道德，却要求别人讲道德，这不是霸道吗？即便你是老板，是领导者，你这种要求也会激起民愤。我们常说：“己所不欲，勿施于人。”要求别人做到的事情，如果你自己都做不到，那么别人自然会心悦诚服地学你。

一家商场的岳经理是一位很有号召力的领导者，在他的团队中，很少发生他要求团队成员去干什么，而自己却没做到的事情。他非常重视以身作则，他要求别人做到的，自己肯定会先做到。比如，有一年夏天，户外温度高达40℃，公司准备在商场前的广场上开展一次促销活动。当时有下属抱怨：“天气太热了，还让不让人活了，为什么不在户内搞促销呢？”可是岳经理坚定地说：“既然公司已经安排好了，我们就执行，否则会让前期的准备和投入失去意义。”

活动当天，他带头忙活起来。团队成员见此情景，啥也不说了，但他们认为岳经理坚持不了多久，他只是做个样子。因此，他们懒洋洋地跟着干。可是让人没想到的是，岳经理竟然始终和他们在一起，寸步没有离开过，而且还不时提醒其他员工去阴凉处歇一歇。

这只是在岳经理身上发生的其中一件事，还有很多事情，岳经理都是这么做的。因此，他在团队中有非常高的威信，他以实际行动感染了团队中的每一员，使团队充满了战斗力。

俗话说“打铁先要自身硬”，要想领导好一个团队，就要身体力行；希望下属做到的，你自己应该先做到。只有这样，你才能表现出过硬的自身素质，让下属心服口服地追随你。这样你才能赢得下属的尊重，才能在下属心中树立威望，才能一呼百应、应者云集。

3. 领导者个人魅力大小决定团队气场大小

每个人都希望自己有魅力，个人魅力可以展示自我的外在形象，无形之中传达出我们的正能量。在企业中，作为一个领导者，尤其需要强大的个人魅力。优秀的领导者除了具备优秀的领导才能，还应有与众不同的魅力。领导者的个人魅力是领导才能的一种反应，是凝聚人心、激励斗志、带领队伍完成任务的重要保障。领导者的魅力能让领导者产生持久的影响力，使他在团队中充满威信，去影响团队成员的行为。

曾4次被美国《国际投资者》评为“世界最佳饭店”的泰国曼谷东方饭店，有一个十分出色的总经理——库特·瓦赫特·法伊特尔。他在泰国是个很有声望的人，曾被泰国秘书联合会数度评为“本年度最佳经理”。正是在他的管理下，曼谷东方饭店才有蒸蒸日上、嘉誉满天下的盛况。

法伊特尔的管理秘诀就是“大家办饭店”，他把东方饭店当成一个大家庭来经营。在饭店内部，除了有一套行之有效的管理制度之外，法伊特尔的个人魅力也起到了十分重要的作用。作为饭店的总经理，作为饭店的最高负责人，法伊特尔从来不摆架子，他对每个员工都十分和蔼。无论是哪个员工遇到了困难或疑问，都可以直接找法伊特尔面谈。

在管理企业中，法伊特尔十分重视感情交流，他经常为员工及其家属举办各种活动，比如，生日舞会、运动会、佛教仪式等等。通过这些活动，各部门之间、员工之间、上下级之间有了更多的交流和接触，大家的距离就拉近了，这对提高员工的工作积极性、融洽彼此的关系、凝聚团队人心具有强大的推动力。

在东方饭店，从看门的人到出纳员，每个员工都充满着荣誉感。在这里，员工不仅有丰厚的工资，还有丰富的福利待遇，比如，免费就餐、年终红包、职业保险、年终休假、紧急贷款、医疗费用等等。这些对推动员工积极工作，也起到了举足轻重的作用。

领导是一门艺术，领导者的个人魅力在这门艺术中起着重要的作用。很多人认为，领导者必须有知识、有学问、有铁血手腕、有手段，但实际上，真正高明的领导者不会以拥有这些为荣，相比之下，他们更重视用个人的修养、亲民、和蔼的姿态，表达对员工的尊重和重视，使员工感受到被尊重、被信任，从而凝聚人心。当领导者具备了这些特质时，他的团队成员就会紧密团结在他周围，形成一个气场强大的团队。

在中国历代君王中，不乏优秀的领导者，但说起唐太宗李世民，我们不仅要用优秀来形容他，还要用“个人魅力强大”来形容他。早在当秦王时，虽然他的地位不及兄长李建成地位显赫，但是他以独特的个人魅力，吸引了众多能人志士追随。当他登上皇位之后，满朝文武，智者云集。后来，他们在李世民的带领下，打造了一个“贞观之治”。

在位期间，李世民从来不像其他权贵一样发号施令、玩弄权术，而是选择身体力行，为文臣武将做出示范。行军时，他与士兵同甘共苦，并把下属视为知己；打仗时，他不畏强敌，冲锋在第一线；决策时，他不独断专行，而懂得倾听他人意见，通过集思广益来制定策略。正是因为这些超凡脱俗的个人魅力，李世民才能让一群桀骜的草莽豪杰心甘情愿地臣服于他，并终生为他效力。

身为管理者，你的个人魅力与团队的气场有直接的关系。如果你的魅力强大，大家就容易在你的影响下抱成一团，凝成一股强大的合力。领导者的魅力不是天生的，完全可以通过实践来培养。一般来说，领导者可以在这样几点上努力修炼自我：

（1）高贵的人格

人格是指人的性格、气质、能力等特征的总和，也是一个人道德品质的体现，孟子在《滕文公下》中说：“富贵不能淫、贫贱不能移、威武不能屈，此谓之大丈夫。”这就是君子的人格魅力。而有些企业领导媚上欺下、耍两面派，这就是最大的人格缺陷。作为领导者，最应具备的就是正直、行事光明磊落、有责任感、有担当。

（2）独特的风格

所谓独特的风格，指的就是一个人的个性和特点，如果管理者没有自己的风格，就很难出类拔萃。这种独特的风格，不是标榜自我，而是一种适合于己、业已成熟、便于识别、行之有效的行为方式。比如，阿里巴巴的总裁马云、搜狐公司的张朝阳，他们就是有个性的领导者。

（3）大胸怀、大气魄

一个人的魅力不是取决于他的身高有多高，而是取决于他的胸怀有多宽广。就像林则徐写的一副自勉的对联：“海纳百川，有容乃大；壁立千仞，无欲则刚。”试想一下，如果领导者小肚鸡肠、斤斤计较，怎么称得上有魅力呢？怎么可能赢得他人的追随呢？

(4) 以身作则

以身作则的重要性不言而喻，通过以身作则，可以形成上行下效的良好团队氛围。领导者做得好，下属们还敢胡来吗？许多优秀管理者的例子都告诉我们，管理者的一举一动，往往会影响着下属的积极性，给下属留下深刻的印象。因此，率先垂范，树立榜样，是一个领导者必须重视的问题。

(5) 睿智的头脑

领导者是决策者，必须要有睿智的头脑，想问题、做决策应有理有据、有条有理，尤其是在遇到棘手的问题时，要冷静地思考，泰然处之，而不能慌不择路，这样才能聪明地处理问题。

(6) 渊博的学识、学习的心态

一个有魅力的领导，应该是一个爱学习、有学识的人，同时，他们还拥有丰富的管理经验，懂得虚心请教、耐心倾听、乐意与下属交流。这样不但可以让领导者扩充学识，还能使他们显得有亲和力、谦逊、温和。

总而言之，领导者若想打造个人的魅力，不妨从以上几个方面去努力，不断地提升自己、完善自己，这样一来，个人魅力定会油然而生。

4. 别总板着脸，那不是威信而是距离

什么是老板？对于这个问题，有人曾打趣地说："老板就是老是板着脸的人。"其实，不只是老板爱板着脸，很多中高层的管理者也爱板着脸。也许他们认为，板着脸可以在下属面前树立威信，可以与下属保持距离，可以体现自己的威严。相反，如果经常笑嘻嘻的，就会失去"官样"。有些管理者认为，轻易对下属微笑，下属就不怕你，久而久之，你讲话就没人听。当然，还有一些管理者，天生就长着一张严肃的脸，就是不爱笑。

板着脸真的能显示管理者的威严、威信吗？其实不然，冷的面孔、严

峻的规例，很容易使人产生反感，感到不安。板着脸不是威严，而是人为地拉开与下属之间的距离，让你成为被大家远离和孤立的对象，会让你失去员工的心，得不到员工的理解和支持。

李经理是一个不苟言笑，不喜欢与下属私下来往的人。端午节的前一天，几个下属约好了去吃晚饭，下班的时候，见李经理在办公室，就特意去邀请他："李经理，今晚我们部门的几个同事一起过端午节，大家请你也参加，走吧，一起去吧！"

没想到一番诚挚的邀请，却换来李经理冷若冰霜般的回应："你们去吧，我不去！"下属们失望至极，有人忍不住问了句："走吧，大家都等你呢！"李经理的语气中有些不耐烦："说了不去呢，你们去吧！"

从那以后，李经理的"不通人情"在企业内部传开了。公司同事们再组织活动时，谁也不会邀请李经理。在李经理主持的部门会议上，大家都闷声不响，很少主动发表观点和看法。当李经理不在的时候，大家有说有笑，当他出现时，刚才聊得热火朝天的场面，一下子就冷场了。因为大家看到李经理板着脸，再也没有聊下去的兴致。

板着个脸，给人一副苦逼相，显然不能树立领导者的威严，相反，却会拉开领导者与下属的心理距离，使人对领导者敬而远之。当下属不再愿意接近领导者时，领导者就会失去了倾听民心的机会，自然无法从下属那里获得有价值的建议、创意。

有一位公司的经理曾讲述了自己一段切身的经历："两年前，我到一家公司担任经理。在第一个月，我发现公司每次召开中高层管理会议、学习座谈会、研讨会等，只要有我在场，会议就会变得非常沉闷。很多参会者不愿意讲话，有的发言结结巴巴，显得很紧张。我感到很纳闷，后来经过一番察访，终于弄清了缘故：原来是我的表情太严肃了，总是板着面孔。从那以后，我从'脸'上做起，开始练习微笑，表现出一种轻松的状态。渐渐地，公司会议上沉闷的现象有了改观，有时候我还会主动用幽默的口吻和大家讲话，逗得大家哈哈大笑，会议的效果也非常好。"

这位经理的经验告诉我们，管理者的脸上是冷若冰霜还是挂着微笑，效果是大不一样的。微笑是世界上最美丽的行为语言，也是管理者一项重要的基本功。微笑可以给别人带来轻松快乐，缓解紧张，让人心情愉悦。

在公司里，管理者多一点微笑，多一点幽默，能很好地调动企业内部的工作氛围，使大家在一种轻松活泼的氛围下工作，这样会大大提高员工的工作效率。相反，管理者常板着面孔，会让下属产生一种距离感、自卑感、紧张感。

美国著名企业家、钢铁大王卡内基说过："笑容能照亮所有看到它的人，像穿过乌云的太阳，能带给人们温暖。"英国诗人雪莱也有类似的名言，他说："微笑是仁爱的表达，快乐的源泉，亲近别人的桥梁。有了微笑，人类的感情就沟通了。"管理者要学会微笑，学会制造他人微笑，营造一种快乐的工作氛围，既有助于增强自己的亲和力，又能实现与下属畅通无阻地沟通。因此，赶紧放松紧绷的脸部神经，把微笑作为一种好的作风来培养吧！

盛田昭夫是索尼的缔造者和最高首脑，也是一个有着非凡亲和力的领袖。他喜欢和员工接触，只要有空闲，他就会笑着去分店转悠，找机会与员工沟通。他希望所有的经理都能抽出时间走出办公室，走到员工中去，与员工拉近距离，更好地了解和认识员工，倾听他们的意见，使大家生活在一个轻松、透明的工作环境中。

有一次，盛田昭夫到东京办事，见时间有余，他就来到一家挂着"索尼旅行服务社"招牌的小店，对店里的员工说："相信你们在电视或报纸上见过我，今天我特意来和你们打个招呼，让你们看一看我的庐山真面目。"这句话把大家逗得哈哈大笑，气氛一下子变得轻松起来。盛田昭夫趁机在店内走动，四处看看，并和员工随意攀谈家常，有说有笑，很好地融洽了大家之间的关系。

还有一次，盛田昭夫来到美国加州的帕罗奥图市参观索尼公司的一家分支研究机构。参观活动结束后，研究机构的一位美籍经理提出和盛田昭夫合影，盛田昭夫欣然应许："还有谁想和我合影，大家都可以过来！"结果，盛田昭夫和三四十位员工都有了合影，这让大家感到心满意足。

合影结束后，盛田昭夫对这位美籍经理说："你这样做很对，你真正了解索尼公司，索尼公司本来就是一个大家庭嘛。"

再有一次，盛田昭夫来到美国索尼分公司，参加分公司成立的25周年庆典活动，然后和全体员工一起用餐。之后，他又飞到纽约，和当地的索尼员工欢快地野炊。最后，他马不停蹄地赶到阿拉巴马州的杜森录音带厂，以及加州的圣地亚哥厂，和员工们一起进餐、跳舞，狂欢了半天。在一系列地与员工接触的活动中，盛田昭夫感到非常开心，非常尽兴，员工们也感到荣幸和自豪。

索尼公司正是靠着高层管理者的这种亲和力，才使得全公司的成员凝聚在一起，形成一股强大的合力，才能在激烈的市场竞争中，同心协力、屡战屡胜。

事实证明，一个管理者的亲和力，可以为企业发展带来巨大的推动力。对管理者而言，平易近人是一种不可或缺的品格，是管理者个人魅力的重要体现，也是凝聚人心，激励团队的关键因素。所以，请不要板着脸，而要面带微笑，亲近员工，与员工打成一片。这样的管理者在员工心目中才会有影响力，才会有真正的威信。

5. 推功揽过，让你成为下属心中的守护神

《菜根谭》中说："当与人同过，不当与人同功，同功则相忌；可与人共患难，不可与人共安乐，安乐则相仇。"意思就是，不要一个人独占好的名声和荣誉，要学会与人分享，才不会招来嫉恨；不要把坏的名声和错误全推给别人，而要积极地承担几分，这样才可以保全你的功名，获得美德。简单地说，这句话就是告诉我们：做人要学会推功揽过。

推功揽过是做人的境界。一个善于推功揽过的人，往往是厚德载物、雅量容人、大智若愚之人。一位善于推功揽过的管理者，往往会以其睿智和胸怀凝聚人心、鼓舞士气，强化团队的战斗力。

身为企业管理者，如何对待功过是非，既考验其思想境界和为人品行，又考验其管理智商和领导智慧。不少管理者对待功劳时，大包大揽，

仿佛在说："功劳都是我的，如果没有我的英明领导，企业或部门怎么会取得如此骄人的成绩呢？而一旦出了问题时，他们就东躲西藏，推诿搪塞，仿佛在说："都是下属执行不力，不关我的事！"事实上，功劳是谁的？责任是谁的？大家心知肚明，公然地争功推过只会让管理者众叛亲离、被人唾弃。

王先生是某地产集团的运营经理，他与下属们群策群力，历经5个月，完成了一个重要的项目。公司董事长来检查工作时，他夸夸其谈，把功劳全部归功于自己，对下属们的默默付出绝口不提，好像整个项目的成功是他一个人完成的。

董事长非常高兴，当场表扬他，还许诺给他各种奖励，他脸上乐开了花。再看看下属们的表情，充满了失望和气愤。大家私下里痛斥王先生的自私和阴险，从此跟他离心离德，不管做什么，大家都不配合他。有的下属甚至写信给上级检举他，揭发他工作中的错误，暗地发誓，不打倒他决不罢休。

为了贪图一时的虚名而葬送美好的前程，这是何苦呢？看到那些刚才和自己站在一个阵营里的下属，转瞬之间就站到自己的对立面，想必王先生已经明白不懂得推功揽过的严重后果。所以，千万不要拿着最高的工资，却在成绩面前抢功，而一遇到困难、问题和挫折就把责任推给下属，自己当"缩头乌龟"，那只能引来下属的鄙视和嘲笑。

当员工出了问题时，管理者首先应该做的不是推卸责任，指责下属，而应该是检讨一下自己，是否因为自己的疏忽，才导致员工出现了错误。即使你没有明显的错误，作为管理者，你也有监督不力的失职之责。这个时候，你应该做的是大胆地站出来，勇敢地为员工承担责任，与他们一起研究犯错的前因后果，然后想办法弥补过错给公司造成的损失。

台湾的著名管理培训大师余世维任职过多家公司，他每到一处，都能赢得员工的尊重。大家之所以愿意服从他，愿意跟随他，就是因为他从不推卸责任，从不会把问题归咎于员工的失职，而是在上司面前为员工扛起全部的责任。关于这方面，他曾讲述了一件亲身经历的事情：

有一次，公司从中东客户那里进口了50辆豪华轿车，再转口销往国内市场。余世维已经和中东客户谈妥了条件，然后他把剩余的细节问题和合同的签署一事交给了下属去办理，还特别交待了轿车的前窗要可活动型的。

可是等到交货时，下属慌张地找到余世维，说发生大事情了。原来，下属把余世维当初交代的活动型的前窗忘得一干二净，签署的这批轿车的前窗玻璃都是固定的。面对下属焦急的神情，余世维却表现得异常冷静。他来到董事长的办公室，把这件事汇报给董事长，董事长听了之后，非常生气："到底哪个员工做的，赶快把他给我找来。"

余世维没有出卖自己的下属，他对董事长说："都是我的错，是我一时疏忽而导致发生这样的事情，我愿意承担全部的责任，并希望尽快得到圆满的解决。"他向董事长发誓，如果不能将这50辆车卖出去，任凭公司处置。

凭着这股不服输的勇气，余世维挨家挨户将50部车全部推销出去，而没有让部下承担责任。部下除了感动，只有加倍努力地工作，用优异的工作业绩报答他的恩情。

有人说："领导者如果不主动承担错误，他就不适合担任公司的领导者。"优秀的领导者在出了问题时，勇于承担责任，他们甚至把责任一肩挑起来，让员工放下心中的包袱和压力，轻装上阵地面对工作，余世维就是这样的领导者。在他承担责任、解决问题的同时，也深深赢得了下属的尊重、敬佩和追随，这就是领袖的魅力。

管理者一定要认识到，下属信任你，在某种意义上，不是因为你有多大的权力，而是因为你在关键时刻，敢于承担起责任。因为你的权力再大，如果下属不信任你，他们完全可以选择离开公司，你的权力对他产生不了任何影响，但如果你有魅力，下属信任你，那么他们愿意永远效忠于你。

在恰当的场合，以适当的方式推功揽过，表面上看似乎对自己有"损失"，但实际上有利于在团队中营造相互信任、相互支持、相互谅解的心理环境，形成相互激励、相互推动的积极力量，使下属放下心中的包袱，放开手脚开展工作，与领导者一起同甘共苦、共同进退，形成团结一心的良好氛围，最终实现企业利益最大化。

6. 不要神化自己，偶尔暴露自己的缺点

俗话说："树活一张皮，人活一张脸。"管理企业，在与员工打交道的过程中，很多领导者往往竭力掩饰自身的种种缺陷与弱点，以顾全脸面，在下属面前树立一个"高大全"的形象，把自己神化成"不食人间烟火""不与员工同流"的光辉形象。

殊不知，掩饰自身缺点、刻意美化形象很容易在领导者与员工之间制造一条心理鸿沟，使员工对领导者产生一种距离感，员工甚至会这样看待领导者：你不是很牛吗？我偏不服你，我配合你，看你牛得起来不？这样一来，团队凝聚力就无从谈起，团队战斗力就难以体现。

其实，与其刻意神化自己，不如适当暴露自己的缺点，让员工知道你也是普通人，而不是神；让员工知道，你也有不足，你也需要他们的支持和帮助；让员工知道，你其实很谦虚，你希望向他们学习。如此一来，你的个人魅力就一下子增强了，你的领导力也会变得强大起来。这一点在著名的NBA球星迈克尔·乔丹身上表现得特别典型。

众所周知，迈克尔·乔丹被誉为"世界篮坛巨人"，他的成就至今无人能及。乔丹在球队里是毫无争议的领袖，在广大球迷以及很多队友眼中，他被神化成无所不能的球星。可是乔丹不这么认为，他意识到如果要想芝加哥公牛队连续夺得总冠军，就必须推倒"乔丹偶像"这一形象，以证明公牛队不是他一个人的球队，而是整个团队的球队。

乔丹的队友斯科蒂·皮蓬也是NBA中的一名超级球星，当人们狂热地追捧乔丹时，皮蓬的心理无疑会受到不良的影响。毕竟，一山难容二虎，为了打造一个有凝聚力的团队，乔丹主动向皮蓬暴露了自己的缺点，指出了皮蓬的优点，激发了皮蓬的自信心。

在一次训练中，乔丹主动与皮蓬聊了起来，他问皮蓬："咱俩的3分球谁的更好?"

皮蓬说："那还用说，当然是你。"

"不，是你!"乔丹肯定地说，"虽然我投3分的命中率比你高一点，可是你投3分的动作比我要规范、自然得多，在这方面，你的天赋远胜过我，相信以后你还会做得更好，而我投3分是个弱点，以后必须改善一下。"

接着，乔丹说："我扣篮的时候习惯性地用右手，即便是左手扣篮，也会习惯性地用右手帮一下。我左手扣篮能力不好，这是我的一个重大的缺陷，而你呢，左右手都能扣篮，甚至左手扣篮比右手还要好一些。"

这些细节皮蓬从来都没发现，通过这次对话，皮蓬对乔丹有了更多的敬佩，他明白自己与乔丹相比有哪些优势。从此以后，在乔丹的鼓励下，皮蓬的团队协作意识越来越强，在球场上表现得越来越好，和乔丹的关系也变得越来越融洽。正因为如此，NBA的历史上才会有"公牛王朝"。

领导者主动暴露弱点，毫无保留地向他人展示真实的自我，这体现出领导者的坦荡和谦逊。这样做可以让团队成员明白，领导者虽然优秀，但并非完美的，也有缺点和不足，需要支持和帮助。暴露了缺点和不足，可以向团队成员表明：你是一个真实的、可接近的人，而不是一个无所不能的神。

一位经理在管理上非常有才能，但他的缺点是性格火爆，当下属犯错时，他就会不顾情面地一顿猛"批"。为此，下属们都不太愿意接近他，甚至有些害怕他。后来，在一次部门会议上，他很动感情他说："我这人，从小就是'牛'脾气，发起神经来就会让别人难堪。我下决心改了十几年，还是没改掉。今后，如果我'牛'气上来了，拜托大家用力顶回去，谁帮我改掉了'牛'气，我就把我的年终奖给他。"从那以后，大家再也不把他的牛脾气放在心上，相反，大家经常在他发作的时候，笑嘻嘻地和他开玩笑："经理，我们看到了一头发疯的牛。"

领导者身上如果有些弱点，改又改不来，这时就无需回避、遮掩了，不如坦率地自我揭发，自我曝光，这样下属反而觉得你为人坦诚，进而谅解你，觉得你有亲和力。

每个团队的领导者都希望自己手下都是精兵强将，这样大家才能助你的事业不断飞跃，你才能获得更大的提升空间。因此，你不妨借鉴一下乔丹的做法，主动暴露自己的缺陷和不足，肯定别人的闪光点，或者出点小洋相，表明自己不是一个高高在上、十全十美的人，这样不但可以使你变得更容易接近，有时候还会使别人不与你为敌。

有一位记者去拜访一位企业家，目的是获得有关他的一些丑闻。因此，他带着一连串的质问气势汹汹而来。简单地寒暄之后，这位企业家对记者说："时间还很充足，我们可以慢慢聊。"这种从容不迫的姿态让记者大感意外。

片刻之后，秘书端来咖啡，这位企业家端起咖啡喝了一口，立即惊慌失措地把咖啡放下来，嘴里嚷道："啊！好烫啊！"咖啡洒了一桌子。等秘书收拾好之后，企业家拿了一支香烟放入嘴里，但是记者发现，企业家居然从过滤嘴一头点火。于是他赶紧提醒道："先生，你的香烟拿倒了。"企业家听到提醒，才慌忙地把香烟拿正，不料又将烟灰缸碰翻在地。

在商界中叱咤风云的企业家，居然出了一连串的洋相，让记者大感意外。不知不觉中，记者原来的那种挑战情绪完全消失了，甚至觉得企业家也不过如此。其实，这些都是企业家刻意安排的，他就是想以此弱化记者的挑战情绪——他的目的达到了。

在很多人的印象中，领导人物总是"高大全"的印象，如果领导人物能主动暴露自己的缺点，就很容易消除普通人对领导人物的仰视姿态，甚至会对领导人物产生一种亲近感。因此，身为领导人，你应该让部下看清你也是一个普通人，这对融洽部属关系、团结部下会有很好的效果。

在企业界，职位越高的人往往越容易相信自己比别人更重要，或者更聪明。SGS 汤普生微电子公司的总裁比尔·马尼拉曾经说过："当务之急是我们应该把自己从职位、头衔以及过去的成见中抽身出来。从新的角度去看，其实每个人都是领导者。"而约翰·罗宾逊更明确地说："我们应该提醒自己，除了拥有显赫的头衔之外，其实他跟其他同事和部属之间毫无区别。"

约翰·罗宾逊回忆道："我 30 岁出头就当上了银行总裁，那时觉得自己实在是个了不起的人物。可是每次我回家时，宝宝的尿片湿了，我还是得帮他换尿片。我忽然间回到了现实，对自己有了新的认识，并得以保持自我平衡，免于自我膨胀。”

这些优秀的成功人士都在提醒我们：身为企业的领导者，有必要把自己视为一个普通人，一个与员工毫无区别的普通人，而不要自以为是，高高在上，甚至刻意地神化自己。这样，才能成为一个有亲和力的领导者。

当然，在暴露自身弱点的时候，要有所选择，对于那些致命的缺点，永远不要暴露，刻意被暴露出来的弱点，应该是那些无关紧要的缺点；或者挑选从某种意义上可被视为优点的“弱点”来暴露。

7. 带人要刚柔并济，做领导要软硬兼施

有生活常识的人都知道，一个东西如果太刚硬，就容易折断；一个东西太柔软，就会显得萎靡不振。做人也是这个道理，处处表现得强硬，往往树敌众多；处处表现得软弱，又会被人欺。作为企业领导者，更不能陷入太刚或太软的极端，太刚会使你显得太严肃、古板、不通人性、没有人情味、不可接近；太软会使你显得没威信、无法镇服下属。因此，领导者最佳的境界是刚柔并济、软硬兼施。

古今中外，高明的领导者往往深谙“刚柔并济”、“软硬兼施”的智慧。他们一会儿唱红脸，一会儿唱白脸；一会儿和和气气地表扬下属，一会儿杀气腾腾地怒斥下属。这样一来，他们既让人尊敬，又令人畏惧，从而很好地慑服了下属。有“经营之神”之称的松下幸之助，就是这方面的高手。

有一次，松下公司获得了一份很大的订单，松下非常重视这笔生意，就把这笔生意交给一向沉稳的冈田负责。没想到，冈田因一个很小的疏忽，把这单生意弄砸了，给公司造成了很大的损失。松下把冈田叫到办公

室，对他大发雷霆。由于情绪激动，他在斥责冈田的时候，不停地用手杖敲打地面，把手杖敲弯了。

批评结束之后，冈田垂丧着头准备离开，松下却把他叫住，用很温和的语气说："对不起，我的手杖弯了，你能否帮我把它弄直？"冈田拿起手杖，用力地在地上敲打，内心的不良情绪在敲打的过程中得以发泄。当他把敲直的手杖交给松下时，松下说："干得不错，手杖比之前更直了。"

松下这一招确实很厉害，他在厉声斥责下属之后，马上通过表扬表现出自己柔和的一面。这种行为向冈田传达出这样的信息：这件事已经过去了，而且受到批评的不是他本人，而是这件事本身。

冈田被松下肯定之后，转忧为喜，并为自己的错误深深自责。后来，他对松下一直忠心耿耿，是松下手下最得力的干将之一。

正如一个在战场上指挥的将军，令旗一挥，必须全军冲锋陷阵，若稍有心慈手软，必挫伤进攻的锐气，降低战斗力。企业领导也一样，在正确的前提下，该一锤定音时，绝对不可以有任何讨价还价的可能；对某些屡教屡犯者，绝不可以始终原谅、"开恩"，而须不留余地地做出处理。

在表达"刚"的时候，夹杂一些"柔"的成分，会使你显得有情有义。例如，当下属亲近领导者，向领导者表达意见或建议时，如果领导者正襟危坐、不理不睬，那么下属的积极性就会受到打击。正确的做法是，对下属的行为表达肯定和欣赏，保护下属的积极性。

同样的道理，在对下属表达"柔"的同时，也应该在合适的时候，表达自己的"刚"。在该刚的时候刚，在该柔的时候柔，做到刚柔并济，才能更好地驾驭下属。比如，下属犯了原则性的错误，你就要来硬的，就要"唱白脸"，甚至还要"唱黑脸"，表现得铁面无私，秉公执法，该批评的批评，该惩罚的惩罚。

在下属犯错时，如果你不分是非，不讲原则，一味地做老好人，害怕得罪人，对下属唯唯诺诺。那么，不但会破坏公司的制度，还会损害你个人的威信，引起其他下属的不满。在唱白脸之前，可以先唱红脸，适当肯定下属，然后再唱白脸，义正辞严地指出下属的问题。这就是管理学上常说的"胡萝卜加大棒"，鼓励与批评配合使用，能取得更好的效果。

通用公司前总裁杰克·韦尔奇是一位忠于原则和底线，又忠于结果的领导者。当年他新官上任，公开宣布：通用公司在市场上必须进入前两名，因为如果无法进入前两名，将会面临破产的命运。

对于韦尔奇的刚性要求，很多员工抱怨他要求太高。但是韦尔奇不为所动，无论产品销售的业绩如何，他总是嫌不够，一时间，让人觉得他很没有人情味。但事实上，韦尔奇并非没有人情味的领导，他也注重温柔待人。

一天，有一位中层经理在韦尔奇面前作报告，由于紧张过度，他两腿不停地抖动起来。韦尔奇发现这一情况后，就问他怎么回事，为什么如此紧张。这位经理坦白地说："我太太跟我说，如果这次报告砸了锅，我就完了。"

韦尔奇听后，马上安慰他，还让人送来一瓶高级香槟和一束红玫瑰给这位经理的太太，并附上一张便条，上面是韦尔奇亲笔写的一句话："你先生的报告非常成功，我们非常抱歉害得他在最近几星期忙得一塌糊涂。"这件事让这位经理和他的太太十分感动。

太刚硬的领导者，会让人敬而远之。只有懂得刚柔并济，才能达到让人又爱又敬又惧怕的效果。不过，什么时候该"刚"，什么时候该"柔"，什么时候该"软"，什么时候该"硬"，领导者需要拿捏准确，只要在正确的时候、对的人身上，运用得当，就会圆满成功。

第六章 Di Liu Zhang

管事先管人，管人要管心

你可以管好一件事，但不一定能管好一个人。你可以用制度管住员工的手脚和言行，让他们在规定的范围内行事，但是却管不住员工内心的想法。如果员工不信服你、不信任你，但仅仅因为你是领导者，而不得不屈服于你的“淫威”，那么你无疑是个失败的领导。如果你不希望这种情况出现在自己身上，那么就要重视管心。管心就要懂人心，就要懂人情、通人性，要清楚员工需要什么、清楚员工精神上有哪些需求，才能更好地满足他们，从而赢得他们的心。

1. 管理的根本之道在于管人心

说到经营人心，我们不妨先来看一个案例：

清代乾隆年间，有个名叫李沙庚的人在南昌城内开了一家点心店。由于他经营的点心以货真价实而闻名，因此，每天顾客盈门。遗憾的是，李沙庚在赚钱之后，开始在点心里掺杂使假起来，欺骗消费者。渐渐地，顾客对他的点心失去了好感，他的生意也越来越冷清。

一天，书画家郑板桥来店里购买点心，老板李沙庚喜出望外，他乘机邀请郑板桥为他题写店名。郑板桥很爽快地答应了，于是大笔一挥，洋洋洒洒，写下“李沙庚点心店”六个字。很快，路人就过来围观，但仍然没有人购买点心。

仔细一看，李沙庚发现店名中的“心”字少写了“一点”。于是，他赶忙请郑板桥补上“一点”。但郑板桥却说：“这个字没有写错啊。以前你的点心店生意兴隆，是因为有这‘一点’，现在你的点心店生意冷淡，是因为‘心’字少了‘一点’。”

李沙庚听到这里，恍然大悟，他顿时明白了“做生意就是经营人心”的道理。从此以后，他痛改前非，坚持诚信经营，注重点心的质量，渐渐生意又变得兴隆起来。

做生意的关键在于经营人心，管理企业的关键其实也在于经营人心。一个领导者，只有从人性的观点来看人，来了解人的心理，分析和探知人的行为动机，从而针对员工的需要，给予他们尊重、关心，激发出他们的工作积极性，才有可能把人心经营好，把企业管理好。

古人云：“得人心者得天下。”从古至今，无数朝代更迭都证明了这一点，无数企业兴亡也证明了这一点。作为一家企业的管理者，如果你想把企业经营好，不仅要注重产品的质量、服务的质量，更重要的是管理好员工的心，让员工对你充满忠心，对工作充满责任心，对公司充满事业心和归属感。这样，企业才有凝聚力，团队才有竞争力。

有一家民营企业在老板的带领下，在短短的几年之内，从一个小公司壮大成一个规模宏大的企业，并建立了自己的工业园。当别人问他成功有什么秘诀时，他颇有感慨地说："做企业的本质是做人，是经营人心。"他正是靠着经营人心，才能把企业经营成功。

公司成立10周年时，举办了一场气势恢宏的庆典活动。当时，他为公司创建初期的两位英雄人物分别打造了半身铜像。他为什么要这么做呢？其实，这里面是有故事的。

原来，这两位员工都是公司创建初期的业务员。其中一位业务员还是与老板一同创业的元老级人物。有一次，无德的经销商骗了公司一批价值10多万元的货。这位业务员为了追讨这笔货，不惜星夜兼程地赶到经销商的所在地，誓死要把货物抢回来，结果他没能抢回这批货，反而被经销商暴打一顿，为此落得终生残废。

这位业务员之所以能够为公司作出如此大的牺牲，是因为老板平时对他非常好。他觉得，如果办不好这件事，对不起老板的厚爱。由此可见，他对企业和老板是多么的忠诚。这件事发生后，老板承诺：公司一辈子都养着他。他也为公司尽心尽力，经常为老板出谋划策，深得老板的信任。

还有一位业务员工作能力十分出色，责任感很强。他在企业创业初期，为公司产品打入市场作出了杰出的贡献，但不幸的是在一次跑业务过程中，遭遇了车祸，永远地离开了人世。公司老板对这两位员工为公司作出的牺牲一直念念不忘，在征得第一位员工和第二位员工家属同意后，老板把二人的铜像安放在工业园内，以表达公司对他们的感激。

不仅如此，在这次10周年庆典上，公司老板把全体员工的家属都邀请过来，甚至把以前在公司工作过的员工都邀请过来参加庆典。在庆典中，老板的一席话感动了在场的所有员工及其家属，他说："如果你现在是我们公司的一员，我感谢你们，为你们感到荣幸。如果你是我们公司曾经的一员，我也愿意张开双手，迎接你回来，公司的大门始终为你敞开。"这席话让全体员工都充满了自豪感和对企业的信心。

无疑，这次庆典活动是成功的。通过这次庆典活动，老板进一步赢得了员工的心，把员工凝聚在了一起，使大家的热情空前高涨，为企业的进一步发展提供了强大的精神动力。

从这个例子中，我们可以看出这位老板在经营人心方面的智慧。他不但让员工感觉有前途，还让员工感觉到公司有感情。人都是感情动物，每个人都希望跟着一个重情重义的老板工作，因此，老板一定要在经营人心、经营感情方面下功夫。

下面的几点小细节能够有效地赢得人心，作为管理者，你不妨借鉴一下。

1. 当员工生病时，应亲自慰问，并派人负责全程跟进，直到员工康复为止，就算员工感冒请假，领导者最好也要电话慰问一下；

2. 在公司的前台和保卫室准备雨伞、雨衣，当降雨不期而遇时，给员工提供雨具，为员工着想，对员工表达点滴的关心和照顾；

3. 当员工生日时，给员工举办一个生日 Party，包一个红包，并用 DV 把这个过程拍摄下来，为员工送去欢乐的同时，也把美好的祝愿留下来。

如果管理者能从点滴小事做起，表达对员工的尊重和关爱，让员工感到舒适，那么就能密切员工与公司的关系，增强企业的凝聚力，促进员工提高工作效率。

2. 要想管住员工的心，莫过于给他实实在在的利益

随着时代的发展，人们的生活水平逐渐提高，很多管理者越来越强调精神激励的作用，比如，公司组织旅游、给员工颁发各种荣誉证书、赞美员工、欣赏员工等等，不可否认这些激励措施起到了很大的激励作用，但

是即便是微软公司的比尔·盖茨，也离不开一日三餐，离不开衣食住行。因此，满足员工的物质需求是企业首先要做的。

有些老板对员工许下很多美好的承诺，比如说："只要你跟着我好好干，保证不会亏待你。"又比如说："好好干，过段时间提拔你做副总。"可是，花言巧语一大堆，就是没见兑现过，他们以为这样忽悠，就能让员工死心塌地地跟着他们干。殊不知，员工早已心如明镜。

俗话说："要想牛干活，就得先让牛吃草。"要想留住员工的心，最有诚意的做法是给员工实实在在的利益。因为物质需求是员工最基本的需求，如果在这方面不能满足员工，其他一切激励都是隔靴搔痒，很难让员工感受到企业的重视。

一般来说，给员工实实在在的利益，这里的"利益"主要包括这样几种：

（1）基本工资

基本工资是员工的劳动所得，如果企业给员工满意的基本工资，所表达的潜台词是对员工能力的认可。基本工资与员工的能力、劳动强度、对企业的贡献大小等因素有关。企业在给员工制定工资标准时，要综合考虑员工的期望、同行的水平、公司的实力这三个原因，如果能在公司实力允许的范围内，给员工比同行略高又能满足员工期望的工资水平，那是最理想的状况。

再者，基本工资是一种保障。以推销员为例，月收入相同，但是有底薪和无底薪便大不相同。有底薪就可以保障员工的基本生活，员工会想：万一我这个月业绩不行，靠基本工资还能勉强过活。如果没有底薪，员工就会充满不安全感，承受巨大的心理压力。

（2）绩效奖金

绩效奖金是对基本工资的补充，是对员工超额完成或增收、节支的一种奖励。绩效奖金可以将员工的收入、个人贡献和企业的效益紧密联系在一起，当企业效益良好时，员工的奖金随之提高，每个人的奖金额度可能不一样，视个人贡献大小而定，这对于提高企业整个团队的工作积极性都有好处。绩效奖金具有很强的激励性，通俗地讲就是"多劳多得，少劳少得，不劳不得”，这样可以保护勤奋员工的热情，让他们获得更多奖金，让懒惰的员工无法滥竽充数。

（3）津贴、补贴

企业津贴和补贴主要是针对特殊的工作环境和工作性质的员工所造成的伤害给予的物质补偿。比如，员工经常出差，应该给予出差补贴、外派补贴，业务员电话费支出很多，应给予话费补贴等等。

虽说津贴、补贴的数额不大，但是合理的补贴有助于增强员工对公司的归属感，毕竟这也是公司给员工实实在在的好处。如果补贴制度合理周到，还能使公司显得富有人性化，能让员工感到舒服。比如，在大城市工作的员工，租房费用支出较高，如果公司在住房方面给员工一定的补贴，相信可以大大增强公司的人情味。

（4）福利制度

福利是指企业为了调动员工的积极性，保障员工的正常舒适生活，而在工资、奖金之外，向员工及其家属提供的货币、实物和各种服务。在现代企业中，福利形式多种多样，比如，免费工作餐、住房、带薪假期、集体出游等等。另外，交通费补贴、教育培训计划、探亲假期、通讯费用补贴等等，其实也是福利的重要组成部分。还有一些企业会给员工办理医疗保险、养老保险，这种福利对增强员工的归属感也十分重要。

（5）股票期权

有些公司对优秀的人才给予股票期权奖励，这种激励方式在世界500强公司被普遍运用。据《财富》调查发现，世界500强企业中，89%的公司对高级管理人员实行了这项奖励制度。比如，迪斯尼公司的总裁艾斯纳，薪水加奖金为576万美元，但是股票期权带给他的财富接近5.7亿美元。

股票期权奖励制度在促进企业生产力方面具有巨大的作用。在美国，没有股票期权的公司，假设其产值平均增长率为100%的话，那么有股票期权的公司的产值增长率就高达139%。因此，公司如果有实力，完全可以用股票期权来激励优秀的人才，使他们更努力地为公司效力。

（6）员工持股

员工持股的形式多种多样，最常见的形势是本单位的全体员工买下本公司的股票，拥有公司的股权，共同成为企业的所有者，来参与到企业的经营、管理和利润分配中。它带有典型的合作经济的性质，有人称它为资本主义集体所有制。

1975年，美国的民意测验专家哈特经过调查发现，美国有66%的人赞同员工持有公司大部分的股票。3年后，哈里斯又通过调查发现，美国的职员中有64%的人支持所有员工平均分享公司的利润。

站在公司的角度来看，通过员工持股可以节省工资成本，减少对财务资金的占用。因为股票期权的授予不产生账面资金外流，员工出资购买公司的股票，公司不用掏钱。当员工抛售公司的股票时，是市场提供了现金，而不是公司。如果经营状况良好，员工和公司都能获利。所以说，这种激励方式对员工、公司都十分有利。

除了以上几种实实在在的激励之外，公司还可以在节假日给员工一定的奖励，比如，在传统佳节中秋、端午、元旦、春节等，让员工享受较长的假期，给员工精心准备礼品，彰显公司对其关怀的诚意，这也能让员工感受到公司的情意；当员工生日时，给员工准备一个红包，陪员工过一个生日晚会，也是不错的物质兼情感激励。

3. 对下属要讲原则，更要讲人情味

凡事讲原则，会让你显得冷酷、古板、不通情理；凡事都讲人情，会让你显得没有原则，没有底线，不讲规矩。在企业管理中，过于坚持原则的领导者，往往不受人欢迎，而过于讲人情的领导者，往往没有威严，这个两种领导都称不上优秀的领导者。那么，优秀的领导者应该怎样对待原则问题和人情问题呢？让我们先来看一下战国时期著名军事家吴起是怎么做的。

吴起是战国时期魏国的名将，他在镇守河西地区的27年中，与各诸侯国大战76次，全胜64次，其余12次打成平手。这样的战绩可谓前无古人，后无来者。吴起为什么能取得如此骄人的战绩呢？这一方面归功于他的军事才能，另一方面归功于他的领导力。吴起有一句名言："用兵要狠，爱兵要深。"也就说，他带兵打仗时既讲原则，又对士兵充满人情味，让士兵对他又爱又怕，对他心服口服。

有一次，吴起指挥军队与秦国作战，两军在旷野上对峙，剑拔弩张，只要将帅一声令下，一场惨烈的战斗就会拉开序幕。在吴起的军队中，有一个士兵武艺高强、作战骁勇，他未等吴起下令，就迫不及待地挥刀冲向敌阵。大家还没搞清楚是怎么回事，他就已经斩杀了两个敌兵。对于这样勇猛的士兵，吴起却当即下令"斩之"。这时，军吏劝说吴起不要斩杀这样的人才，但吴起却说："材士则是也，非吾令也，斩之。"从那以后，再也没有士兵敢违抗吴起的命令。

在平时，吴起虽然身为军队的统帅，但是他却和士兵穿一样的衣服，吃一样的伙食，睡觉不铺垫褥，行军不乘车骑马，亲自背负着捆扎好的粮食和士兵们同甘共苦。甚至有个士兵患了恶性毒疮，吴起还亲自为他吸吮脓液。吴起对士兵的深切关怀，激起了士兵的以死相报，正是因为如此，吴起的军队才会充满凝聚力和战斗力，才能战无不胜。

管理企业、管理员工与带兵打仗的道理如出一辙，既需要讲原则，按原则办事，按制度办事，又要讲究人情，表达对员工的关怀和疼爱。只有这样，才能在企业中营造一种温情，让员工对企业产生归属感，从而全身心地投入到工作中。

讲原则、按制度办事，是为了惩恶扬善，为了根除员工不良的行为，保证企业正常地运行。讲人情、讲温情，是为了笼络人心，加深员工对企业的感情，以激发员工对企业的认同感和忠诚度。这两者对管理好企业来说缺一不可，两者不可偏废其一。要想做好这两方面，关键是把握好什么时候该讲原则，什么时候该讲人情。

西洛斯·梅考克是美国国际农机公司创始人，是世界第一部收割机的发明者，被人们称为企业界的全才。他在几十年的经营生涯中，历尽起落沧桑，但却能屡屡得胜。

在公司里，梅考克是最高掌权者，有权决定任何一个员工的命运，但是他从来不会滥用职权。相反，他懂得设身处地为员工着想，只要员工不触犯公司的制度，他就不会伤害员工的热情。而且即使在处罚员工时，他也能做到既讲原则，又不失人情味。

有一次，一个老员工违反了公司制度，在工作期间，他酗酒闹事，迟到早退。按照制度的规定，他应该受到开除的处分。管理人员做出了这一决定，梅考克毫不犹豫地批准了。决定公布之后，这位老员工感到无法接受，他委屈地对梅考克说："当年公司面临危机，债务累累时，我与您共患难，三个月都发不出工资，我毫无怨言。如今，我犯了点错误，你就要开除我，你真是一点情分也不讲！"

梅考克听完老员工的话，平静地说："这是公司，是个有规矩的地方，这不是我们两个人的私事，我只能按规矩办事，不能有任何例外。"

事后，梅考克才得知老员工之所以酗酒闹事是因为他的妻子去世了，他要照顾两个孩子。一个孩子跌断了一条腿，一个孩子因吃不到母亲的奶水而不停地哭泣。老员工非常痛苦，于是借酒消愁，结果耽误了上班时间。

得知这一情况之后，梅考克立即找到这名老员工，安慰道："你真糊涂，现在你什么都不要想了，赶紧回家，料理后事，照顾孩子吧！你不是把我当成你的朋友吗？所以你放心，我不会让你走上绝路的。"说着，他从包里掏出一沓钞票塞给老员工，嘱咐道："回家安心照顾孩子吧，不用担心工作了。"

老员工听梅考克这么说，立刻转悲为喜，问道："你是想撤销开除我的命令吗？"

梅考克反问道："你希望我这样做吗？"

老员工说："不，我不希望你为我破坏了制度。"

梅考克说："对，这才是我的好朋友，你放心地回去吧，我会适当安排的。”

后来梅考克把这位老员工安排到一家牧场当管家，那家牧场离老员工家很近，方便他照顾家里的孩子。

有的领导者做到了坚持原则，但往往显得无情无义。有的领导者表现出了人情味，但是却因此放弃了很多原则。梅考克既坚持了原则，又表现出了人情味，这是难能可贵的。作为一名优秀的领导者，你有必要学习梅考克这种处理两难事情的方法。只有兼顾了两者，才能让员工心服口服。在这方面，日本索尼公司的创始人盛田昭夫的做法，也值得管理者们借鉴。

有一次，索尼公司的一家分公司的产品包装出了问题，被东南亚的分销商投诉了。盛田昭夫非常生气，在公司的董事会上，他把分公司的经理痛斥了一顿，并要求公司以此为戒。这家分公司的经理感到尴尬难堪，禁不住失声痛哭。

会议结束后，该经理情绪十分失落。这时盛田昭夫的秘书却过来邀请他一起去喝酒，并表示这是盛田昭夫的意思。喝完酒，秘书陪着经理回到家。刚进家门，经理的妻子就迎上来了，说：“公司对你真重视。”原来，公司派人送来了一束鲜花和一封贺卡，因为当天是该经理和妻子结婚20周年的纪念日。这让那位经理非常感动。

盛田昭夫认为，为了公司的利益，对犯错的员工不能有丝毫的特殊对待，但是为了避免彻底打垮员工的自信心和工作热情，批评之后予以安慰是非常必要的。这种方式被索尼公司的许多人称之为“鲜花疗法”。在鲜花疗法中，我们既能看到盛田昭夫对员工的严厉批评，又能看到他对员工的精神抚慰和贴心关怀。这与既讲原则，又讲人情味的管理智慧不谋而合。

4. 懂得为下属着想，让你赢得下属的尊重

在成功的管理法则中，有一条最伟大的定律——多站在下属的立场上思考问题，懂得为下属着想。这样你身上就会散发出一种善意，影响和感染下属。这种善意最终会回馈到你身上，那就是你很容易得到下属的尊重、理解和支持，这对你提高管理效率非常有帮助。

很多优秀的管理者对下属体贴入微，想下属之所想，急下属之所急，以至于下属对他们感激涕零、心悦诚服。这样的管理者在下属心目中会产生强大的影响力和号召力，使公司上下一心、团结一致，成为一个相处和睦、高效工作的团队。

利维是美国一家影片进出口公司的老板，弗兰克是他的一个下属。在影片行业，弗兰克是一个行家，他的专业技能出众，利维非常欣赏他。但是弗兰克有一个明显的缺点：脾气暴躁，动不动就与人争吵。利维多次劝他克制自己的暴躁脾气，但是都没什么效果。

一天，弗兰克为了一个实验问题和研制组的一位助手发生了激烈的争执，争执中，他用力地拍桌子，还扔东西，利维赶忙劝阻，但仍无法使弗兰克恢复平静。一旁的弗兰克的小女儿安妮见爸爸凶神恶煞的样子，吓得大哭起来。弗兰克见状，马上停止了争吵，然后赶紧陪着笑脸逗小安妮。

利维看到这一情景，马上意识到弗兰克对小安妮有多么重视。为了让弗兰克有充实的精神生活，利维在公司附近为他租了一幢非常漂亮的房子，让他和小女儿在一起生活。弗兰克得知这件事后内心十分感动，因为他知道利维的资金十分紧张，因此他心里过意不去。

利维对弗兰克说："安妮非常同意搬入新居，她说你心境不好，经常发脾气，这对身体不好，如果她能住在附近陪着你，你就不会发脾气了。

小安妮还说：'我爸爸多可怜呀，我不能再让他忍受孤独了！'"

听完了这番话，弗兰克眼里满是泪水。在以后的工作中，每当弗兰克想发火的时候，他就会想到利维为他所做的事情，然后立即克制了自己。在他的帮助下，利维的公司迎来了一个又一个新的辉煌。

为什么弗兰克以前发火的时候，不听利维的劝说，而后来却自觉地克制自己的火爆脾气呢？因为利维在资金困窘的时候，仍然为弗兰克着想，帮他解决现实的问题，深深感动了弗兰克，赢得了弗兰克的敬意。所以，弗兰克才会做利维希望他做的事情——克制坏脾气，为公司的发展竭尽全力。

真心为下属着想，关爱下属，遇事考虑下属的实际情况，帮下属解决实际困难，这是管理者打动下属，赢得下属尊重的重要手段。人与动物的最大区别，就是人有感情，当你真心为下属着想时，下属可以拿出十分甚至十二分的力气来工作，为公司发展带来倍增的效益。

身为管理者，在为下属着想方面，需要做好以下几件事：

（1）用真心与下属交心

当年项羽英勇无比，纵横无敌、城必攻、敌必克，但最后却自刎于乌江，为什么呢？因为他不善于与下属交心，不善于经营人心。在这种情况下，他的下属不会为他披肝沥胆、努力征战。只有拿出真心，才能笼络住下属的心，才能得到下属的衷心拥戴。

管理者应该发挥情商，多与下属交心，在下属有困难的时候，对下属表达体恤，并提供实实在在的帮助。俗话说："人心都是肉长的。"你对下属充满体恤，下属自然会把你的好放在心上，将来用实际行动来回报你。

（2）设身处地为下属着想

日本"经营之神"松下幸之助事业急速成长的秘诀是：遇事替下属着想。他曾说："我在生意场上曾与人发生纠纷，当时有人出面劝和说：'松下先生，这件事你就认输好了，要赢是可以赢的，但你应考虑到你的属下。为了自己的属下，你可以输掉这场纠纷。'当时我很感动：他说得很有道理。"在松下看来，下属的事是头等大事，为了下属，管理者应该受得起辛苦、经得起委屈，这样才容易换来下属的回报。

(3) 对下属多一些关心

有一位管理者每次向下属布置任务时，总不忘问一句："你们看一看还有什么困难吗？如果在执行中遇到困难，可以随时告诉我，我会和你们一起来解决。"这句看似平常的话，总能让下属的心头产生一股温暖。

5. 给犯错误者戴罪立功的机会

人非圣贤，孰能无过。任何人都会犯错，犯错未必是一件坏事，因为错误可以让我们看到自身的缺点，认识到自己的不足。犯错之后，通过分析原因，总结教训，可以避免今后犯同样的错误。从这个角度来看，犯错是一种学习和成长，任何一个人的成长过程，都是犯错、改错的过程。因此，当员工犯错时，不要小题大做、兴师动众地问责，而要试着包容、体谅，给他们戴罪立功的机会。

宏基集团的创始人施振荣在回顾宏基发展的历程时说过："失误当然会有，但勇于承认失败，才能吸取教训，以后不会再犯错。宏碁有一个特点，就是允许犯错。因为我们认为，认输才会赢。"世界五百强企业西门子也允许员工犯错，在他们看来，如果员工在几次犯错之后变得更"茁壮"了，那么员工犯错对公司是很有价值的。所以，我们千万不要因为员工犯了一些错误，就把他打入"永不录用"的地牢。

IBM 有个员工犯了一个严重的错误，给公司造成了 1000 万美元的损失，事后他非常惶恐，他找到老板小沃森说："我是不是该卷铺盖了？"

没想到小沃森却说："你疯啦？我们刚刚为你交了 1000 万美元的学费，你想我们会让这么一大笔资产从公司流失掉吗？"

小沃森的意思很明显，他不会因为员工给公司造成了 1000 万美元的损失而辞退他，因为这损失的 1000 万美元是企业的成本，如果辞去员工，那么这1000万美元的成本没有任何收益。因此，小沃森希望这位员工能够从失败中吸取教训，将来为企业赢得更大的收益。只有这样，那1000万美元的损失才是有价值的。

在这一点上，日本的“经营之圣”稻盛和夫与小沃森的做法十分相似。曾有记者问稻盛和夫：“为什么你经营的京都半导体会如此成功?”稻盛和夫说：“因为我们从来不因为失败而处罚员工。如果一个员工在某项计划中遭遇失败，我们还会立刻给他另一项任务……虽然前一个计划失败了，但是那个员工还是从中学到不少，并可以凭借过去的经验再向前迈进。”

如果你能做到像小沃森和稻盛和夫那样，对员工的犯错有清醒的认识，那么，下一次面对犯错的员工时，你不再是暴跳如雷，怒火中烧，横加指责。员工再也不会在犯错后胆战心惊，畏畏缩缩，在今后的工作中畏手畏脚，害怕一旦犯错了，就会遭到你的痛斥。这样一来，员工会轻装上阵去工作，更容易将自己的聪明才智发挥出来，为企业的发展作出更大的贡献。

当员工犯错后，给他戴罪立功的机会，既体现出领导者的智慧，又能表现出领导者的胸怀。这就很容易赢得员工的敬重和信任，使员工更好地应对工作。在这一点上，华人企业家李嘉诚可谓是领导者的典范，他对那些有功的属下倍加珍惜，但对犯错误的员工也没有心存怨恨，而是给他们改过的机会。

李嘉诚曾不止一次说过：“作为一个企业家就要做到‘用人不疑，疑人不用’，只要你选定了人才就要敢放手让他们去干，不要怕他们犯错误。一次犯错，两次犯错，不可能永远都犯错。”在李嘉诚看来，虽然每个管理者都不希望员工犯错，但是当员工犯错之后，管理者感到不痛快、怒斥员工并不能解决问题，只有把员工犯的错当成企业为员工交的学费，引导他们从错误中吸取教训，才能减少员工犯错的几率。

有一次，李嘉诚属下的一个年轻经理和外商谈判时，见外商非常傲慢无礼，对合同条款一再地挑三拣四，于是觉得外商根本没把他放在眼里。也许是没有经验，也许是年轻气盛、情绪比较冲动，这位年轻的经理居然和外商在谈判桌上大吵起来，导致合同没有签下来。

李嘉诚得知此事后，把年轻经理叫过来。年轻经理内心非常忐忑，他想：这次把生意搞砸了，还和大客户吵了起来，肯定会被骂一顿。但是没想到，当他走进李嘉诚的办公室时，李嘉诚根本没有批评他，而是让他好好总结一下教训，以后注意谈判的技巧，为下次谈判做好准备。

年轻经理简直不敢相信自己的耳朵，他以为自己听错了。但是李嘉诚斩钉截铁地说："你已经和这个客户打过交道，对具体的事务比较了解，没有人比你更合适完成这份工作。所以，我派你继续攻克这个客户。"年轻经理果然不负李嘉诚所望，他通过努力成功地与外商签订了合同。

在通往成功的道路上，任何人都不可避免地会犯错误，相信小沃森、稻盛和夫、李嘉诚他们也犯过错误。如今他们功成名就了，他们深知犯错对个人进步的重要意义。因此，他们懂得在管理中包容员工的错误。身为公司的管理者，你是否也应该有这样的认识呢？

20 世纪最有声望、最伟大的外交家之一基辛格在美国有很大的影响力，在他手下工作的人曾如此评价他："他是一位非常和蔼的领导者，从不轻易发怒，即使在部下犯下很大的错误时也是这样，给予合理的引导，以便从失败中更快走出来。"

的确，除了在态度上宽容员工的错误，还应该在具体的方法上引导员工，使他们从失败中走出来，从失败中总结经验和教训，这样才能保证犯错成为一种有益于未来收益的投资，而不是有去无回的纯粹成本。

6. 视下属为知己，你更能走近下属

孟子在《离娄下》中曾写到："君之视臣如手足，则臣视君如腹心。"君臣之间能够如此对待，企业上下级之间又为何不能呢？

作为管理者，如果能够把下属视为知己，主动放下架子，你会发现：管理企业、激励员工会变得非常容易。日本东芝公司的总经理土光敏夫曾表示，他喜欢和员工交往、交谈，把员工当成朋友，因为从中他可能听到许多创造性的语言，获得巨大收益。的确，放低姿态，把员工视为朋友、知己，与下属同乐，不仅能走近下属，了解下属的心理，还容易察觉企业管理中的很多问题，获得很多有价值的建议。

每个下属都希望自己在领导者的心目中是重要的，你若能把下属当成知己，就能让下属产生“我在上司心目中有位置”的感觉，从而增强他们对工作的责任心，激发他们对工作的热情。俗话说：“士为知己者死。”实际上，每个人都渴望成为别人的知己，员工也一样。对员工而言，如果能得到领导的肯定和重视，无疑是一件令下属心动的事情，他们会立刻把领导视为知己，心甘情愿为领导效忠。这样一来，就很容易打造一支有凝聚力的团队。

一般来说，把下属视为知己需要在以下几个点上进行努力：

(1) 珍惜下属的创意和点子

不论你觉得下属的创意和点子多么拙劣，只要他们真的用心思考了，大胆提出了，或者你无意中发现了他们的创意和点子，你都有必要予以肯定和赏识。如果你对他们的创意和点子表现得不屑一顾，就很容易打击他们的积极性。

珍惜下属的创意和点子，认真倾听下属的建议和想法，是领导者应该具备的优良品质和修养，这不但能体现领导者的谦逊，还会对实际管理工作产生积极的帮助。常言道：“当局者迷，旁观者清。”有些问题领导者可能意识不到，下属作为旁观者，却能看得很清楚，这个时候如果下属指出问题，管理者能抱着谦虚的态度，认真地听取下属的建议，无疑对下属是一种高度的认可。在倾听之后，如果你觉得下属的建议很不错，请大声地表扬他，自然会对下属产生巨大的激励。

(2) 用积极的眼光来赏识下属

你善于赏识下属吗？你看得到下属身上的闪光点吗？关于这两个问题，美国陆军总司令马歇尔将军的回答是肯定的，他曾为了向自己的老同学——美国前海军总司令麦肯锡将军证明自己的士兵是最勇敢的，特意喊住一个路过的士兵，指着远方一个正在开动的坦克命令道："你给我过去，用身体拦住那辆坦克！"没想到士兵大叫："你疯了吗？我才不那么傻呢！"马歇尔十分满意地对麦肯锡将军说："看见了吧，只有勇敢的士兵才会勇敢地拒绝将军不合理的要求。"

按理来说，部属违抗命令是要受到处罚的，但是懂得赏识下属的马歇尔将军却从另一个角度看待他的部属，对他的部属表达赏识。这种用积极的眼光来赏识下属的做法，值得每个领导者学习。因为被赏识的下属才会积极向上，被赏识的团队才会朝气蓬勃。

科学测试显示：如果没有赏识，一个人的潜力只能发挥出20%～30%。如果加以赏识，人的潜力可以发挥到80%～90%。聪明的领导者懂得赏识下属，激发下属的自信心、积极性，使下属的潜力最大化地激发出来。

（3）用心做下属的"镜子"

做下属的镜子，包括三点：

首先，做下属的放大镜，放大自己的优点和长处，用自身的模范行为为下属树立榜样。想让下属干什么，先自己干好。通过率先垂范，可以有效地引导下属去行动。比如，领导者希望下属们遵守公司的规章制度，那么领导者自己先这么做。比如，每天早上提前到公司，站在门口欢迎员工来上班，如果你能做到这样，相信没有哪个员工会轻易迟到了。

其次，做下属的平面镜。所谓平面镜，就是与下属保持平等的状态，在下属面前不摆架子，而是放低姿态，与下属平等交往，与下属一起吃工作餐，下班后与下属一同娱乐，这样就容易成为下属的朋友，与下属更贴心地交流。

再次，做下属的显微镜，及时发现下属的困难，及时帮下属排忧解难。如果下属有困难，领导却视而不见，表现得冷漠和忽视，那么只会让下属感到心寒。这会分散下属的精力，影响下属正常工作，还会导致下属与领导拉开距离。因此，领导者用心察觉下属的困难，关心和帮助下属是非常有必要的。

（4）多关心下属“难言之隐”

很多时候，下属遇到了困难，往往不好意思让领导者知道。因为这些困难对下属们来说，是难言之隐，这个时候，管理者有必要多留心一点，体察到下属实际生活中的困难。

有位员工家有卧病在床的老人，小孩又患病住院，家属几次打电话催他回去照顾孩子，可是工作繁忙，周末还要加班，实在不好意思向领导请假，偏偏领导又不问他有什么困难，让他感到非常无奈和为难。

对于这样的情况，领导者若多留心一下，就很容易发现员工的困难，比如，见下属情况不对劲，问一句：“你有什么困难需要我帮忙吗？”“看你工作心不在焉，好像有什么心事，可以跟我说一说吗？”这样的关心会一下子打开下属的心门，赢得下属的好感，使下属把你当成自己人。

7. 越是危机，越不能轻易抛弃下属

在如今这个追求利益最大化的时代，公司裁员是常有的事，也许你们公司没有经历过裁员，但你应该明白裁员对员工而言意味着什么。裁员一方面会给无辜的被裁者带来生活的压力和内心的痛苦，另一方面也反应出决策者不负责任，为了利益抛弃员工的行为。假设你是一位高层管理者，有一天你被公司无情地“抛弃”了，你的内心会不会五味杂陈？作为管理者，如果你经常思考这个问题，相信你就能将心比心地体会到员工的感受了。

路易斯·乌奇捷利在2006年金融危机前，在他的新书《美国的“一次性”雇工：裁员及其后果》中发出警告：公司裁员可能会付出惨重的代价。这本书上市后不久，乌奇捷利就表示：“在一次美国精神分析协会的会议上演讲。演讲结束后，我让现场30多名精神分析师表决。表决的问题是，‘就你的经验看，是否觉得被裁员是一次创伤性的体验？’结果所有人

都举了手。”

裁员会给员工造成严重的伤害，也会严重影响企业在员工心目中的形象。1992 年，IBM 宣布了公司成立以来的首次裁员计划，当时 IBM 员工的脸上满是惊愕的表情。面对“蓝色巨人”过河拆桥的行为，被裁员工们纷纷表示，他们对 IBM 的印象再也无法回到从前。所以，轻易裁员、抛弃员工是不明智的举动。

大凡成就卓越的领导者，往往越是在危机关头，越把员工的生死存亡放在心上。俗话说“危难之时见真情”，领导者在危机关头不抛弃、不放弃任何一名员工，一定会感动每一位员工，从而赢得大家的真心拥护。在这一点上，三国时期的刘备为后人做出了榜样。

当年刘备弃新野，走樊城，面对曹操铁骑的追杀，他依然带着数十万百姓，导致行军速度缓慢，形势十分危急。很多部属劝说刘备放弃百姓，尽快逃离曹操的追杀。但刘备却说：“做大事以人为本，怎可危难之时弃百姓而去?”结果历经劫难，最终逃离曹操的追杀。这件事让刘备深得民心，为后来三分天下奠定了很好的群众基础。

在现代企业管理中，也有危机时刻不抛弃员工的优秀企业，比如长虹电器。2008 年，受国际金融危机的影响，家电的出口情况变得十分严峻。当年年底，家电企业迎来了一次裁员高峰，就连美国最大的家电企业惠而浦公司也宣布裁员 5000 人。

面对如此严峻的形势，长虹集团董事长赵勇在 11 月 25 日公司内部骨干会议上宣布，长虹将实施不裁员、不降薪的过冬策略。赵勇表示，员工是企业创造价值的主题，人才是企业最可贵的财富，信心是企业迎接挑战的基础，企业的业绩不是靠裁员裁出来的，而是靠凝聚人心做出来的。在当前特殊的时期，公司更应该凝聚人心，加大培训和研发力度，为长虹的下一次腾飞积蓄力量。

越是危机，越不能轻易抛弃下属，越能显示出企业对员工的真情。当然，这并不是说企业不能裁员。如果企业面临破产的危机，不裁员就真的无法生存下去了，这个时候裁员也是无奈之举。世界华人首富李嘉诚在经营企业的过程中，就曾有一次无奈的裁员举动，不过他并不是随便抛弃员工，他到底是怎么做的呢？下面来看一下他当年的经历吧！

当年李嘉诚的仓库里堆满因质量欠佳和延误交货退回的玩具成品。有些客户上门索赔，有些客户上门考察生产规模和产品质量，见到这种情况后，马上扭头就走。李嘉诚知道，客户是企业的衣食父母，失去了客户就没生意可做，因此，李嘉诚急得像热锅上的蚂蚁。

果真是墙倒众人推，银行得知长江塑胶厂陷入了危机，马上派人来催贷款。李嘉诚焦头烂额，痛苦不堪，只好赔着笑脸接待，恳求宽限还款期限。但是怎样才能从根本上应对企业破产危机呢？李嘉诚思前想后，最后决定裁员，因为工厂开工严重不足，裁员是节省成本的唯一办法。

不过，李嘉诚的做法充分表达了温情，他召开集体员工大会，坦诚地承认自己经营犯下的错误，不仅拖垮了工厂，还损害了工厂的信誉，最不能原谅的是连累了员工。他向那些被裁的员工赔礼道歉，并表示企业一旦有转机，就会把他们召回来上班。如果到时候被裁的员工找到了更好的去处，他也不会勉强。

裁员之后，李嘉诚通过一系列的具体措施，稳定了企业的局势。他拜访银行、原料商、客户，向他们坦诚地表达歉意，承认自己的错误，请求原谅。同时，丝毫不隐瞒工厂的危机，恳求他们帮忙想对策。李嘉诚的诚意打动了很多人，得到了大多数人的谅解，危机一步步地解除。最后，长江塑胶厂走出了危机。

公司走出危机之后，李嘉诚兑现了之前的承诺，把原来被裁的员工招了回来，并且在公司的集体会议上，李嘉诚向全体员工表达了感谢，肯定了他们在危机时，与公司同甘共苦的做法。然后，他通报了公司的收支情况，告诉大家：公司已经走出了危机，将迎来柳暗花明。会议结束后，李嘉诚给每个员工一个红包，以表达对员工的奖励，让员工们非常受感动。

我们倡导：危机时，不轻易抛弃员工，但不代表永远不抛弃员工、不裁员。因为企业面临的危机各种各样，有时候是企业经营不善导致的，有时候是市场大环境决定的。这些时候员工是没有过错的，如果轻易裁掉他们，那么他们是最无辜的。因此，在这种情况下，企业如果裁员，一定要充分安抚员工的内心。

美国通用中国地区总经理曾说过，“任何人如果很乐意裁员，他就没有资格当领导；反之，如果不敢裁员，也同样没资格当领导。”在这位总经理看来，每一位员工对公司都很重要，不到万不得已的时候，不要轻易抛弃他们，除非员工的能力达不到公司的要求。

用通用公司 CEO 杰克·韦尔奇的话来说，一家公司有 20% 的人卓越，有 70% 的人合格，可以接受，另外 10% 的人要淘汰。如果你可以把这 10% 的员工培养成合格的人才或卓越的人才，那么最好先努力去培养。如果无法将他们培养成合格的人才或卓越的人才，那么淘汰他们是必须的。否则，对那些 20% 的卓越员工和 70% 的合格员工是不公平的。

第七章 Di Qi Zhang

会用人，你的管理就会事半功倍

在任何一个企业、团队里，往往需要各式各样的人才。任何一个人，不可能方方面面都出色，也不可能每一个方面都差劲。因此，用人之道的根本在于善于发现、发挥下属的一技之长，这样往往能取得事半功倍的效果。一个成功的领导者，不在于自己有多大本事、能干多少事，而在于他清楚地了解每个下属的优缺点，将他们放在正确的位置上，让他们做正确的事情。这样才能轻松管好人才、用好人才，推动企业发展。

1. 刘邦拜将，曹操点兵——你找到最适合的人了吗？

企业之间的竞争，说到底是人才的竞争。而人才之间的竞争，说到底是选人、用人层面的竞争。用人层面的竞争，关键在于选人，从某种程度上来看，选人也是一种用人之道。我们常说选人，其实指的就是针对某个职位、某项工作选人，选对了人，就意味着把这个人才放在了正确的位置上，这其实就是一种用人之道——让对的人做对的事。

有一位驰骋商界的成功人士曾说："做一个成功的领导者，其实很简单，只要做好3件事：用对人，做对事，分好钱。"想一想这句话，其实非常精辟。刘邦为什么能够夺得天下？曹操为什么能称雄一方？在很大程度上取决于他们对人才的重视，取决于他们找到了合适的人才。当年刘邦拜韩信为大将军，是因为刘邦意识到韩信是军事奇才。而曹操手下猛将如云，他才能够称雄北方。

很多人长篇大论地谈领导力，谈了很多高深的理念，却忽视了"选对人"才是根本。只要你能找到"对的人"，那么做"对的事"就变得非常简单，那么，怎样才能选对人呢？一家外资贸易公司的区域总经理认为，"选对人"主要是指根据工作的需要，选择有能力胜任这项工作的人才，要使人才的能力与这项工作相匹配，这才叫选对人。

皮特·切宁是默多克新闻集团的2号人物，他一直受到了默多克的重用。1989年，53岁的切宁进入了新闻集团，起初在福克斯广播公司娱乐部门担任总裁（一个部门负责人），由于他的表现优秀，仅过了3年，就被默多克提升为福克斯电影娱乐部门的首席执行官。

切宁在担任福克斯电视网的首席执行官期间，先后推出了几档优秀的电视栏目。比如，《辛普森一家》和《贝弗利山90210》。在此期间，福克斯推出了票房大片，比如《生死时速》、《窈窕奶爸》、《真实的谎言》、《独立日》等等，为默多克的新闻集团带来了丰厚的利润。默多克看在眼里，记在心里，他知道媒体界竞争激烈，如果对公司的人才稍不重视，人才就可能被竞争对手挖走，这对公司无疑是一个重大的损失。

因此，默多克在1996年把切宁调到自己的身边，让他做自己的副手，在新闻集团内部担任总裁和首席运营官。在工薪方面，默多克自然没有亏待这位难得的人才。据说2007年，切宁的年薪为810万美元，加上股票的奖励和各种分红、福利等，切宁的实际年收入达到了3400万美元，超过了默多克3210万美元的总收入。

2004年，默多克让切宁与新闻集团签署了5年的工作合约，在此合约期间，切宁继续担任新闻集团的总裁兼首席运营官。在宣布合约的发布会上，默多克非常开心地说："在过去的10年时间里，皮特·切宁一直都是我亲密而又值得信赖的朋友，我很高兴他能够继续为新闻集团贡献自己的智慧和力量。在这个竞争日益激烈的全球市场上，皮特成功地发展了新闻集团的核心娱乐业务，他的聪明、魄力和领导的能量将在整个公司和整个行业都会受到尊重。切宁的留任，我相信他会让新闻集团更具凝聚力，更具竞争力。"

默多克视切宁为"对的人"，在切宁身上不惜血本，但是他毫不吝啬。因为不下血本，优秀的人才是不可能死心塌地地为你效力。常言道："舍不得孩子套不住狼。"在选人的时候，如果你认定对方是"对的人"，千万不要手软，千万不要"小气"，只有这样才能得到优秀人才的辅佐，企业才能获得更好的发展前景。

有一位瑞士的研究生研制了一支电子笔和一套辅助设备，这套设备可以用来修正遥感卫星所拍摄到的照片。当这一发明推出之后，世界各国的很多企业对这位研究生都产生了兴趣。其中，以美国一家公司和瑞士的一家公司对这位人才的争夺最为激烈。

美国的公司派人游说这位研究生，表示愿意重金聘请他。瑞士的公司也千方百计想留住这位研究生。双方你争我夺，不断加大筹码。最后美国的公司说："我们不加了，等瑞士的公司加足了，我们在他们给出的薪酬上乘以5。”最后，这位研究生带着他的发明去了美国一家公司。

选择对的人，才能让他们做对的事。在这个过程中，领导者要学会充分授权，这样才能让优秀的人才得以施展自己的才能，为企业的发展做出应有的贡献。同时，领导者还应建立科学合理的管理制度和监控机制，保证优秀的人才在企业规范的轨道上做事，以保证企业整体正常运作和发展。

2. 选人不要只关注学历，会干事才是硬道理

企业的发展壮大需要人才做后盾，可是选择怎样的人才为企业效力呢？有些企业管理者在选人时挑挑拣拣，一味地以人才的学历为标准，只关注人才的出身、背景，却不重视人才的实际能力，结果花重金把名校的高材生招来，企业效益却上不去。这种现象值得每个管理者反思：招聘人才来公司，到底是为了什么？是为了装点企业的门面，好让同行看到：我们公司“人才”济济——都是名校出身的人才，还是为了干实事，提效益，为企业谋发展的？

世界报业大亨默多克曾经说过：“人才没有标准，新闻集团的高层并不一定都需要具备博士学历才能担任的，只要你有能力，为集团发展作出了贡献，我们不会亏待任何一个在这里发展的人才。”其实不止是新闻集团的人才没有标准，很多行业的人才，也没有硬性的标准。如果有标准，那唯一的标准就是会干事、干好事的能力。

看看当下的一些年轻人，他们整天拿着各种各样的文凭和证书，什么博士学位、硕士学位等等，在多个企业之间挑来挑去，自认为高人一等，但是这样的人真的有能力吗？真的能胜任工作吗？这个可不一定。因此，管理者在选择人才时，一定不要只关注学历，而忽视人才的实际能力，免

得招一个只会照搬书本知识而不会处理实际问题的“书呆子”回来。

在一个人才招聘现场，一位人力资源专业毕业的硕士生与企业招聘人员谈论对薪水的要求时说道：“月薪不能低于1万，低的免谈。”当时已经到了下午，招聘现场的人也不多，招聘人员就想多了解一下这位硕士生，于是提了一些实际工作中的问题，想考一考他处理问题的能力。这个问题是这样的：

公司老板让采购经理去一个指定的供应商那里购买材料，而这个供应商是老板的小舅子。采购经理犯愁了，因为他每次从老板小舅子那里买回来的材料质量都不好，但如果不买就违抗了老板的命令，买了就会挨老板的批评：“你每次买来的材料质量都不好，而且价格那么贵，到底是怎么回事？”请问：如果你是人力资源顾问，你会如何与老板协商这个问题？

硕士生的回答令招聘人员大吃一惊，他的回答居然是：“这个问题书本上好像没有讲过。”

招聘人员说：“是的，这种问题书本上确实没有讲过，但读书并不是解决实际问题的唯一途径，做顾问没你想的那么容易，实际工作能力才是最关键的。”

顿时，硕士生惭愧无语……

我们不否认高材生的实际工作能力，但我们要强调的是：选择人才，不能只关注学历，会干事才是硬道理。巨人集团的创始人史玉柱曾经说过：“初中水平跟博士后没啥区别。只要能干就行，我一直是这个观点，不在乎学历，只要能干能作出贡献就行。”在他看来，所谓的人才指的就是，我把一件事情交给你，你做成了，我再把一件事情交给你，你又做成了。只要你能把事情做成，你就是有用的人才。这种用人态度在他经营企业的过程中有很好的体现。

1995年6月，毕业于南京国际关系学院的程晨进入了珠海巨人集团。在那个年代，史玉柱可是最热门的人物。进入公司后，程晨和其他员工一样，从最底层的促销员开始做起。3个月之后，她顺利转为正式的业务员。半年之后，她成了业务主管。

程晨能取得这样的成绩，与她的勤奋不无关系。如果同事们每天跑8

个小时的业务，那么她肯定会跑9个小时、10个小时的业务。况且她有优秀的销售能力，所以，她的销售业绩总是名列前茅。而当时史玉柱一直强调“销售就是一切”，因此，程晨能以优异的销售业绩获得快速的升迁。终于有一天，史玉柱发现了程晨这块发光的金子。

1996年3月，史玉柱在公司高层的陪同下，来到江苏考察销售情况。当时南京分公司的经理职位空缺，程晨临危受命，但她心里没底。因为当时南京分公司的销售业绩在全国排名倒数第10。

当时史玉柱问程晨：“你准备用多久来改变（南京分公司销售状况不良）这个情况?”

“1个星期。”程晨的回答立即引来了大家的一阵哄笑，史玉柱也笑了，但他没有责怪小姑娘，他知道程晨有做好的决心。两个月后，程晨领导的南京分公司的业绩在全国的分公司中排名第10名，3个月后南京分公司的销售业绩在全国的分公司中名列第1。

1996年7月，程晨在加入巨人集团一年后，被调回珠海巨人集团总部，成为史玉柱的行政助理。在那段时间里，程晨觉得非常狼狈，没有了销售成绩的刺激，每天只是跟着史玉柱开会、见客户、整理文件，每天从早上9点忙到晚上12点。在得到更多机会参与珠海巨人集团的核心业务后，程晨逐渐了解到公司所面临的困难。

1997年，巨人集团的危机终于大白于天下。为了应对危机，史玉柱在一年后启动了脑白金项目。当时程晨主动请缨，带着25万元现金到南京开拓市场。她依靠天才的销售能力和地缘优势，在南京迅速打开了市场。第一个月，她用25万元赚到了23万元，第二个月她赚到了50万元，第三个月赚到了100万元。

程晨在销售方面取得的成绩激励了整个集团，很多离开巨人集团的员工也回来了。他们通过滚雪球的方式，把脑白金做起来了。脑白金在江苏市场取得成功后，程晨又被任命为上海市场的开拓者，她仅用一年的时间，就在上海创造了一个亿的销售额，成为史玉柱最得力的臂膀之一。

程晨的案例告诉我们：得到一个会干事的人才，对企业的发展到底有多么重要。在选择人才时，学历真的不是最应该关注的，你最应该关注的是员工的工作能力。也许有人会问："面对一个新人时，我们无从考察他的能力，我们只能通过学历来判断他的大概能力。"这种做法无可厚非，但如果当高学历的新人在工作岗位上迟迟打不开局面，无法取得与他薪水相匹配的效益时，管理者就应该做出调整了，有必要以人才为企业创造的效益为标准来确定员工的待遇。微软就是这么做的。

在微软，员工的薪水、职位从来不会论资排辈，员工的升迁、涨薪取决于他的个人成就。在微软，副总裁的工资低于一个软件工程师的工资，这是很正常的现象。但这种现象在其他公司，恐怕很难见到。正是这种以人才的能力、个人成绩来确定员工的薪酬的用人制度，激励着微软员工更加努力地工作。到1992年时，微软公司的百万富翁已经多达3000人。

海尔集团的创始人张瑞敏曾说过一句名言："能者上，庸者下，平者让。"当你发现人才的学历与他的能力不匹配，当你发现人才空有学历，没有能力或能力不足时，管理者有必要以人才的能力为标准来择良木而用之，而人才的能力最好的体现就是他的工作业绩。所以说，员工会干事才是企业发展的硬道理，会干事才是优秀人才的主要标准。

3. 最适合企业的人才，即是最佳人才

在用人时，企业经常遇到这样的问题：是选择最优秀的人才，还是选择不太优秀，但最适合企业的人才？有些管理者可能觉得，最优秀的人才能力出众，能为企业带来更多的价值，但是阿里巴巴的总裁马云用自己的创业用人经历证明了一点：选择最优秀的人才就好比把飞机引擎装在了拖拉机上，最终还是飞不起来。

2000年，阿里巴巴获得了2000万美金的支持，马云摩拳擦掌，决定

大干一场，于是他招募了一大批来自哈佛、斯坦福及国内知名大学的MBA。这些精英进入公司后，不断地向马云灌输各自的管理理论和工作方法，有的人说资本最重要，有的人说市场最重要，有的人说技术最重要，要下大本钱投资技术开发……

这些精英们的理论把马云弄糊涂了，他们讲得头头是道，听起来好像非常有道理，但是做起来却行不通。后来马云意识到阿里巴巴当时的发展水平不需要这些精英，他们虽然很有能力，但是他们不适合阿里巴巴。这就好比把飞机的引擎装在拖拉机上，最终还是飞不起来，到最后还可能把拖拉机给拖死。

回顾那段经历，马云是这样评价的："阿里巴巴在发展过程中犯过许多错。比如在创业早期，阿里巴巴请过很多'高手'，一些来自500强大企业的管理人员也曾加盟阿里巴巴，结果却是'水土不服'。那些职业经理人管理水平确实很高，但是不适合企业。"

如今，阿里巴巴已经由当年的小拖拉机变成比飞机还大的航空母舰。马云开始逐渐放权，把工作交给以前那些MBA去做，而这时候他们也能把阿里巴巴管理好。这个时候，飞机引擎才是真正安装到飞机上了。

其实不只是马云，国内外很多知名企业在用人上，都讲究量才施用，重视选择最适合企业的人才。例如，联想集团的用人理念是"用的人才都是适合联想的，但并不一定都是最优秀、最好的人才"。日本东芝公司推行"适才所用"的用人原则，让员工申报最能发挥自己专长的职位。北京双鹤药业的用人理念是"敢于起用新人，不求最好，只要能胜任工作，合适的就提升"。

从这些企业的用人理念上，我们可以发现他们都有一颗理智看待人才的心，他们不是一味地追求高素质、最优秀的人才，而是选择适合自己企业的人才。在他们看来，适合自己企业的人才，就是最好的人才。在这样的企业里，人才可以得到充分的尊重和认同，大家都在适合自己的岗位上努力，这样的企业怎么能不欣欣向荣呢？

在新闻界，默多克的管理团队非常有名。他们始终强调人才可以不是最优秀的，但在某个领域应该是最突出的。在默多克买下经营不善的英国《太阳报》之后，他要做的第一件事是让这份亏损的报纸为他赚钱。但是怎样才能赚到钱呢？把这份报纸交给谁来管理呢？默多克思前想后，最后决定让阿尔伯特·拉里·兰博来担任《太阳报》的主编。

默多克之所以选择让兰博担任《太阳报》的主编，是因为兰博是记者出身，喜欢挖掘那些“耸人听闻”的新闻来刺激读者，引起读者的关注。同时，兰博在办报方面善于整合版面，使版面新颖、便于读者阅读。默多克认为，这两大优点是处于亏损状态的《太阳报》最需要的元素。果然，兰博上任后，进行了一系列卓有成效的改革，很快将《太阳报》从亏损的泥潭中拖出来，为默多克带来了巨大的利润。

什么样的人才是企业的最佳人才？默多克用事实给出这个问题的答案：最适合企业发展需要的人才，就是最佳的人才。对企业来说，让合适的人来做合适的事，远比开发一项新的战略更重要。

原通用电气公司的首席执行官杰克·韦尔奇认为，“让合适的人做合适的事”这个宗旨适合于任何一个企业。如果你的企业是世界上最好的企业，但是没有合适的人去发展它，那么你的企业也不可能长期繁荣下去。

与很多CEO不同，杰克·韦尔奇把一半以上的工作时间用在人事上，他认为挑选最适合企业的人才是领导者最重要的职责。他说：“我们所能做的是把赌注押在所选择的人身上。因此，我的全部工作就是选择适当的人。”在这一点上，比尔·盖茨的做法与韦尔奇的很相似。

微软创办初期，公司仅有5位年轻人，其中一位是女秘书，她大学毕业不久。在工作上，她的作风散漫，态度不端正。比尔·盖茨想找一位工作热心、事无巨细的总管式女秘书来替代这位女大学生。

招聘通知发出之后，有意这份工作的应聘者很多。面对众多的求职简历，比尔·盖茨逐一仔细地审查，最后他选中了42岁的露宝——一位有4个孩子的母亲，曾从事过短期的文秘工作，还从事过档案管理和会计工作，但是她没有高学历和高职称。

事实证明，比尔·盖茨的选择是正确的。露宝的加入为年轻的比尔·

盖茨提供了很大的帮助，她就像一位母亲，带给了比尔·盖茨精心的照顾。在她的辅佐下，比尔·盖茨的工作轻松了很多。

与那些出身名校的高材生相比，露宝在学历、文凭上明显逊色，但是比尔·盖茨坚持“不求最好，只求适合自己”的用人原则，给了露宝展现自己作为女秘书应有的素质。这再一次表明，选择人才要看其是否适合自己的企业，没有最好的人才，只有最适合的人才。

4. 管理有才华的“刺儿头”要用特殊的方法

被称为“弼马温”的孙悟空调皮捣蛋，很是让人讨厌，但不可否认的是，他有真本事。你看孙悟空跟着唐僧去西天取经，一路上降妖除魔，保驾护航主要靠他。但是，孙悟空不太听话。比如，孙悟空三打白骨精时，唐僧说了不能打，但是他偏要打。这就是典型的“刺儿头”。

在很多公司，也有一些“刺儿头”员工，他们桀骜不驯、狂妄自负，有时候还会兴风作浪，不听管教，让领导们头痛不已。有人认为，“刺儿头”员工是害群之马，不利于单位发展。有人则认为，“刺儿头”员工有能力，只要正确运用，就可以让他们发挥正能量。

在所有“刺儿头”员工中，最令领导者们头疼的，恐怕要数恃才傲物型的“刺儿头”，他们不把公司的规章制度放在眼里，公然违反公司的制度。这类员工在能力或经验上，往往具有明显的优势，或手头握有公司的某种稀缺资源，从而在心理上有一种优势。在工作中，他们表现得不服从管理、冷漠、自负、恃才傲物，或不把同事放在眼里，缺乏团队精神。

小许在工作上的突出表现是领导和同事们公认的。每当公司有谈不下来的单子时，只要他出马，总能顺利拿下。虽然有人说他是凭借某些背景才拿下了这些单子，但是在职场中，公司领导看重的是利润，别管你运用什么方法，拿到单子才是硬道理。因此，小许特别受领导器重，领导甚至把小许当成“亲儿子”一样看待。这就让小许变得有恃无恐，他总是不把别人放在眼里，每次开部门会议时，他总是摆出一副不屑一顾的神情，好像在说：“不是我瞧不上你们，你们是真不行！”这让其他同事感到非常不舒服。

公司明确规定，在办公室不能抽烟。但是小许哪管这些，想抽就抽，真把把公司当成自己家了。他的办公桌上、电脑键盘上，到处都是烟灰，和其他员工桌面整洁的形象格格不入。有同事提醒他在公司别抽烟，但他却说：“关你什么事？我想抽就抽。”

此外，小许上班迟到已经成了习惯，一个月能迟到15次，有一个月，他的全勤奖全部被扣，他居然怒气冲冲地找财务部的领导讨说法。财务部领导说：“你一个月迟到那么多次，按公司的规定，你的全勤奖自然扣光了。”小许却说：“谈客户是要费脑细胞的，晚上通宵想方案，早上怎么能起得来?”

公司老板见小许和财务部经理吵得不可开交，居然对财务部经理说：“算了算了，把全勤奖给他吧，下不为例。”老板的做法让财务部经理十分不满，这件事传出去之后，全公司的员工都不满。当有人找老板反映时，老板却说：“他能力强，为公司作了很多贡献，对于他这些毛病，我们就忍一忍吧！”对于这种说法，员工自然不能接受：“凭什么他不遵守公司制度，我们要遵守制度?”老板一急，居然说：“谁叫你们没有他那么大的本事呢?”这话把员工气得哑口无言……

小许工作能力突出，但是不遵守公司规章制度，不服从领导管理，这种态度和表现严重激起了公司其他员工的不满。作为公司的最高管理者，老板却对小许一再放纵，对他的行为一忍再忍，这种管理方式实在让人难以苟同。不可否认，小许的确为公司拉来很多单子，但是身为公司的员工，就应该遵守公司的制度，如果做不到这一点，再优秀的员工也会成为“反面教材”，会影响企业管理成效，影响公司的发展。这就是为什么有人说，“刺儿头”员工是害群之马，因为领导者管不了他们。

“刺儿头”员工不仅有能力、有思想、有才华，他们往往还善于表达自己，当他们认为自己掌握了真理时，就会大声地说出来。从某种程度上来说，这种敢想敢做的行为有助于更好地沟通，对企业发展具有积极的作用。

某公司有个年近50岁的老员工，此人不苟言笑，是个不折不扣的“刺儿头”。杨雪是个刚毕业的大学生，她进入这家公司后，上班的第一天，就被这个“刺儿头”扎疼了。

那天，杨雪在办公室复印几份材料，复印完之后，那个“刺儿头”进来了，他拿起复印的材料一看，就开始劈头盖脸地质问新人：“你是哪个部门的？复印材料，还单面复印？年轻人真是浪费！”

杨雪觉得委屈，她想即便自己有错，也不应该被如此指责，对方完全可以有话好好说。正当她准备和“刺儿头”开战时，旁边的一个同事冲她使了使眼色，待“刺儿头”出门之后，那位同事告诉杨雪：“别理他，他是有名的‘刺儿头’。”

后来，杨雪算是见识到了这个“刺儿头”的庐山真面目。当公司集体出游，有同事迟到时，“刺儿头”保准会打电话怒骂；当财务延迟一天发工资时，“刺儿头”就会冲进财务办公室，质问钱都到哪里去了；当有员工外出，要求公司派车时，他会骂骂咧咧地说：“怎么你的两条腿那么金贵呢？”

这个老员工就像浑身长刺的刺猬，你稍不留神就会被他刺到。不要说是公司的员工，就连公司的领导，有时候都不敢碰他。比如，每到逢年过节，公司会下发一些福利品，只要晚发一天，“刺儿头”就会骂骂咧咧，说：“公司太没人情味，只让人干活，却不给人发福利品。”如果公司的福利品不尽如人意，他就会满腹牢骚，说：“真是王小六过年，一年不如一年，尽然在福利上打小算盘。”

杨雪很奇怪，这样的员工，怎么能在公司混下去，而且居然还是办公室主任。后来，同事张姐说了一句话，一下子道破了天机：“他啊，只是领导的一枚棋子。”的确，领导把这个“刺儿头”放在办公室主任的位置上，确实是有用意的，因为他这张嘴可以及时制止不良现象，比如迟到现象、浪费现象等。对外，“刺儿头”还可以代表公司极力维护本公司的利益。

在这个案例中，聪明的领导把“刺儿头”放在了正确的位置上，很好地让“刺儿头”发挥了积极作用，对公司管理、杜绝浪费等起到了很好的作用，这就是领导者的管理智慧。当然，这并不意味着公司的“刺儿头”员工越多越好，要知道，多个“刺儿头”聚在一个公司，往往容易发生冲突，引起人际关系紧张，不利于创造和谐的人际氛围。

那么，具体来说，对待“刺儿头”员工，管理者应该怎么做呢?

（1）包容和尊重

“刺儿头”虽然有不少缺点，但是他们身上也有优点。作为公司的管理者，应该多一点包容和尊重，只要他们的行为不是太过分，不妨糊涂一点，不去斤斤计较。但是如果“刺儿头”员工公然违反公司制度，并引起了公愤，管理者应该严肃地处理，决不允许有人凌驾于制度之上。公司的领导者不能违反，“刺儿头”员工更不能违反。

（2）明辨和倾听

当“刺儿头”员工表达自己的观点时，他们的情绪往往比较激动，这个时候管理者不妨耐心地倾听，不要打断他，看看他的动机是为企业着想，还是瞎捣乱。如果他的出发点是好的，即使他们的想法不对，管理者也应该宽容；如果他的动机有问题，管理者应该循循善诱，但绝不要阻止他的表达，因为这样会让更多的人失去表达的勇气。

（3）欣赏和认可

对待“刺儿头”员工，管理者不妨用欣赏的眼光去看待，因为他们身上确实有闪光点。对于他们的优点，管理者应多欣赏、多认可，对于他们的缺点和不足，委婉地提醒即可，不要当众揭短，给他们面子，他们才会给管理者面子。当公司遇到有难度的问题时，不妨派“刺儿头”去解决，他们往往有冲劲，即便解决不了问题，他们身上的干劲也能得到释放。

5. 用最高的位置，把有最高本事的人留下来

企业把优秀的人才聚集过来，才算成功了一半。如果不善于留住人才，那么人才只能是企业的匆匆过客，对企业的发展就起不到推动作用。

古往今来，因不善于留人才，导致人才得而复失的事例比比皆是，比如陈平、韩信等人，当年曾在项羽帐下供职，但是项羽不识才、不懂得留才，最后导致这些人转而投奔刘邦；荀彧、荀攸、郭嘉等人也曾在袁绍手下效力，但袁绍与项羽是同等货色，最后导致这些人转投曹操。

通过这些事例，我们会发现：在得到人才之后，一定要想方设法留住人才。只有留住人才，才能长期地使用人才，人才价值才能发挥出来。说到留人才，我们就不得不提用职位留人。许多优秀的领导者，都善于用“职位”作为留人才的筹码，并取得了很好的成效。在这方面，三国时期的刘邦、曹操就是典型代表。

我们先来说说项羽和刘邦。项羽对待部下，一向以礼相待，但是，在加官进爵方面，他做得非常不好，他一直不愿意提拔非项氏和不是很亲近的文人，或者说不能及时提拔，导致一些人才不愿意为他效劳，韩信就是最典型的一人。相比之下，刘邦就做得非常有智慧。当他发现人才后，往往会因才、因功大肆封赏，并给属下加官进爵，所以，很多人才都纷纷投靠他，并终生为他效劳。

说完刘邦，我们再来说一说曹操。曹操是个善于识人才的领导者，当他发现某个人是人才之后，不仅会为他提供建功立业的机会和舞台，还会论功行赏、赏罚分明，并且把“名利”一起砸过来，对人才加官进爵，人才不要都不行。曹操在用职位留人方面，最典型的一个例子就是对待荀彧。

公元191年，29岁的荀彧从袁绍那儿跳槽到曹操麾下。曹操见荀彧来投，十分高兴，他把荀彧比作张良，并任命荀彧为司马。别看司马一职不是很高，但要知道，曹操当时也才是奋武将军，司马的位置基本相当于是“参谋长”的职务。一时间，荀彧得了张良的美誉，身居“参谋长”的职位。这不禁让荀彧钦佩曹操的风范和智慧，他能不感激涕零，对曹操忠心耿耿吗?

后来，随着曹操势力的壮大、地位的不断提高，荀彧官拜汉侍中、授尚书令。尽管后来荀彧失去了曹操的信任，但他依然对曹操不离不弃。由此可见，曹操在留人才方面多么成功。

在对待荀彧这样的人才上，曹操表达出留人的极大诚意。至于荀攸、贾诩、程昱、刘晔，曹仁、曹洪、夏侯惇、许褚等人才，曹操也给他们相应的官爵，为他们提供建功立业的机会，给予他们好听的封号，回馈他们丰厚的利禄，并且恩泽其后世。

很多人的心中，都有根深蒂固的官本位思想，很多优秀的人才都渴望获得升迁。比如，业务员想当主管，当了主管想当经理。所以，对待优秀的人才，给他们加官进爵、给他们荣誉和表彰是很有必要的。

卡罗·道恩斯原本是一个收入颇丰的银行职员，为了更好地发挥自己的才能，他辞去了银行职员一职，进入到杜兰特公司，这就是后来声名显赫的美国通用汽车公司。在工作半年之后，道恩斯想知道公司总裁杜兰特如何评价自己的工作，于是他给杜兰特写了一封信，并在信的最后问道:“我是否可以在更重要的职位从事更重要的工作?”

杜兰特看了这封信之后，在上面做了批示：“现在任命你负责监督新厂机器的安装工作，但不保证升迁或加薪。”然后，杜兰特把施工图纸交给道恩斯，要求他按照图纸施工，想看他做得如何。

道恩斯从未接触过这方面的工作，也没有接受过任何培训，但是他接到任务后，认真研究了图纸。遇到不懂的问题时，他会向相关的人员请教，很快，他就把这项工作弄明白了。最后，提前一周完成了杜兰特交给他的任务。

当道恩斯来到杜兰特的办公室汇报工作时，他发现杜兰特办公室旁边的一间办公室的门上，写着“卡罗·道恩斯总经理”。这是怎么回事呢？原来，这是杜兰特给道恩斯的专门办公室，他已经决定提拔道恩斯担任公司的总经理，而且年薪是原来的10倍。

杜兰特为什么要这么做呢？他对道恩斯是这么说的：“我给你那些图纸时，我知道你看不懂，但是我要看你如何处理。结果我发现，你是个领导人才。你敢于直接向我要求更高的薪水和职位，这是很不容易的。我尤其欣赏这一点，因为机会总是垂青那些主动出击的人。”

杜兰特对待卡罗·道恩斯的这个案例，给所有的管理者们上了一堂深刻的“留人课”。他告诉我们，当你发现某个员工是个人才时，应该立即赋予他相应的职位，尤其是当人才自己提出想担任更高的职务时，管理者更要重视满足人才的职位要求。

我们可以想象一下，假如杜兰特不接受道恩斯的晋升请求，让道恩斯在自己不满意的职位上工作，也许道恩斯会选择离开公司。这就是韩信会离开项羽、荀彧会离开袁绍的原因。因为优秀的人才，往往不甘于在平常的职位上，他们渴望在更高的职位上展现自己的才能，如果领导者给他们期待的职位，他们会感觉受到了认可，从而更努力地为公司效力。

6. 给猴子一棵树，给老虎一座山，用人需扬长避短

有这样一个关于成功的寓言故事：

为了和人类一样聪明，森林里的动物们创办了一所学校，想全面提升各个动物其他方面的能力。前来学习的动物有很多，比如，小鸡、小鸭、小鸟，还有小兔、小山羊、小松鼠等等。学校为它们开设了5门课，分别是唱歌、跳舞、跑步、爬山和游泳。

上跑步课时，兔子特别兴奋，它一口气就围着操场跑了一圈，然后还

兴奋地说："我最喜欢做的事就是跑步。"而其他动物一个个撅着嘴巴，一脸不开心。回到家里，小兔子告诉妈妈："这个学校真棒，我太喜欢了。"

第2天，上游泳课时，小鸭兴奋地跳进水里，小兔子顿时傻了眼，因为它们祖上从来没有谁会游泳。第3天上唱歌课，第4天上爬树课，小兔子又遇到了类似的问题，它越来越不喜欢这些课程了。

这个寓言故事有深远的寓意，它诠释了一个通俗的道理，那就是不能让兔子学游泳，不能让猪学上树。要想成功，就应该让它们做自己擅长的事情，兔子就应该跑步，小鸭子就应该游泳，小松鼠就应该爬树。懂得扬长避短，才能让员工最大限度地发挥自己的优势，才能使企业更容易走向成功。

联想集团的总裁柳传志曾说过一句很有意思的话："管理的真谛就是——给猴子一棵树，给老虎一座山。"给猴子一棵树，给老虎一座山，指的是为人才提供一定的条件或环境，更确切地说是给人才提供合适的岗位，使他们的能力得到最大限度地发挥。给猴子一棵树，猴子可以轻松地攀登；给老虎一座山，老虎可以自由纵横。这就是企业管理中最简单、最有效的用人智慧。

金无足赤，人无完人。在这个世界上，没有一无是处的人，也没有十全十美的人。身为管理者，要做的就是找出下属的优势、强项、长处，然后针对这些优势，赋予他一定的职责和任务，让他们的优势得到充分的发挥。这样员工工作起来就会轻松快乐，企业也能轻松获得惊人的经济效益。

在一次商界聚会上，有一位老板扬言要把手下的3个"不成材"的员工炒掉。他的大意是：张三整天吹毛求疵，李四整天杞人忧天，害怕公司出事故，王五是个话痨子。

这位老板的话被另一位老板无意中听到了，他莞尔一笑，说："既然你不想要这3名员工，就给我吧！"那位老板慷慨应允。

第2天，那3名被"抛弃"的新人来到新公司报到，新老板给他们安排工作："张三负责质量监督和管理，李四负责保安工作，王五负责企业产品宣传和推广工作。"三人一听，欣然受命，马上兴冲冲地去工作了。

由于做自己喜欢做、擅长做的事情，这3个人的创造性得到了很好的发挥，不久，公司的效益直线上升，公司的产品质量问题骤然下降，公司的安全隐患、危机问题，也得到了很好地解决。

这位老板的做法与三国时期曹操的做法非常相似，曹操在用人时，也善于知人善任，唯才是举。曹操知道哪些人是人才，知道他们是哪方面的或哪种类型的人才，然后把他们放在最合适的位置上。比如，崔琰、毛介为人清廉正派，曹操让他们选拔官吏；枣祗、任峻任劳任怨，曹操就让他们负责屯田……正是由于曹操的知人善任，他帐下的大批谋士和猛将才能在自己最擅长的职位上为其效命。

俗话说："不怕有短，只怕无长。"每个人都有缺点，也有优势。身为领导者，应该具备一双善于发现员工优点的慧眼，还应该有一个善于包容员工缺点的心胸。当员工的某个优点能为企业带来巨大的效益时，领导者不妨忽略员工其他方面无关紧要的缺点。这样才能让员工最大限度地发挥"优势效应"。

在美国南北战争初期，林肯任用了很多没有重大缺点的将军，但这些将军也没有突出的军事才能，可以说他们的表现中规中矩。结果，从1861年到1864年的这3年中，北方军虽然在人力和物力方面有巨大的优势，但在战场上却没有取得任何进展。

后来，林肯改变了用人策略，他大胆任用了具有军事天才的格兰特将军为北方军的总司令。当时有人劝告林肯："格兰特有贪杯的毛病，难堪大任。"但是林肯却说："要是我能知道格兰特将军喝的是什么品牌的酒的话，我就会向其他各位将军也各送上一桶。"

对军人而言，喝酒自然是有害的，但是军人最重要的任务是打胜仗，是运筹帷幄、决胜千里之外。而且在南北战争时期，打胜仗是最关键的任务，格兰特的贪杯相对于他的运筹帷幄简直微不足道。所以，林肯选择了忽视其缺点，大胆运用其优点的用人方式。事实证明，林肯的任命决定是明智的，格兰特上任之后，南北战争的形势马上向有利于北方军的方向倾斜，最终北方军在这次战争中笑到了最后。

让猴子爬树，猴子自然会爬得游刃有余，它还会把爬树当成一种享受；让老虎镇山，老虎会让整片山林太平无事，让山林茂密繁盛。所以，不要苛求员工有这样或那样的缺点，而要重点发现员工的优势，引导员工扬长避短，把优点发挥到极致。当员工做自己擅长的事情时，他们才会获得巨大的成就感和价值感，才能为企业带来巨大的效益。

7. 领导者要有大胸怀，敢于任用比自己优秀的人

有人曾专门做了一项研究，大意是：如果领导者的个人能力是90分，但带的“将”（下属）的能力大都只有60分，那么这个团队的战斗力大概只有60分。如果主管的能力是80分，但带的“将”的能力大都在90分以上，那么这个团队的战斗力可以达到90分以上。

这项研究告诉我们，领导者的价值不在于他个人能力有多强，而在与他能够带领更多有能力的下属来完成团队目标。因此，领导者不应该只关注个人的“成绩单”，而应该更关注团队的“成绩单”。怎样才能让团队的成绩单更优异呢？最有效的一个办法就是任用比自己更优秀的人。在这方面，美国历史上的第2位总统约翰·亚当斯就做得非常好。

美国华盛顿总统卸任后，亚当斯成为美国的总统。当时美国正面临着与法国关系破裂的危机，到了1797年底，两国的关系已经到了剑拔弩张、一触即发的危险边缘。亚当斯意识到，与法国开战是不可避免的，而要想打胜仗，就必须要有一位得力的统帅。

谁能堪当此任呢？当时很多人劝亚当斯亲自统帅军队，但亚当斯知道，自己的军事才能一般。思来想去之后，他认为华盛顿才是唯一能够激起美军士气、团结美国人民的统帅。于是，他决定请华盛顿出山。

亚当斯的亲信们得知这一情况后，一致表示反对。他们认为，如果华盛顿复出，很可能再次唤起人民对他的崇敬，进而威胁到亚当斯的总统位

置。但是亚当斯却认为，国家的利益和命运高于一切。于是，他授权汉尼尔顿写了一封信给华盛顿，请求他出山担任大陆军总司令，指挥美军迎战法国入侵者。

与此同时，亚当斯亲自给华盛顿写信，在信中他的态度十分诚恳："当我想到万不得已而要组织一支军队时，我就把握不准到底是该起用老一辈将领，还是起用一批新人，为此我不得不随时要向你求教。如果你允许，我们必须借用你的大名去动员民众，因为你的名字要胜过一支军队。"

华盛顿看到这封信之后，被深深感动了，他表示愿意立即出山，担负重任……

这件事被美国人传为佳话，亚当斯的正直与豁达赢得了人民的赞扬。有一位著名的记者采访亚当斯时问道："您请求华盛顿出山，不怕他唤起人民对他的留恋和崇敬吗？不担心他会威胁你的地位和威望吗？你为什么敢用比你更优秀的人呢？"

对于这些问题，亚当斯的回答是："真正出色的领导者，绝非事必躬亲，而是知人善任，特别是敢于起用比自己更优秀的人才。如果高层领导者事无巨细，一律包揽，那只能成为费力不讨好的勤杂工式的领导者。"

正是因为亚当斯知人善任，才能凭借众多的优秀人才，特别是凭借那些比自己更优秀的人才，他才能一步一步地攀登上人生的巅峰。然而，并不是每个领导者都如亚当斯那样心胸豁达，敢于任用比自己更优秀的人。很多领导用人时都会存有私心，害怕比自己优秀的人才抢了自己的饭碗，抢了自己的风头，担心下属把自己比下去，其实这是小人之心在作怪。

马云曾经说过："领导比员工多什么？领导永远不要跟下属比技能，下属肯定比你强；如果不比你强，说明你请错人了。要比眼光，你要比他看得远；要比胸怀，你要能容人所不容；要比实力，你抗失败的能力比他强。一个优秀的领导人的素质就是眼光、胸怀和实力。"因此，不要害怕员工比你更优秀，让优秀的人才为你所用，才是领导者真正的本事。

大卫·奥吉瓦尼是世界著名的奥吉瓦尼广告公司的创始人。每当公司新进一位高层管理人员，他都会赠送一套俄罗斯套娃给他。这套组娃一共有5个大小不一的木娃娃组成，打开外边最大的娃娃，里面还套着一个小一号的娃娃；再打开小一号的娃娃，里面还有一个更小的娃娃。一直这样打开，新进的管理者会看到第5个娃娃里放着一张纸条，上面写着："倘若我们每个人所重用的人都比我们矮，我们的公司就会变成小矮人公司；倘若每个人所重用的人都比我们高，我们公司就会成为巨人公司。"

大卫·奥吉瓦尼用俄罗斯套娃向新进的管理者说明了一个道理：敢于任用比自己优秀的人才，公司才会越办越好，越做越大；只重用比自己差的员工，公司就会越办越萎靡，越办越糟糕。古往今来，高明的领导者无不深谙此理。

刘邦治军打仗不如韩信，但是他敢用韩信；运筹帷幄不如张良，但是他愿意起用张良；治理国家，安抚百姓，供给饷馈，他不如萧何，但是他愿意重用萧何。通过重用这3个人，刘邦在楚汉之争中才得以获胜，开创了大汉的百年江山。反观项羽，虽然他"力拔山兮气盖世"，可他用的人没有一个比自己高的，范增足智多谋，但是最后被他撵走了。最后，项羽落得四面楚歌、众叛亲离、自刎于乌江的下场。

领导者有必要认识到，如果团队里你是最强的，你不知不觉就会成为"锅盖"，把团队成员"盖"住了，使员工很难有展现自己的机会。这个时候，领导者就会成为团队进步的障碍。只有敢于任用比自己更优秀的人，才能揭开"锅盖"，让团队成员看到更广阔的天地，拥有更大的发展空间。

第八章 Di Ba Zhang

团结起来的队伍才叫团队，凝聚力决定战斗力

中国有句俗话叫：“人心齐，泰山移。”意思是只要人们心向一处，共同努力，就能发挥出移动高山的巨大力量，克服任何困难。这句话告诉我们，人心凝聚在一起，团结才能产生倍增的力量。即便个体非常弱小，但只要能团结起来，蚂蚁都可以战胜雄狮。因此，团队的领袖应该重视打造凝聚力，让大家心往一处想，劲往一处使，这样的团队才能迸发出强大的战斗力。

1. 有凝聚力的队伍才能打硬仗

中国有一句古话说得好："兄弟齐心，其力断金。"集体的力量、团队的力量是无穷的，有凝聚力的团队才能打胜仗。不论是军队，还是企业，在竞争中都需要团队凝聚力。强大的凝聚力是企业机体健康的标志，是企业保持长期核心竞争力的重要保证。

一盘散沙般的企业和一个凝聚力强的企业，其精神面貌是完全不同的。每一个一盘散沙般的企业，一定是人心涣散的，领导者威信全无，最后必然会走向倒闭。美国哈佛大学的领导力博士海菲兹曾经说过："一个好的团队，能量源自于三个'凝聚'，一个'相信'。三个'凝聚'，就是要凝聚梦想、凝聚价值观、凝聚痛苦；一个'相信'，就是要相信领导者可以领导大家实现梦想。"无论是梦想、价值观，还是痛苦和相信，这些都是心态的表现形式，可以说，这些是产生心态能量的源泉。

当今时代，一个企业仅靠领导者个人的能力显然难以生存，唯有依靠团队的智慧和力量，才能获得长远的竞争优势和发展潜力，一个优秀的、具有强大凝聚力的企业团队，才具备战无不胜的竞争力，这样的企业才会具备打胜仗的战斗力。

日本"经营之神"松下幸之助在1945年就提出"公司要发挥全体员工的勤奋精神"，并不断向员工宣传"全员经营"、"群智经营"的发展思想。为了打造坚强的团队，松下电器公司在每年正月的一天，都会由松下幸之助带领，全体员工头戴头巾，身着武士上衣，挥舞着旗帜，把货物送出。当几百辆火车壮观地驶出厂区时，每个员工的内心都会升腾出由衷的自豪感，他们都会为自己是松下团队的一员感到骄傲。

在帮助全体员工树立团队意识的同时，松下幸之助还花大力气激发每个员工的智慧和力量。为了达到这一目的，公司建立了提案奖金制度，对于那些提出建设性意见的员工，公司会予以重金奖励。通过这种办法，松下幸之助希望每个员工都把企业当成自己的家，积极参与到企业管理中来。

正因为松下电器公司充分认识到团队力量的重要性，并在经营过程中，处处体现了对团队建设的重视，所以，松下电器公司的每一位员工都把公司视为自己的家，把自己当成公司的主人。纵使公司没有公开提倡，员工也会积极地开动脑筋，为公司的发展提出建议，他们在家里、在火车上、在厕所里，都在思考建设性的意见。

由于松下电器公司与员工之间建立起可靠的信任关系，员工自觉地把自己当成公司的主人，产生了强大的责任感，焕发出高涨的积极性和创造性，才使得松下公司的凝聚力无比强大。在这种情况下，松下电器公司从当初的小作坊，发展成世界上最大的家用电器公司，而且成为电子信息产业的大型跨国公司，其产品种类之多、发展速度之快和经营效率之高，足以让世人惊叹。

凝聚力是企业发展的基础，企业管理者应该像松下幸之助那样，将更多的精力放在企业凝聚力的打造上来，想尽办法使企业员工精诚团结，上下一心，形成一股强大的合力，去面对激烈的市场竞争。

凝聚力是企业基业长青的原动力，是企业生存的核心竞争力，是企业发展的第一战斗力。企业凝聚力的大小对企业的效率、利益、长远发展以及员工的成长，都有至关重要的影响。有人曾对企业凝聚力与员工工作效率之间的关系做过大量的研究，结果发现：凝聚力越强大的公司，员工的工作积极性越高、责任心越强、工作效率越高，企业的生命力越强。这就是为什么著名企业管理培训专家谭小芳老师说："凝聚力是企业的生命力。"

不少企业领导者经常高呼："我们一定要加强团队合作，要讲奉献，要上下凝成一股绳，我们的工作则无往而不胜。"口号喊得很响亮，但是凝聚力却不见增强。如果你要想提高企业的凝聚力，最好的办法是扎实地从一点一滴做起，在企业目标、管理制度、营造企业环境等方面下苦功，赢得员工的认可，提高员工的满意度，这样才能增强企业的凝聚力。具体怎么做呢？其实，具体做法无外乎于尊重员工、了解员工、关心员工、激励员工，最终达到凝聚人心的目的。

2. 打造凝聚力是一个团结下属的过程

在一篇关于“五个手指”的文章中，有这样一段深刻的分析：

大拇指被称为老大，不是因为它长得粗，也不是因为它在五个手指中排在第一位，而是因为：首先，它能与任何一个手指保持和睦的关系，这是其他手指做不到的；其次，大拇指谦逊、随和、低调，它从来不会主动表现自己，也不会争取戒指等饰品；再次，大拇指不干活的时候，总是低头沉思，只有当它表扬别人时，才会挺起胸膛；最后，如果其他手指失去了大拇指，做事的能力和效率就会明显降低。只有在大拇指的协调配合下，其他的手指才能密切团结在一起，形成一个强有力的拳头。

综上所述，大拇指之所以能稳居老大的位置，关键在于他能带来凝聚力。企业管理者也应该像大拇指那样，在团队需要的时候，勇敢地站出来，想方设法地指导、协调、配合大家，使大家形成一个强有力的“拳头”，击碎企业发展过程中的任何困难、任何对手，不断地走向胜利。

对管理者而言，管理的精髓就在于团结下属，并以此打造团队凝聚力，这个过程就是管理的综合。领导者要做的就是想尽一切办法，把所有员工，尤其是得力干将团结在自己周围，让他们忠诚地效忠自己，这样一来，团队自然会爆发出强大的战斗力。在这方面，三国时期的刘备可谓高手。

刘备，一个织席贩履之辈，却能在天下大乱、群雄并起中，成为三分天下中的一员。他到底是怎么做到的呢？可以说，这与刘备团结部下、打造团队凝聚力的能力有直接的关系。刘备团结部属的常见做法就是感情投资、用感情打动部属，赢得部属的衷心。

当年张飞因醉酒误事，导致徐州被吕布夺去，使刘备家属陷于城中，张飞在关羽的责备下，起了自杀谢罪的念头，但刘备却劝道："兄弟如手足，妻子如衣服。衣服破，尚可缝；手足断，安可续？吾三人桃园结义，不求同生，但愿同死。今虽失了城池家小，安忍受兄弟半道而亡？况城池本非吾有。家眷虽被陷，吕布必不谋害，尚可设计救之。贤弟一时之误，任至遽欲捐生耶！"这番话把张飞感动得跪地痛哭，难怪张飞为刘备拼死一生。

赵云是刘备钟爱的将才，在长坂坡一战中，有人说赵云投降了曹操，刘备说："不可能！"当赵云从敌阵突围，将阿斗安全地送到刘备手中时，刘备却将阿斗扔到地上，并说："为了犬子，差点伤了我一员大将。"刘备的这番言行令赵云十分感动，使赵云为他肝脑涂地。

毫无疑问，刘备在团结下属、凝聚人心方面是一个高手。正是在他的团结下，蜀国的五虎上将才能所向披靡，蜀国才能与曹操、孙权三分天下。

大思想家孟子说过："得人心者得天下。"管理者若想自己的企业打下一片广袤的江山，就要努力赢得人心。领导者对员工的感情投资和人性关怀是赢得人心的重要办法，领导者的欣赏、重用和物质奖励等，也是赢得人心的重要手段。在这方面，美国报业巨头默多克称得上另一个高手。

报业巨头默多克曾经谦虚地告诉人们："不能说我个人有多大的魅力，在新闻集团工作的员工，他们每个人都是一颗珍珠，让任何一个人来管理这么大的集团是力不从心的，但是若把它穿成项链以后，价值就会倍增。我希望我就是新闻集团的这一根线，把他们'串'起来，这样就会形成一股强大的凝聚力，实际上我也正在做这个工作。"

默多克是这么做的，索尼公司总裁盛田昭夫也是这么做的，他非常善于团结下属、凝聚人心。盛田昭夫曾谆谆教诲进入公司的新员工："索尼是个亲密无间的大家庭，每个家庭成员的幸福部靠自己的双手来创造。在这种崭新的生活开始之际，我想对大家提出一个希望：当你的生命结束的时候，你们不会为在索尼度过的时光而感到遗憾。”

事实上，索尼公司就是一个大家庭。在公司里，领导者与普通员工之间保持着平等和谐的关系，他们把普通员工当成家庭成员来对待。在很多时候，普通员工与领导者甚至老板处于同样的地位。

在索尼工厂，任何一位管理者都没有单独的办公室，连厂长也不例外。公司主张管理者与普通员工坐在一起，共同使用办公用品和设备。在生产车间里，领班真诚地尊重、关心员工，增强了大家的责任感和协作精神，激发了每个成员的工作主动性和参与管理的热情。

盛田昭夫曾表示：“衡量一位管理人员的工作成果，主要看他把一批人组织到什么程度，以及能否让每个成员做出最好的成绩，并使大家融为一体。”在他看来，只有把下属团结起来，凝聚成一个强大的团队的管理者，才是优秀的管理者。

记得有一位伟人曾说过：“团结一切可以团结的力量！”企业管理者，就应该把全体员工团结在自己周围，并利用他们去实现企业的共同目标。从刘备和盛田昭夫身上，我们能够发现：团结下属的法宝是在尊重下属的基础上，用目标和梦想激励下属。与此同时，对下属表达人文化的关怀，满足下属合理化的需要，始终将下属放在心上，体现出对下属的重视。做到了这些，下属自然会紧密地团结在管理者周围，为企业的发展出谋划策、贡献力量。

3. 增强团队成员间的信任，让大家都有归属感

美国学者弗兰西斯曾经说过：“你可以买到一个人的时间，你可以雇一个人到固定的工作岗位，你可以买到按时或按日计算的技术操作，但你买不到热情，你买不到创造性，你买不到全身心的投入，你不得不设法争

取这些。”

员工之所以对公司没有热情，在工作中没有创造性，很大的原因是员工在公司没有得到足够的信任，对公司没有归属感。因此，管理者要重视增强团队成员之间的信任，重视增强上下级之间的信任。

众所周知，信任可以产生力量，会带给员工强大的激励。然而，很多公司都遭遇着信任危机。员工不信任领导者，领导者更是不信任员工。比如，有些公司居然在办公室内安装摄像头，以监视员工的一举一动，看员工上班是否认真工作。殊不知，这种怀疑、监视对员工是多么大的伤害。在这种不信任的环境中，员工根本不可能竭尽全力地为公司效力。

作为一个管理者，对员工不信任还表现为，当员工负责某项工作时，他们会时不时去干涉员工，有些管理者甚至会大包大揽。他们认为这是在帮助员工，实际上是在妨碍员工工作。其实，最好的方法是放手让员工做，鼓励员工：“我相信你能出色地完成任务。”

美国通用公司的前总裁杰克·韦尔奇认为，企业领导者必须忙些有意义的工作。韦尔奇说：“有些管理者告诉我，他一周工作 90 小时以上。我对他说：你完全错了！请写下 20 件每周让你忙碌 90 小时的工作，进行仔细的审视。你将会发现，其中至少有 10 项工作是没有意义或可以请人代劳的。”

韦尔奇表示，勤奋对于成功是必要的，但它只有在做正确的事与必须亲自操作时才有正面意义。因此，当你在做一件事之前，不妨问一问自己：“这件事有必要让我做吗？是否可以交给下属呢？”如果可以交给下属做，那么对下属是一种无声的信任。比尔·盖茨就深谙这一点。

在微软公司，每个员工都会被信任，他们有充足的空间去施展自己的才华。因为比尔·盖茨在管理上，最独到之处就是充分授权。这在员工看来，是公司对他们最高层次的信任。比尔·盖茨认为，充分信任自己的员工，才能让员工有归属感，这是公司发展壮大必不可少的因素。

某公司有个为人刻薄的女职员，大家都不愿意和她共事，她对大家也没有好感。管理者通过观察发现，她性格内向，不愿意与人合作，于是找她谈话，说相信她是出色的员工。然后，管理者让她负责人事专员的工作，一开始，她显得无所适从，但慢慢地，她开始有些变化，她变得随和起来，处事干脆利落，工作越来越出色。

后来，别人问这位女职员为什么会有这样的转变？女职员说："原本我非常厌恶这家公司，并打算在工作期间找另外的工作，随时准备跳槽离开，但是领导者一番信任的话给了我很大的感触，我决定在工作上证明自己，绝不辜负领导的信任，后来我做到了。"

从这个案例中，我们可以发现：领导者对员工的信任，促使员工改变了自己，使员工在领导的期望下，表现得越来越出色。这就提醒我们，当发现员工表现糟糕，甚至有些讨厌时，领导者不能轻易给员工贴上"不行"的标签，因为那样可能会失去一个优秀的人才。相反，如果领导者对员工表达肯定和信任，把员工放在正确的位置上，员工往往能发挥出自身的潜力，创造出非凡的表现。而且这样的员工往往会对领导者怀有知遇之恩，并对企业忠诚无比。

在沃尔玛，每一个经理人衣服的纽扣上，都有几个特别的字"我们信任我们的员工"。沃尔玛把员工以及最基层的店员视为公司的合伙人，公司十分强调"信任"二字。他们认为，信任可以营造良好的人际关系，可以增强大家的归属感，可以使同事之间达到志同道合的合作境界。

据沃尔玛的高级领导者分析，正是因为公司推崇信任，很多基层员工感觉自己受到了重视，对公司产生了归属感，他们才愿意积极地为公司出谋划策，公司很多良好的创意都是来自于这些最基层的员工。而且，这些创意最终也是在他们的执行下变成了现实，因此，公司没有任何理由不信任他们。可以说，这是沃尔玛从一家小公司发展成世界最大的零售连锁集团的重要秘诀之一。

与沃尔玛相似，在惠普公司，管理者也将信任员工视为最起码的原则。惠普的创始人比尔·惠利和戴维·普克对公司的高层表示："惠普之道的政策和措施都是来自于一种信念，就是相信员工全部都想把工作干好，有所创造。只要为他们提供了适当的环境，他们就能够办到这一点。"惠普尊重和关怀每一名员工，甚至废除了考勤制，这不但是让员工按自己个人的生活需要来调整时间，也表达了对他们的信任。

作为管理者，从这些世界知名的大企业的案例中，可以认识到信任的重要性。信任就像一缕和煦的春风，可以吹散员工心头的阴霾，消除他们心底对公司、对领导者、对同事的芥蒂；信任又像是一抹温暖的阳光，可以让员工充满活力，让员工感受到企业的温暖，从而对企业产生归属感，并以主人翁的姿态对待自己的工作。

4. 优化团队组合，让每个人都能和谐工作

“夫兵，诡道也。专任勇者，则好战生患；专任弱者，则惧心难保。”这句话的意思是，打仗用兵时，如果只用勇敢的人，这些人往往会好战，容易生出祸端；如果只用弱者，这些人往往会胆小怕事、胜利难保。由此说明，用人要注重合理搭配，优化组合，这样才能在总体协调下最大限度地发挥团队的能量，产生良好的组织效应。

任何一个有战斗力的团队、有执行力的组织，更多的是依赖于合理的人才结构。如果人才结构残缺，则会影响团队的运转。即便各个是强者，若不能协调好，就容易产生内耗，而无法产生 1+1>2 的效果。反之，如果人才组合得当，往往会产生几倍甚至无限大的团队战斗力，在这方面有一个典型的案例。

在《三国演义》中，曹操派张辽、李典、乐进三人守合肥。之后曹操派人送了一个木匣到合肥前线，上面写着：“贼来乃发。”当孙权率 10 万大军前来攻打合肥时，张辽、李典、乐进三人打开木匣，里面有一道文书：“若孙权至，张、李二将军出战，乐将军守城。”

面对孙权来犯，张辽坚决执行曹操以攻为守的命令，率先做出行动，表示要和敌人决一死战。李典素来与张辽不和，起初对张辽的建议没有回应，但之后被张辽的行为感动，当即表示愿意听从指挥。

张辽表现出广阔的胸怀和豪爽的气概；李典表现出公而忘私、勇于摒弃前嫌，豪迈直率的性格；乐进是个中间人物，是个老好人，谁也不想得罪，而且有些怯战，所以他坚决守城。就这样，在张辽模范带头下，三人不计前嫌，齐心协力，把孙权军队打得落荒而逃，张辽也由此一战成名。

曹操远在万里之外，为什么要送这个木匣呢？他如此安排，是否脱离实际呢？会不会影响三位将军指挥呢？事实证明：曹操的做法是高明的，他清楚这三人的作战能力、用兵特点、性格修养，也知道他们三人平日有隔阂，料到他们大敌当前，难以做出一致的决策，更无法协同作战。所以，他才会下这样一道命令，目的在于促成张辽、李典、乐进三人性格互补，使他们团结起来，一致对外，达到最大化的整体效应。由此可以看出曹操优化团队组合的高超艺术。

一个团队实力的大小，固然由团队成员的能力决定，但更有赖于团队合理的人才结构。合理的人才结构，不仅可以实现“化零为整”的化学反应，达到众志成城的宏伟景象，更有利于各个成员扬长避短、取长补短，发生质的飞跃，产生一种集体合力。

在现代企业中，需要个人能力强的人才，但这取代不了团队合作的重要性。因此，管理者一定要善于优化团队组合，让每个员工在企业中，都能在适合自己的岗位上工作，同时又能协助同事，与同事保持融洽的合作。这样才能让企业产生凝聚力和战斗力。

俗话说：“金无足赤，人无完人。”在这个世界上，十全十美的人是不存在的，一无是处的人也不存在，企业用人的关键在于让每个人发挥自己的优势，让大家最优化地组合在一起，实现团队效益最大化。

有一个寓言故事说得好：瞎子和瘸子在大森林中迷路，无法走出去。后来，他们商量一番，决定合作。瞎子背着瘸子，在瘸子指路之下，终于走出了森林。这就是优化合作创造的奇迹，如果瞎子和瘸子各自为战，永远都不可能走出森林。

杰克·韦尔奇曾说过：“我的工作是为最优秀的职员提供最广阔的机会，同时最合理地分配资金。传达思想，分配资源，然后让开道路。”管理者要做的，就是分配资源、分配任务、优化团队组合，让合适的人做合适的事，让各个成员相互配合，这样团队的战斗力自然就迸发出来了。

那么，在优化团队组合中，管理者应该从哪些方面下手呢？要考虑什么因素呢？

（1）年龄匹配

一个理想的团队应该有各种不同年龄层的成员，青年人、中年人、老年人都应该有，形成一个金字塔形的人才梯队，大家在年龄的匹配上较为和谐。这样一来，老年人的经验、中年人的理智、年轻人的干劲融合在一起，就能促使团队力量实现最大化。

（2）知识匹配

所谓知识匹配，指的是不同专业知识的人才相互结合、相互合作。现代企业的生产经营，离不开知识和技术，激烈的竞争、技术的不断更新换代，都需要以专业知识为基础，而任何一个人都不可能掌握多门科学技术和技能，因此，需要不同专业的人才通力合作。

（3）能力匹配

所谓能力匹配，指的是一个团队应有不同能力的人。有的人能力大，有的人能力小，有的人可以做决策者，有的人是优秀的组织者，有的人是踏实的执行者，有的人是细心的监督者，有的人是及时的反馈者，有的人是冷静的咨询者等等，总之每个人都有各自的特长，大家组合在一起，“八仙过海，各显其能”，各自展现自己的才能，为企业的发展而努力。

（3）气质匹配

气质是指人的脾气、性格、秉性等，有的人外向，有的人内敛；有的人泼辣，有的人通情达理；有的人沉默寡言，有的人十分健谈；有的人慢条斯理，有的人心急火燎；有的人不修边幅，有的人风度翩翩。不同气质的人，适合担任不同的职位，做不同的工作，比如，风度翩翩者适合做企业的公关人员，健谈者适合搞销售、搞外联工作、组织协调工作等等。如果团队内都是性格急躁的成员，那么大家在一起工作时，就容易发生矛盾冲突；如果团队内都是沉默寡言的成员，那么团队就会死气沉沉，没有轻松的氛围。总之，团队成员的气质要相匹配，才能最大化地释放团队的力量。

5. 妥善处理冲突是提升团队凝聚力的契机

有人存在的地方就会存在分歧、矛盾、冲突，只不过，有些人把矛盾冲突埋藏在心底，不到万不得已的时候不爆发出来，而有的人不愿意忍受、不愿意隐藏，时刻把矛盾冲突表现出来。作为管理者，一定要重视员工之间的矛盾冲突，及时消除员工之间的矛盾隔阂，让大家和谐相处，使团队保持凝聚力。

事实上，公司内部存在矛盾冲突并不可怕，对于员工之间的私人矛盾，只要不影响公司的正常运营，管理者大可不必介入。但是，当员工之间的冲突影响到工作的正常开展，影响团队成员的合作时，管理者就不能坐视不管了。如果管理者遇到这类事情时，依然做一个冷眼旁观者，摆出“事不关己，高高挂起”的姿态，认为多一事不如少一事，那么管理者的个人魅力也会大受影响，管理者的责任感和担当也会备受质疑。在这种情况下，团队很可能由此分裂甚至垮掉，毁于一旦。

一般来说，团队内部出现冲突，其原因有三种：人事斗争、目标差异和利益冲突。事实上，每一种冲突的爆发，都有其积极的一面。比如，当员工因目标差异产生冲突时，代表员工对工作都有自己设定的目标；当员工因利益爆发冲突时，说明员工还愿意在团队内部寻找个人利益，说明员工还愿意留在公司。因此，面对不期而遇的团队内部冲突，管理者大可不必紧张，但一定要认真妥善地处理。

一天，某服装商城结束了一天的经营，员工在对当天的营业额进行盘点时发现账目和产品无法对应。收银员小王直接指责销售员小赵，认为她在销售时疏忽大意，导致品行不端的顾客趁机“偷”走了一条牛仔裤。销售员小赵反唇相讥，认为问题出在收银员那里，是收营员收账时出了差错，才使营业额对不上。

就这样，两人互相指责对方，把过错推到对方身上，最后居然指着对方的鼻子大骂，就差动手了。服装店的老板刚从外面进来，见到小王和小赵在吵架，马上加以劝阻。面对两个情绪激动的员工，店长首先让她们在不同的环境下冷静了5分钟，将她们的不良情绪控制下来。

然后，老板分别和小王、小赵进行了谈话，大概了解了吵架的原因。之后，老板询问负责盘点的助理，基本弄清楚了事实——问题出在销售员小赵身上。于是，老板用较为温和的语气指出了小赵工作上的疏忽，提醒她以后注意。

接着，老板与收银员小王进行了谈话，批评她与同事说话的方式不对，不应该指责同事，要求她正确地看待团队内员工出现的错误，用包容的心态去对待，并希望双方主动和解。在老板的调解下，小王和小赵相互表达了歉意，两人重归于好。

在这个案例中，服装商城的老板采取了正确的方法，妥善地处理了团队内部的冲突。但事实是，并不是每个管理者都能像这位老板一样，把团队内部的冲突处理好。那么，在处理团队冲突时，应注意哪些要点呢？

第一，及时涉入，沟通协调。

当团队内部产生冲突时，管理者有必要在第一时间涉入，及时沟通协调，以免影响员工之间的合作关系。有些管理者发现团队内部冲突时，不及时处理，导致冲突升级，解决难度增大，还会给团队带来消极的风气，这种情况应该坚决避免。

第二，善于询问，认真倾听。

在涉入之后，管理者要做的工作是针对冲突事件询问员工，当员工讲述事件的前因后果时，管理者千万不要打断对方，也不要漫不经心，而应该认真地倾听。认真地倾听对员工而言，是一种理解，是一种支持，也是一种关心。管理者一定要注意做到。

第三，安抚员工，保持冷静。

当冲突发生之后，冲突者一般都存在严重的负面情绪，这个时候管理者不要做出任何行动，也不要干涉，而应该让他们冷静下来，整理好自己的情绪。

第四，容忍冲突，有效化解。

在处理冲突时，管理者最好要给出一个最佳的解决方案。这个方案应该体现出公平、公正，而且对团队和谐是有帮助的。比如，管理者可以对发生冲突的员工说："解决问题比吵架更有意义，我们先把冲突放一边，想个办法，怎么把这个问题解决了。"通过这样引导，有利于转移冲突者不良的情绪，便于解决冲突。

第五，积极跟踪，有效回馈。

如果冲突不是很严重，员工在向管理者倾诉之后，情绪就会平复下来，冲突也可能在员工冷静之后，自然而然地化解。还有一种情况下，管理者处理了冲突，给出了一个化解冲突的办法，比如，让发生冲突的员工相互道歉。但是员工是否相互道歉了呢？这就要求对事件的进展进行跟踪、追踪了。如果双方没有按照协商的结果化解冲突，管理者有必要继续进行协调。

6. 把"家人意识"融入到团队管理中来

人是有感情的动物，需要情感上的交流，希望与家人、朋友、同事们保持和谐、融洽的关系，希望得到别人的关心。员工的这种情感需求如果能在企业获得满足，那么他们就很容易从企业获得归属感，他们就会把企业当成自己的家，尽职尽责地做好"家人"该做的事情，为企业的发展竭尽全力地贡献自己的力量。

蜗牛为什么走到哪里，都会背着一个壳儿？因为壳儿给它带来了归属感和安全感，蜗牛把壳儿视为自己的家。同样，如果你希望员工时刻把企业放在心上，认真地对待工作，那么你就有必要把"家人意识"融入到企业管理中来。

很多人都吃过“老干妈”调味品，但是有多少人知道它的来历呢？其实，这得益于老干妈的创始人陶华碧几十年来的亲情化、家庭式经营和管理。

由于公司地处偏远，交通不便，员工吃饭难、住宿也是个问题，陶华碧决定包揽所有员工的吃住问题。即使公司不断发展，人数达到1300人时，这个规矩依然没有废止。这么庞大的企业，一直实行全员包吃包住，谁敢想？谁又敢做？但是陶华碧不惜花“血本”，始终坚持下来了。

每当过年，贵州就有吃狗肉的习俗，陶华碧考虑到这一点，特地建了一个养狗场，长年累月养着80多条狗，每到冬至和春节就会杀狗，供全公司的员工聚餐食用。

公司员工多达1300人，陶华碧却能叫出他们中60%的人名，并记得他们中很多人的生日。当员工的生日到了时，她会给员工煮一碗长寿面，加两个荷包蛋；当员工结婚时，她必定要当证婚人……

通过这种亲情化、家庭式的感情激励，使得全体员工对她充满感情，大家都叫她“老干妈”，而不是叫她董事长。也正是这份真情，使得每个员工都把自己当成公司的重要一分子，大家都会积极主动地对待工作。很多员工虽然离开了公司，但是还非常想回来。其中，有这样一个例子：

有个男员工离开老干妈公司之后，在别的单位过得不开心，他特别想念“老干妈”，但是不好意思直接说明此意，于是托人转告陶华碧。陶华碧一听就说：“我也一直惦记着他呀！《还珠格格》里的小燕子走了，她的皇阿玛是那么的牵肠挂肚，我也是那样啊！你转告他，也让他转告所有从‘老干妈’出去的人，如果他们在外面干得不如意，都可以回来，当妈妈的哪会嫌儿丑呢？”这番话无不让员工们感动。

很多老板都要求员工把企业当成家，但是又有几个老板像陶华碧那样真心把员工当成家人呢？你让员工把企业当成家，员工就会把企业当家吗？当然不是，如果员工在企业感受不到家的温暖，从领导者身上感受不到家人的关心，他们对企业就不可能有归属感，一个对企业没有归属感的员工，怎么可能把企业当成自己的家呢？

海尔集团首席执行官张瑞敏曾经说过一句话：“要让员工心里有企业，企业就必须时时惦记着员工；要让员工爱企业，企业首先要爱员工。”可见，对员工的工作、生活进行全方位的关照，才能使员工深深感受到企业的真爱，才能让员工心中有企业。

所以，让员工把企业当成家，并不是高喊口号就能实现的，而需要企业领导者真心真意地把员工当成家人，在实际问题上为员工着想，就像父母或家长照顾子女一样照顾员工，这样员工才能在企业感受到家庭的温暖。

美国一家公司在波士顿的港口外的小岛上，举行了一次野餐会。期间，员工们自发地组织了一场足球比赛，在球赛中，公司公关部的女负责人雷切尔·戈登不幸受伤，她的脚踝被踢成3处骨折。公司的女老板特里什马上找来救护艇，第一时间将雷切尔送入医院。

野餐会结束后，特里什又赶往医院探望雷切尔。当时雷切尔的整条大腿都被打上石膏，正准备接受手术治疗。后来医生发现雷切尔的腿上出现了水肿，决定将手术推迟到3个星期之后进行。当特里什得知雷切尔孤身一人，无人照料时，她二话没说，立刻把雷切尔带回自己的家，和自己一起住。

回到家里，特里什和两个子女把家里进行了重新布置，像招待来访的亲友那样接待雷切尔。这让雷切尔十分感动，但是特里什却觉得这是很正常的现象，她对雷切尔说：“我不知道这样做是否明智，但我心里觉得舒坦，因为你需要有人帮助。”

试想一下，如果这样的事情发生在你的公司，会是怎样一种情况呢？你会像特里什那样，把员工当成自己的家人，精心地照顾他吗？

优秀的领导者明白，越是在员工脆弱、需要帮助的时候，越要表达对员工的重视，因为雪中送炭最能温暖人心，也最能激发员工对企业的忠诚，激发员工对企业产生归属感。放眼大千世界，唯有用真心实意的关爱，才能打动员工的心，也唯有如此，才能使员工拥有使命感，进而激发员工的斗志。

事实上，把家人意识融入到企业管理中来并非难事，只要你用对待家人一般的真心对待员工，你就能做得非常好。比如，当员工刚入公司时，你要通过人事部了解员工的姓名、籍贯、生日、兴趣爱好等基本情况。员工上班第一天，你就能准确地叫出对方的名字，这在无形之中，就能拉近与员工的心理距离。

当员工生日时，给员工举办一个充满惊喜的生日晚会，为员工准备一份生日礼物和生日蛋糕，召集全体员工或部门员工，和员工共度别开生面的生日，可以深深打动员工的心。

在平时的工作中，利用空闲时间和员工闲谈家常，在员工乐意的情况下，与员工谈论其经历、家庭、兴趣爱好等等，会让员工感到特别亲切。当员工感受到了关爱，他们肯定会将心比心，好好地对待工作。

7. 以文化凝聚人心，让团队文化融入每个人的血液

有一项针对“影响美国企业最重要的因素”的研究，其结论是：一个特定的企业文化决定了企业绩效。很多企业不断地宣传公司的文化，并将其视为吸引和留住员工的一种手段，而事实上，这种手段是非常有效的，并且重视企业文化的打造和宣传，对提升企业的绩效非常有益。因此，对管理者而言，建立优秀的企业文化，用文化凝聚人心，让文化融入每个员工的血液，是管理中的重要任务之一。

松下电器公司历来重视企业文化的建设，当员工进入公司时，首先要接受的就是公司的文化。公司会对员工进行价值观训练，并且从学徒时期开始，反复向员工传达公司的文化，直到员工退休为止。

松下公司有一个特别的规定：每个月的公司小组会议上，每个工作小组都要选出一名员工做10分钟的报告。报告的内容主要是介绍公司的价值观，介绍公司与社会的关系。在松下公司，有一句话非常流行：“如果你

因诚实犯了一个错误，公司是非常宽容的，公司会把这个错误当做一笔学费来对待，要求你从中吸取教训。但是如果你违背公司的原则，那么你会受到严厉的批评和处罚。”这句话很好地反应了松下公司重视员工的价值观培养。

在松下公司的文化中，人性化的文化处处可见。松下幸之助在创办松下公司时，就设计了“职工拥有住房制度”，该制度规定：当员工35岁时，要让他们有自己的房子。这项惠民政策是松下企业文化的重要内容，为此松下幸之助个人捐赠了2亿日元，设立了“松下董事长颂德福会”基金，用于对员工表达人文关怀。

松下的企业文化中，还有一条“遗族育英制度”，这项制度旨在对意外死亡的员工家属支付年金，保证其子女顺利地接受教育。在这种文化的熏陶下，松下公司的员工以公司为家，对公司充满归属感。

很多企业都注重对新人进行入职培训，所谓的入职培训，除了一些技能的传授，更多的是企业文化的灌输和渗透。有人说，企业这种做法就像是在和员工谈恋爱，目的是让员工认同自己的企业文化、了解公司的价值理念，最终爱上公司，融入团队。

通俗地讲，企业文化的灌输过程，就是文化的洗脑过程。但真正的文化灌输，不能仅体现在入职培训上，也不是把文化写在纸上、挂在墙上。很多公司把企业文化的宣传和灌输视为形式主义，他们讲自己的文化，员工听的效果如何，他们没有去了解。其实，企业文化的传播更应该通过日常的工作潜移默化地影响员工，这样员工才能渐渐接受，从而认同和接受企业文化。

在这方面，世界500强企业做得非常成功，一方面他们的企业文化充满人性的关怀，非常清晰明了。另一方面，他们的企业文化传播方式容易让员工接受，比如，摩托罗拉公司就重视通过“家庭日”活动来传达公司的文化，以影响员工及其家属。

摩托罗拉为提高公司的凝聚力，经常举办“家庭日”活动。所谓“家庭日”，指的是把员工的家属邀请到公司来参加活动。活动内容丰富多彩，活动主题贴近生活。在“家庭日”活动中，既有精彩的节目，还有丰富的奖品。在整个活动过程中，大家始终沉浸在温馨的亲情中，使员工非常受触动。

通过这种方式，摩托罗拉很好地凝聚了人心。当员工试图跳槽时，第一个站出来劝阻的不是公司的领导，而是员工的家人。他们的家人很可能会认为，在摩托罗拉工作是一件引以为荣的事情，劝说自己的家人不要离开摩托罗拉。

另外，摩托罗拉还注重人性化的管理模式。公司专门设立了道德专线，主要作用是为员工提供信息、忠告和建议。当员工遇到疑虑或问题时，可以通过这条专线来求得帮助。道德专线最大的特点是公正，在处理一切问题或疑虑的时候都会非常谨慎。该专线没有设置来电识别功能，目的是让员工更坦诚地表达自己的爱恨情仇，且不用担心招来嫉恨和报复。

摩托罗拉的企业文化充分说明，优秀企业文化有助于增强企业的凝聚力，使大家产生强烈的归属感，从而为公司的发展赢得了强大的民心支持。

当然，优秀的企业文化有一种号召力和威慑力，会散发出一种无形的力量，从而影响员工的言行。当然，它的影响力不是单独发挥功效的，而是与企业制度相配合产生作用的。

身为公司的管理者，想要把有着不同价值理念的员工团结起来，就有必要构建优秀的企业文化，并灌输到员工的思想意识中去，使大家有一个全新的统一的价值理念。与此同时，在企业文化的指导下制定合理的制度，用制度约束员工的不良行为，使大家有统一的行为准则。这样，公司的凝聚力才会强大起来，公司的战斗力也会呈现倍增效应。

第九章 Di Jiu Zhang

会激励、善批评，把庸才变干将

带团队就是带野心、带欲望、带状态；会带人的领导，带出一群“狼”，不会带人的领导，只会带出一群“羊”，不怕狼一样的对手，就怕猪一样的领导。管理者的主要任务是发现人、培养人，并依靠他们去完成任务。企业说到底是人，管理说到底是借力。只有集众人之力、之智慧，企业才会成功。失败的管理者事必躬亲，靠一己之力解决管理问题；成功的领导者能把身边的庸才变成干将，人尽其才、集众人的力量与智慧把企业做强做大。

1. 带队伍的过程就是不断激励员工的过程

每一位领导者都希望拥有一支士气高昂、凝聚力强、战斗力强的队伍。可遗憾的是，很多领导者在带队伍的过程，一味地挥鞭策马，一味地向员工提要求，催促员工更努力地工作，却忽视了员工内在的需求，忘了激励员工。殊不知，这是一个非常严重的失误。

作为领导者，你必须明白一点：不管你管理的是大型的跨国集团，还是小型的企业，抑或是小作坊，不管你是注重企业利润，还是追求社会效益，你都不要忘了一点：员工是人，要吃饭，要养家糊口，他们有物质需求，有精神需求。如果你不重视他们这些方面的需求，你的团队是不可能有战斗力的。

其实说到底，带队伍的过程，就是不断激励员工的过程，如果你把员工激励得一个个斗志昂扬，员工的工作效率就会大大提升，企业的效益也就有了保障。所以，一定要重视激励员工。

激励的方式多种多样，有情感激励、有物质激励、有荣誉激励，还有晋升激励、表扬激励等等，著名的微软公司就非常重视情感激励。

在微软，员工可以带着孩子来上班。这样可以让孩子感受父母的工作环境和个人成就，理解并以父母的工作为荣，而员工能从中得到温暖和激励，这比任何形式的物质奖励更催人奋进。

在微软，当员工生日或结婚时，公司会为他们举办生日或婚礼庆祝会，这充分表达了企业对员工的关心和重视，员工可以从中获得激励。微软公司还特别重视员工的愿望，他们会记录员工的愿望并帮助员工去实现愿望，这对员工也是非常好的激励。

微软公司还邀请员工的父母来公司参观，或给员工的家属寄送礼品，让员工的家属为员工感到骄傲。父母、父子之间的感情是人世间最珍贵的感情，当员工的父母、孩子对员工所在的公司感到满意时，员工自然会更加努力地工作。

与微软公司的激励方式有些不同，著名的海尔集团重视用荣誉激励员工。在他们看来，荣誉是员工对企业贡献的象征，当员工获得某种荣誉时，他们的自信心会明显增强，这会使他们对企业更加充满热情，同时，体会到自我价值所在。因此，满足员工的荣誉感，可以使他们迸发出强大的能量。

海尔的员工的工资也许不是行业最高的，但是他们每个人都有一种自豪感。公司会给员工颁发荣誉证书，会借助荣誉墙和企业年鉴来激励员工。通过记录员工的辉煌成绩，将员工为企业的贡献载入海尔发展的史册，可以很好地激励员工的积极性。

海尔还重视以员工的名字来命名某项事物，这种做法在科学界由来已久，是对贡献者最好的纪念。比如，诺贝尔奖。同样，在企业中，为了纪念员工在某方面作出的贡献，用员工的名字来命名某项事物，对员工也会产生良好的激励效果。

除了情感激励和荣誉激励，在日常的管理中，领导者最常用、最简单有效的激励方式恐怕非表扬莫属了。当员工表现出色时，及时给他口头上的赞扬，而不是等到年末总结时再表扬，可以保护员工的积极性。优秀的领导者都有一双善于发现的眼睛，员工有任何出色的表现，他们都会及时发现和表扬。

也许有人要问了："有什么好表扬的？到底要表扬员工什么？"其实，员工身上值得表扬的未必一定是惊天动地的大事，况且员工干着平凡的工作，也很难有惊天动地的表现。因此，表扬员工要针对一些细微之处，比如，员工主动把地上的废纸捡起来扔进垃圾桶，这个行为就值得表扬。再比如，公司的清洁工把地打扫得很干净，这也值得表扬。在这一点上，有一个经典的案例，值得领导者们深思：

一天晚上，韩国一家企业遭贼了，公司的一位清洁工发现了小偷，并与小偷进行了殊死搏斗，最后保护了公司的财产。事后媒体采访这位清洁工，问他为什么有那么强大的勇气面对小偷。他的回答让人惊讶不已，他说："因为总经理每次经过我身边时，都会夸我地打扫得干净。"

这个案例表明，一些看似微不足道的表扬，可以激发员工的责任感和对企业的归属感。因此，千万不要忽视赞美的力量。

值得注意的是，在赞美员工的同时，也不要忘了批评的重要性。当员工犯错时，领导者如果能够巧妙批评员工，也能对员工产生良好的激励。在这一点上，玫琳凯化妆品公司的创始人玫琳凯就做得很好，她推崇"三明治式"的批评。什么是三明治式的批评呢？它指的是用厚厚的两层表扬，夹着一层薄薄的批评，即先表扬，再批评，最后再表扬。这样员工就不容易产生反感。

玫琳凯在管理中，一直遵守这样的原则：无论批评哪个员工，都必须先找出他身上值得表扬的地方，绝不会只批评不表扬。另外，她还特别强调，批评应对事不能对人。

有一次，玫琳凯手下的一位女秘书在打印文件的时候，总是不注意标点符号，这令玫琳凯很苦恼。一天，她对女秘书说："你今天穿的这身衣服很合身，显示了你的美丽大方。"女秘书听到董事长的表扬，满脸喜悦。

接着，玫琳凯对她说："尤其是这排纽扣点缀得恰到好处。所以我想告诉你的是，文章中的标点符号就如同衣服上的纽扣，注意了它的作用，文章才会更清楚易懂。就像你漂亮的衣服一样"

女秘书听到这里，意识到不注重标点符号是不对的，于是诚恳地接受了批评，改正了缺点。后来，这位女秘书成为了玫琳凯最得力的助手。

最后，我们要强调的是，除了情感激励、荣誉激励、表扬激励之外，企业还必须拿出实实在在的物质性的奖励，用于激励员工。因为在这个物质的年代，空谈感情是无济于事的，只有在薪酬、奖励方面，最大限度地满足员工的需求，才是最根本性的激励。

2. 领导者的欣赏是员工进步的最大动力

我们常说："士为知己者死，女为悦己者容。"其实，这句话出自《战国策·赵策一》，里面有这样一个故事：

战国时期著名的四大刺客之一豫让，最初投奔过范氏和中行氏，但一直默默无闻，难以成名。后来，他跻身于智伯臣下，得到了智伯的充分信任和赏识，主臣关系十分亲密。正当他境遇越来越好时，智伯却不幸在攻打赵襄子时被赵襄子和韩、魏合谋而杀。智伯死后，他们3家瓜分了智伯的国土。豫让虽然逃走，但由于思念智伯对他的知遇之恩，发誓要为智伯报仇，于是他决定行刺赵襄子。

豫让改名换姓，潜入赵襄子后宫，但是行刺失败，被赵襄子抓住了。在受审时，豫让坦白了刺杀赵襄子的原因。赵襄子听后十分感动，决定宽容他一次。然而，被释放后的豫让不甘心，他伤身毁容，不修边幅，目的是不让别人认出自己，以便再次刺杀赵襄子。然而，第二次刺杀又以失败告终。

赵襄子十分不解地问豫让："你也曾侍奉过范、中行氏，为什么智伯灭了他们，你不替他们报仇，反而屈节投靠智伯。而智伯死后，你却如此替他报仇？"

豫让说："范、中行氏只把我当做普通的人看待，我就用普通人的态度报答他们；但是智伯把我当成国士看待，所以我就用国士的态度报答他。"

最后，豫让请求赵襄子把华服脱下来，让他用剑刺下去，以示为智伯报了仇。赵襄子答应了他这个道义上的要求，豫让刺破赵襄子的华服之后，仰天大笑起来，最后他横剑自刎。

哲人詹姆士曾经说过："人类本质中最殷切的要求是渴望被肯定。"同样，美国心理学家马斯洛的需求层级理论也表明，渴望被人肯定是人类的一种高级需求，而赏识的过程正是肯定一个人的表现。豫让屡次冒着生命危险，不惜一切代价为死去的智伯报仇，原因是智伯生前十分信任和欣赏他。由此可见，欣赏可以让人产生巨大的动力，哪怕在死亡面前，也毫不畏惧。

身为企业管理者，一定要认识到赏识对员工的巨大激励性。赏识是一种肯定，是一种关爱，是在发现员工身上的优点之后，给予真诚的认可。没有人不喜欢被赏识，员工得到领导者的赏识之后，往往会充满自信和干劲，从而竭尽全力地为公司作贡献。善于赏识员工是领导者管理智慧的体现，领导者的赏识是员工进步的最大动力，也是员工尽职尽忠为企业奉献的最大动力。

报业大亨默多克曾创办了《澳大利亚人报》，这份报纸被称为"正派的报纸"，为他赢得了很多荣誉。然而，这份报纸连续数十年处于亏损状态，默多克为此十分苦恼。就在他踌躇之际，他发现了马克斯·牛顿。

马克斯·牛顿是何许人也？此人在1969年被指控为日本的间谍，被澳大利亚联邦警察搜查。在被证明是清白的之后，他开办了一份矿业报纸，还买下了一份地方小报，名叫《每日商业和运输新闻》，之后又在墨尔本创办了《星期日观察家报》，开始了报业生涯。

尽管他经营下的《星期日观察家报》取得了不错的成绩，但由于婚姻失败，他变得堕落起来。他开始不务正业，很长一段时间，把自己搞得非常狼狈。很多人认为他的一生就这样毁了，他自己也承认"我的世界末日到了，我一无所有"。

然而，1979年他的命运发生了改变，因为默多克看过他一系列关于政治和经济的分析文章，对他十分赏识，并请他吃饭。当时的默多克，已经是十分有名的大人物。牛顿受宠若惊，简直不敢相信这是真的。

默多克对牛顿说："你现在的政治观点很适合在报纸上做专栏评论。"牛顿的观点是什么呢？他认为只有彻底的自由市场才能使世界变得安全和繁荣。后来，在默多克的重用下，牛顿在经济学方面和《纽约邮报》办报方向性的问题上担当顾问。再后来，牛顿担任《纽约邮报》的首席商业专栏作家。他所写的评论使《纽约邮报》在华尔街获得一席之地，他的专栏文章在默多克的商业帝国内，被多家报纸同时发表。

对于默多克的赏识和重用，牛顿一直都怀着感激之情，他说："是默多克把我从颓废麻木中拯救了出来，我会永远追随我的老板，继续为他效力。"

默多克对牛顿的用人策略是成功的，通过欣赏和重用，他让一个堕落的人才，变成报业一颗璀璨的星星。这就是赏识的魔力所在，他可以彻底改变一个人，哪怕那个人曾经是一个自暴自弃的人。只要你懂得用心赏识他，他就会用自己的行动回报你。

赏识可以让团队成员变得更为积极。在赏识的作用下，员工的自信心与责任心能被有效地激发出来。同时，赏识可以促使员工积极地挖掘自身的潜力，不断激发各种能力，最终成为高效的员工，为企业的发展贡献更大的能量。

赏识可以让落后的员工不断进步。赏识管理提倡鼓励与支持，当员工做错了一些事情时，管理者不是批评他，而是鼓励他，引导他寻找失败的原因，这样可以保护员工的自信心和自尊心，促使他不断超越自我，超越其他同事。

赏识可以使公司内部形成良性的竞争风气。赏识是通过发现员工身上的优点，并且放大优点，可以促使员工与自己过去的表现作比较，不断超越自我，不断改进自我。这样一来，就不容易形成内部恶性竞争，避免产生内耗。

赏识可以得到员工卓越的回报。当一个员工在领导者的赏识下工作时，每获得一些成就，都会因领导者的赏识而放大成就感，最后转化为一种"我要做得更好来回报领导"的动力。在这种情况下，当员工表现不佳时，他们往往会加倍地努力。

3. 让千里马站出队列，成为团队榜样

班杜拉是美国的心理学家，他曾做过一个榜样模仿实验，实验对象是4~6岁的儿童，他们被分成三组，分别观看一个成年男子暴打充气娃娃的影片。不同的是，第一组儿童看到男子暴打充气娃娃之后，获得了奖励；第二组儿童看到男子暴打充气娃娃之后，男子因此受到了严厉的惩罚；第三组儿童看到男子暴打充气娃娃之后，既没有获得奖励，也没有受到惩罚。

接下来，三组儿童被送入同一间游戏室，里面有一个同样的充气娃娃。第一组儿童看到充气娃娃之后，攻击行为最多。第二组儿童看到充气娃娃之后，攻击行为最少；第三组儿童居于中间。

这个心理实验充分说明榜样的力量是巨大的。当榜样人物得到奖励之后，就会激发出更多人以此为榜样进行学习；当榜样人物受到惩罚时，就会促使很多人避免做出榜样人物类似的行为。由此可见，榜样具有代表性、导向性、示范性，对引导团队成员向好的方面转化，对建设团队具有积极的作用。

某公司从1998年7月创办以来，十分重视挖掘公司内部的优秀员工、先进人物、先进事迹。他们重视培养典型，宣传典型，树立典型，对优秀的员工进行立体化的宣传，通过先进事迹发挥典型效应，从而达到“宣传一人、带动一片”的效果。通过对优秀员工的宣传、表彰、示范，在员工中产生了巨大的激励作用。员工可以清楚地知道，公司倡导什么、崇尚什么、追求什么，形成一股学习先进、积极向上的良好氛围。

2007年6月29日，公司发行了一套明信片，明信片上的图案是公司一些优秀员工的肖像。这些员工有的是基层员工，有的是高层领导，他们

因为在工作中表现优秀，被公司聘为形象代言人。每一位形象代言人，都会得到公司不菲的奖金。这件事一出，顿时轰动了全公司，产生了很好的激励作用。

被评为公司的形象代言人的小刘是公司一名普通的司机。他在公司工作了10多年，用车印替代足迹，走遍全国几十个省份，行驶1700万公里，却从来没有偏离过轨道。这是公司形象代言人评委会给他的评语。

在企业中，树立什么样的人做榜样，鼓励什么样的行为，关系到企业的价值理念和企业文化的建设。一般来说，在某些方面有特点、有特长、有杰出表现的员工，才能成为大家学习的榜样。榜样通常可以被视为“千里马”，原因是他们有超强的能力和耐力。因此，树立榜样、宣传榜样，引导大家学习榜样，形象地说，就是让“千里马”站出队列，走到普通员工前面，成为大家进步的带头人。

榜样的力量是无穷的，在员工管理中，好榜样可以使员工有样学样，从而积极地对待工作，最大限度地施展自己的聪明才智。不过，要注意的是，在评判一个榜样时，要有标准，要重视过程，而不能只看表面的行为。就像阿里巴巴创始人马云说的那样：“为过程喝彩，为成果奖励。”

某公司的一个项目组有一段时间工作任务繁重，员工无法完成高额的工作任务，于是员工小李经常在下班之后留在公司加班，认真地编写和检查代码，并多次被总经理看见。

半年后，小李所在的项目组的主管离职了，总经理提拔小李做项目主管，并且给他加了薪。而且总经理在公司会议上说：“小李是个勤奋工作的员工，他经常在下班之后依然加班工作，这种精神值得每一位员工学习。”

此后不久，公司中主动加班的人多了起来。然而，很多人表面上是在加班，但实际上却是在上网玩游戏、聊天、干私活……总之，办公室里“人气”旺了不少，但真像小李一样真心忙工作的人，却没有几个人。

在这个案例中，总经理本意是提拔勤奋工作的小李，同时激励其他员工向小李看齐。但是他的错误在于，他应该奖励小李编写代码这个行为（如果可以，应按小李的劳动成果，给小李相应的奖励），而不是奖励小李加班这个行为。总经理应该强调“小李总是在规定的时间之前，上交代码程序，虽然工作任务很重，但是他总能完成任务”，而不是说“小李每天总是最后一个离开公司”，这样才能让小李真正成为团队的榜样，否则，只会引来加班假象。

为了更好地发挥榜样的作用，在树立榜样时，管理者应注意几点：

（1）从员工中选拔榜样。以身边的人为榜样，更易于其他人了解榜样、认同榜样、学习榜样，这样可以有效地缩小心理距离，增强员工赶超榜样的积极性。

（2）根据员工的长处设立榜样。榜样不是全才，而是在某些方面，有一技之长，比如，销售业绩最好、客户满意度最高等，这些闪光点都可以成为大家学习的标准。

（3）榜样行为不能设置过高。如果榜样的行为需要通过很长时间、很大的精力才能做到，那么要想达到这个目标就遥遥无期，这样对大家就会失去激励作用。

4. 引入“鲶鱼”，让团队“慌”起来

在开篇之前，我们先来看一个企业案例：

有一家企业发展了将近15年，团队成员大部分是当年和老板创业的老员工。由于企业前期获得了高速发展，这些老员工都躺在功劳簿上，安于现状，缺少开拓创新精神。老板意识到这种情况需要改变，于是引进新的人才，但是没过多久，这些新人就被这个氛围影响了，也变得懒散。上班盼着下班，出门跑客户也是走过场，蜻蜓点水，难以取得实效。跑不到客户，拉不到订单，就抱怨市场竞争激烈，抱怨产品质量缺少竞争力等等，而不是考虑自身的原因。

老板急了，为了激发团队的活力，提高员工的工作积极性。他想尽了办法，绞尽了脑汁。他先是提高员工的薪资待遇，提高销售团队的提成比例，之后又实行末位淘汰制。这就是所谓的“一手拿着胡萝卜，一手拿着大棒”，可是效果并不理想。因为很多员工都有功勋元老做后台，想淘汰也淘汰不掉……

很多企业发展到一定程度，都会碰到该案例中所揭示的问题：元老级的员工自恃功高，开始变得安于现状，缺少开拓精神；团队成员稳定，缺少活力和激情。对于这种现状，企业老板该怎么去改变呢？其实，企业只需要几条“鲶鱼”，有了鲶鱼，大家就会产生危机感，就会跟着动起来，团队就会增加活力。再加上“末位淘汰”和“胡萝卜加大棒的策略”，企业就很容易盘活。

什么是“鲶鱼”呢？这里有一个关于鲶鱼的故事，先来看一下：挪威人喜欢吃沙丁鱼，市场上的活沙丁鱼非常抢手，而且价格比死沙丁鱼高很多。可是，渔民捕到沙丁鱼之后，很难将它们活着带回来。因为在途中，大部分沙丁鱼都会因窒息而死亡，但是有一个渔民总能把大部分的沙丁鱼活着带会渔港。他是怎么做的呢？

原来，他在装满沙丁鱼的鱼槽里放进了几条鲶鱼。鲶鱼是食肉鱼，进入鱼槽后，由于环境陌生，它们便四处游动。沙丁鱼见了鲶鱼十分紧张，左冲右突，四处躲避，加速游动。这样一来，沙丁鱼就能活蹦乱跳地回到渔港。这就是著名的“鲶鱼效应”。

鲶鱼效应告诉我们，运用鲶鱼作为激励手段，可以促使沙丁鱼不断游动，以保证沙丁鱼活着。在企业管理中，管理者也可以引进“鲶鱼型人才”，以此改变企业内部，改变企业相对一潭死水、死气沉沉的状况。

无论是传统型的团队，还是自我管理型的团队，一旦时间久了，团队内部成员相互熟悉了，团队就容易缺少活力和新鲜感，于是大家就容易产生厌倦、惰性、倚老卖老。这个时候，如果企业能从外部引入“鲶鱼”，制造一些变动的、不安定的气氛，引起大家紧张，那么团队就会在这种刺激下爆发新的战斗力。在这一方面，日本的本田公司就做得非常出色，值得我们借鉴。

有一次，本田公司的创始人本田宗一郎先生对欧美企业进行考察，发现很多企业都有三种类型的人才组成：一是干才，对企业来说，不可缺少，大概占了两成；二是勤劳的人才，这种人约占六成；三是终日东游西荡，拖公司后腿的蠢材，占两成。

本田先生对照一下自己的公司，觉得自己公司第三种人更多一些。他想让前两种人才增多，让大家更具有敬业精神，想让第三种人减少。但是怎么做呢？如果将他们完全淘汰，一方面会受到工会的制裁，另一方面又会使企业蒙受损失。而且这些人也有能力，只不过他们的工作态度不好，或能力与公司的要求有些差距。因此，完全淘汰他们，显然行不通。

后来，本田先生从鲶鱼效应中受到启发，于是实行了人事改革。首先，他从销售部入手，因为销售部经理的观念与公司的理念差距太远，而且他的思想守旧，严重影响了部属工作。必须引入一条“鲶鱼”，打破销售部气氛沉闷的现状。

经过周密的计划和不断地努力，本田先生选定了松和公司年仅35岁的销售部副经理武太郎。武太郎担任本田公司销售部经理之后，凭借丰富的市场营销经验、过人的学识，还有惊人的毅力和工作热情，很好地带动了整个团队成员。大家的情绪被带动起来，团队活力大增。很快，公司的销售额直线上升，本田公司的产品在欧美市场的知名度也不断提高。

从此，本田公司每年都会从外部引入一些30岁左右、精干的、思维敏捷的人才，有时候还会聘请常务董事一级的“大鲶鱼”。这样一来，公司上下的“沙丁鱼”都会有触电般的感觉，大家都会“慌”起来，于是积极地对待工作，使得本田公司的效益蒸蒸日上。

值得注意的是，企业从外部引进“鲶鱼”，其职位一般不会太低。这种人才就是我们常说的“空降兵”，他们一到公司，就被委以重任，负责某一块具体的业务。尽管他们的到来能让团队紧张起来，但是他们的到来也会在一定程度上阻碍了原成员晋升的机会，有可能扼杀原本就非常努力的员工的激情。因为这些人努力工作、表现突出，也是为了获得晋升，为了更高的职位，为了更大的发展空间，但是当“空降兵”到来时，就容易打击他们的积极性，甚至有可能把他们直接逼走。为了避免这种现象发生，企业领导者最好把眼光从企业外部转移到企业内部，从内部发现“鲶鱼型人才”，这样所产生的激励性更大。

5. 让每一位下属都意识到自己的重要性

在人头攒动的大都市，“跳槽”已经成为司空见惯的现象。许多企业管理者满腹委屈：“为什么给员工提供了不错的薪酬和待遇，还是留不住员工呢?”而离职的员工却抱怨：“在公司不快乐，没有得到应有的重视，没有归属感!”

有一项调查显示，75%以上的员工跳槽并不是因为待遇问题，而是因为在公司不受重视，没有快乐的体验。微软中国公司前总裁、现任上海盛大网络发展有限公司总裁的唐骏曾表示，在中国，人们追求更多的不仅是金钱，还有感觉。因此，企业领导者一定要给员工一种感觉——让他觉得他在公司是很重要的。当员工意识到自己的重要性时，他才会不遗余力地发挥自己的才能，为企业的发展贡献力量。

第二次世界大战后，受经济危机的影响，日本工业非常不景气。有一家食品公司濒临倒闭，为了挽救企业，公司老板决定裁员三分之一。这些被裁的员工主要有三类：一类是清洁工，一类是司机，一类是没有任何技术的仓库管理人员，总数大概30多名。

老板把这些人员找来谈话，当他把裁员的意图说出来时，清洁工代表说：“公司不能裁我们，因为如果没有我们打扫卫生，公司就不可能有整洁有序的环境，大家怎么全身心工作呢?”接着司机代表发言了：“公司也不能裁我们，因为如果没有我们，公司这么多产品怎么及时进入市场呢?”之后，仓库管理人员的代表发言了：“公司也不能裁我们，因为战争刚过去，大家都在饥饿线上挣扎，如果没有我们看守仓库，公司的食品岂不是要被偷光?”

老板顺水推舟，说：“你们说的话都很有道理，公司考虑一下再做决定。”两天后，老板对这些员工说：“公司再三权衡，决定不裁你们了，因为你们对公司很重要，希望你们也时刻记住：你们真的很重要。”之后，老板在厂门口挂起了一张牌匾，上面写着：“我很重要。”

从那以后，每天员工来工厂上班时，都能看到“我很重要”四个字。不管一线员工还是管理层，他们都认识到自己很重要，意识到公司很重视他们，因此工作非常努力。一年后，这家公司的效益越来越好，成为日本有名的食品公司。

在以前那个年代，很多上班族认为，自己就是打工的，他们意识不到自己的重要性。所以，公司的领导者要做的就是唤起他们内心的重要感。在上面的案例中，那位老板做得很对，他通过“假裁员”让一些基层的员工意识到自己的重要性，之后又用一块牌匾让全公司的员工都意识到自己的重要性。当员工有了这种意识之后，他们的工作激情、责任感、归属感就会彻底激发出来，公司效益也随之提高。

身为企业管理者，应该努力让员工认识到自己的重要性。无论员工做什么工作，不管他们处在什么职位上，你都要让他们意识到对于团队的共同目标而言，他们是重要的一份子。当团队取得成绩时，你应该为他们感到骄傲，并给他们相应的奖励，这样他们自然会觉得自己很重要，从而为企业的发展付出更多努力。

随着时代的进步，人们的精神需求越来越强烈，人们工作不仅是为了赚钱，还渴望得到公司的认同和重视。因此，如果你能满足员工这种期望，让每个员工都感到自己的重要性，那么你将极大地激发他们的潜能，使他们变得更加出色，使公司变得更加有竞争力。

1963年，退休后的阿什用5000美元积蓄创办了玫琳·凯化妆品公司。开业时，公司仅有9人，但20年后，阿什将它发展成员工多达5000人、年销售额超过3亿美元的大公司。

阿什成功的秘诀是什么呢？因为她十分重视人际关系，她懂得让每个员工感受到自己的重要性。这与她多年以前的一次经历有关。

多年前，阿什还没有创业。有一次，为了与公司的副总裁握手，她排了3个小时的队伍。当终于轮到她与副总裁握手时，她注意到副总裁的眼睛在瞧接见的队伍有多长。这一举动让阿什感到很伤心。

阿什回忆道："当时我暗自对自己说，假如有朝一日我成为被人们朝觐的人，我一定要把注意力全部集中在站在面前同我握手的人士身上。"后来阿什创办了公司，她总是尽力使每个员工感到自己有多重要。

有人曾问阿什："你是怎么做到让每个人都感到自己很重要的呢？你难道不觉得累吗？"

阿什说："当然，我往往累得精疲力竭，但我从不改变初衷，因为我曾亲身体验被一个对于你来说很重要的人冷遇是什么滋味。把精神集中到你面前的人身上永远是至关重要的。切记，永远不要用你不喜欢被对待的方式对待任何人。"

每个人都是重要的，管理者一定要让员工意识到这一点，要让员工觉得自己很好，这是一件非常重要的事。管理者可以通过以下几点使员工意识到自己的重要性：

（1）聆听员工的意见

当员工表达意见时，你应该尊重他们的想法，认真地聆听，而不是粗鲁地打断。这是对员工人格的侮辱，是对员工自尊心的极大伤害。有这样一个例子：有一家零售公司的老板对手下的经理说："你不可能告诉我那些我都没想过的问题，所以，除非我问你，否则，你什么也不要告诉我，对吗？"

试想一下，如果你是那位经理，当你听到老板那样对你说话，你的自尊心多么受打击，你会多么沮丧？你对工作的积极性也会大大降低。反之，如果老板对你说："谢谢你为公司着想，主动提出这些问题，你的意见很重要，我会认真考虑的。"那么，你一定会感到被认可，在工作上也会充满动力。

（2）大胆授权给员工

当员工被赋予责任时，他往往会觉得自己很重要。不过，如果只赋予员工责任，而不给员工相应的权力，就会摧残员工的自尊心。不知你是否注意到，当一个小女孩被赋予照顾弟弟的责任时，她会多么兴奋。然而，如果小女孩只被要求照顾小弟弟，却不能在弟弟不听话时“教育”弟弟，那么小女孩的积极性就会下降。因此，当你让员工承担某项工作时，一定要给他相应的自主权，让他自由地发挥。

（3）抓住机会赞赏员工

想让员工感到自己很重要，最简单的办法就是抓住一切机会赞赏员工。在这个世界上，还没有人不喜欢被赞赏的，比如，当员工准时上班时，你可以称赞他守时：“你每次都准时来到公司，我真佩服能守时的人。”当你对下属说这些话时，你会发现他以后迟到的次数会越来越少。

6. 没有什么比批评更能抹杀一个人的雄心

1921 年，美国钢铁公司的第一任总裁查尔斯·史考伯年薪高达 100 万美元。钢铁大王卡内基为什么给他如此高薪呢？对此，史考伯表示这主要是因为他擅长与人相处。那么，史考伯与人相处的秘诀是什么呢？

史考伯说：“我认为，我能把员工鼓舞起来的能力，是我拥有的最大资产，而使一个人发挥最大能力的方法，就是赞赏和鼓励！再也没有比上司的批评更能抹杀一个人的雄心了。我从来不批评任何人。我赞成鼓励别人工作，因此我急于称赞，讨厌挑错。如果我喜欢什么的话，就是我诚于嘉许，宽于称道。”

心理学家研究发现，人类本性中最深刻的渴求就是赞美。通过真诚的赞美，可以让人的热情和潜能得以激发。高明的管理者都深谙此道，他们懂得赏识下属、鼓励下属，而不是批评下属。在赞美之下，下属们能保持愉快的心情，工作更加积极，并用更好的工作成果回报你。所以，即使下属犯错了，也不要批评他。

有一次，美国著名的试飞驾驶员鲍勃·胡佛从圣地亚哥表演完后，准备飞回洛杉矶。不幸的是，在返回的途中，飞机侧翼的两个引擎同时出现了故障。万幸的是，胡佛反应灵敏，操控得当，平安降落。虽然没有人员伤亡，但飞机却面目全非。

在紧急降落之后，胡佛首先检查了飞机用油，他感觉似乎是燃油出了问题。果然不出他的所料，那架螺旋桨飞机装的是喷气机用油，这明显是负责保养的机械工的工作失误。回到机场，那位机械工早已紧张得说不出话来，而且一脸的痛苦不堪，眼泪沿着面颊流下来。

然而，胡佛并没有责备机械工，只是伸出双手，拍了拍工人的肩膀，说："为了证明你不会再犯错，我要你明天帮我修复我的F－51飞机。"

相信胡佛的做法足以让那名机械工铭记一生，相信在今后的工作中，他不会再犯类似的错误。如果这样的事情发生在你身上，你会像胡佛那样做吗？还是怒气冲冲地批评和责骂下属呢？然而，你清楚地知道：责备和怒骂已经于事无补，既然下属已经知错，何不给他一个面子，保护他的自尊，不再深究？

在工作中，下属犯错是很常见的事情，错误并不那么可怕，相反，犯错之后，下属会获得成长。因此，英明的管理者应该善于利用下属犯错来鼓励下属，帮助下属获得进步。在这一点上，美国石油大王洛克菲勒为管理者们树立了一个好榜样。

有一次，洛克菲勒的助手贝特福特经营失误，导致公司在南美的投资失败，损失40%。回到公司，贝特福特做好了挨骂的准备，但洛克菲勒却没有骂他，而是拍着他的肩膀说："全靠你处置有方，替我们保全了剩下60%的投资成本，你干得很出色，这已经出乎我们的意料了。"在这种赏识下，贝特福特后来为公司屡创佳绩，成为洛克菲勒石油帝国中的中坚人物。

洛克菲勒的做法是明智的，他懂得从下属的错误中发现下属的成绩，通过赏识而不是批评来保护下属的自信心，激发下属的干劲。这一招非常值得管理者们学习。

全球最大的调研公司盖洛普公司曾花费25年的时间，针对全球100万个普通员工、8万个经理人进行调查，最后总结出他们的管理之道，并写成一本名为《首先，打破一切常规》的书。在书中有这样一段话：

“如果你的上司根本不表扬你，你就不得不靠自己的智慧而生存。如果你天生善于自我激励，那么你就可能在毫无表扬的情况下长期生存。然而，大部分人很快就会感到心累——面对没有表扬的环境，你可能考虑跳槽。”

针对这种现象，盖洛普的专家建议管理者们：如果员工从迟到30分钟变为迟到10分钟，你应该夸奖他。因为肯定员工的进步会让员工有良好的自我感受，促使他更加认真地对待工作。这句建议是典型的赏识激励，对引导员工走向优秀非常有益。

著名的排球教练郎平在美国担任排球教练时，经历过一件让她记忆深刻的事。当时，郎平被一个排球学校邀请去教那些业余的小姑娘学习排球。在郎平看来，那些小姑娘的技术十分糟糕。她对她们要求严格，一丝不苟地指出她们的错误。一段时间后，学员们都很怕郎平，上课的时候特别紧张，教学效果很差。

后来，学校领导邀请郎平去看一个受欢迎的美国排球教练是怎样授课的。虽然这个女教练的水平比不上郎平，但是她的教学效果非常出色。郎平过去一看，彻底震惊了。只见那个教练对学员们说：“亲爱的，你们已经做得很好了，初学者都是这样的，你们已经很了不起了，但是如果手臂再高一点就更完美了。”或者对学员们说：“我从来没见过像你这么有天赋的学员，你只需要加快速度就非常好了……”

试问一下：有谁喜欢被批评、被指出不足呢？你不喜欢，我也不喜欢，任何人都不喜欢。可是，很多管理者对待下属，就像老师对待学生、父母对待孩子一样，整天不停地挑下属的毛病，尽管下属做得够好了，他们依然不满足，丝毫不考虑对下属的打击和伤害。他们不知道，当下属遭受批评时，会感受到很大的压力，更糟糕的是，没有什么比批评更容易伤害一个人的自尊心和打击一个人的自信心了。所以，如果你想成为出色的领导者，成为下属们都希望的领袖，请不要用批评对待下属。

美国著名的广告人大卫·奥格威创立了世界上最大的广告公司之一——奥美广告。他曾经说过："在我所有的工作目标中，这一目标置于首位：竭尽全力使每一个员工在公司的工作生涯成为愉快、幸福的经历。对无能为力的问题，我们的职责就是：改变嘴角的线条。"改变嘴角的线条，用带着微笑的赏识引导下属吧，那样下属会变得更加出色。

7. 别忘了，多数员工需要以薪换心

得人才者得天下，但得到了人才，不意味着能长久地留住人才。说到留人才，我们就不得不提一个字——钱。中国有句俗话说"有钱能使鬼推磨"，尽管这句话有些俏皮，但它却能从某种程度上反映出钱对人们生活的重要性。所以，要想员工帮你创造效益、赚取利润，企业必须拿出真正的诚意，只有用"薪"才有可能换来员工的心。

不要觉得这个观点太过现实，因为社会就是这般现实的。生活需要成本，大到买房、买车、结婚、生子、赡养父母等，小到柴米油盐酱醋茶，日用生活品等，哪一样不需要钱？每个员工上班的首要目的就是赚钱，这种心理相信每个老板都能理解。如果企业无法满足员工较为合理的薪水要求，那么越是优秀的员工离开得越快。

近几年，谷歌的员工频繁跳槽。据新闻报道，google 的员工中，有 80% 的人在跳槽之前都与 facebook（美国的一个社交网络服务网站）接触过，而且其中大部分员工跳槽至 facebook. 原因何在？相当一部分人认为，在谷歌无法获得公司的期权，但是在 facebook 可以获得期权。当然，还有人认为，facebook 的工作环境更有利于发挥自己的才能。由此可见，在跳槽事件中，薪水是首要的问题。

在马斯洛需求层次理论中，物质需求处在最底层。因此，留人首先要

满足员工的薪水要求，其次，才是用心留人，用企业文化留人。如果企业无法满足员工物质方面的要求，即使公司文化再优秀，公司的环境再和谐，也无法留住员工们那颗迫于现实需要、不得不追求物欲的心。

2011年，从东部沿海地区到中西部地区，“用工荒”的现象愈演愈烈，许多企业陷入招工难的困境。然而，红豆集团得益于独特的文化战略和运营战略，以不变应万变，成功绕过了“用工荒”的障碍，继续保持着效益高速增长的发展势头。

红豆集团到底靠什么吸引人才、留住人才呢？对此，我们可以从红豆集团的总裁周海江常说的一句话中找到答案：“要让每一位员工分享到企业发展的成果。”周海江认为，员工是企业发展的根本，只有不断提高员工的收入，员工才会充满干劲，企业才会充满活力。

2010年，红豆集团已经两次上调员工的工资。在同年12月20日，红豆员工又收到公司“涨工资”的信息。在这一年里，红豆集团的员工工资平均涨幅高达49.6%，最高达到64%。而在2011年春节后，红豆管理层多次召开会议，讨论如何进一步提高一线员工的待遇，激发他们的工作积极性。随后，公司下发《关于熟练工年收入超4万元的规定》，文中指出：企业生产一线熟练工（学徒工、辅助工除外）年收入必须达到4万元以上。

在涨薪的同时，红豆集团还给员工股权，这是让员工分享企业发展成果的又一举措。目前，公司有600多名员工拥有集团的股权，这在全国民营企业中实属罕见，这一举措进一步激发了员工的干劲，增强了员工的归属感。

薪水是基础，当企业给予员工的薪水能够保障员工生活之后，再营造归属感，双管齐下，才能收服人心。在上面的案例中，我们看到了红豆集团在赢得员工之心方面表现出的诚意。在这种诚意的感化下，员工怎么会不卖力地工作呢？

与红豆集团的做法相同，美国著名的软件分析公司Sas公司，也十分重视提高员工的薪水。这种举措使得公司的人才流失率保持在4%的水平。要知道，这在软件市场劳动力紧缺的情况下，在同行企业人才平均流动率高达20%的行业背景下，4%的人才流动率称得上是个奇迹。

有人问Sas公司的员工："为什么公司的人员流动率那么低?"员工是这样回答的："我们在这里享受到了独特的奖金，在工作中，公司为我们提供了先进的设备；在承担的项目中，我们可以享受很多有吸引力的奖金政策；在与同事共事时，大家相互配合，相处愉快……"

靠着物质奖励和精神奖励，Sas公司在人才的积极付出下，保持高速发展。Sas公司的总裁表示，员工们的积极性很高，大家都有自主的工作意识，甚至很多员工还有忘我的工作精神，这让公司十分欣慰。

诚然，没有一家公司是完美无缺的，但是公司若想留住人才，必须摸清员工的想法，知道员工最需要什么。在这个物质生活成本居高不下的时代，员工最大的渴望莫过于多赚一些钱，让自己和家人过上好的生活。因此，企业最应该做的，就是想法设法地满足员工的薪水要求，用"薪"换员工的"心"。

要记住一句话：重赏之下，必有勇夫。如今，领导者带领团队，发展企业，与当年将领带领士兵攻城拔寨，其实本质上是一个道理，那就是要学会激励人，才能得到人才的辅佐，团队才能打下江山。如果你舍不得下本钱留人才，企业就不可能有美好的未来。

第十章 Di Shi Zhang

只有把权力放出去，你才是真正的权力拥有者

有一句话说得很好："紧攥着拳头里面什么也没有，张开双手你才能拥有全世界。"把这句话用到企业管理者授权上，再恰当不过了：当一个管理者紧攥着权力不肯放手时，他不是权力的拥有者，而是权力的奴隶。只有当他把权力授予下属，让下属有空间释放自己的能力时，管理者才是真正的权力拥有者。要知道，权力不是用来控制人的，而是用来激励人做事的，所以，学会授权才是管理者最应该做的事情。

1. 管理者不能事必躬亲，必须要有所为，有所不为

在很多企业中，尤其是中小企业，由于刚刚起步，为了节约用人成本，很多事情领导者都会亲自去做，一人多能，一人多职的现象十分常见。随着公司慢慢发展壮大，有些事情不需要他们去做了，但是他们已经养成了事必躬亲的习惯，觉得谁做事都不放心。结果，因为需要做的事情太多了，领导者往往迷失在繁杂的事务里，效率低下。

其实，真正做大事者应该“有所为，有所不为”。面对企业管理的众多繁杂的事务，应该清醒地认识到：哪些该“为”，哪些该“不为”。对于那些应该自己做的事情，努力去做好，对于那些不应该自己做的事情，授权给他人去做。这样，领导者才能真正从繁杂的管理中解放出来。

在中国历史上，有个“吴牛问喘”的故事，大意是这样的：

西汉时期，有个名叫丙吉的宰相去吴国巡视，在路上，他遇见一群乡民打架，有个乡民被打死了。对此，他竟然不予理睬，催促随从快点赶路。

走到不远处，丙吉看见一头牛在路边不停地大口喘气，于是立即叫人停下来，向当地百姓调查这头牛为何会大口喘气。

丙吉的举动让随从们十分不解，于是随从问丙吉：“为什么人命关天的大事你不去理会，却如此关心一头牛的性命呢？”

丙吉说：“路上打架杀人之事自有地方官吏去管，如果我去过问，就是越俎代庖；而在温度不高的天气，牛大口喘气可能是瘟疫的前兆，这关系到民生疾苦，这些问题地方官员一般不会注意，我作为宰相，肯定要调查清楚。”

“吴牛问喘”的故事启示我们：身为管理者，一定要明确自己的角色定位。不是什么事情都必须管，你要做的就是管好该管的事情。至于那些不该你管的事情，尽量放权让员工去管。故事中，丙吉不去过问路人打架杀人事

件并非这件事不重要，而是因为这件事已被授权给地方官处理，因此，如果他去管，就有干预下属工作、越权之嫌，同时也为自己增添了额外的麻烦。

领导者要“有所为，有所不为”，这句话说起来容易，做起来却很难。因为不论“为”还是“不为”，始终都是围绕着利益和权力在打转，关键看领导者能否跳出利益与权力这个层面，以更高远的眼光、更宽广的胸怀、更深邃的思想来面对工作中的问题。哪些事情要“有所为”？哪些事情要“有所不为”？说到底，这其实是一个集权与分权的关系问题。

优秀的领导者往往把主要的精力放在“做决策”和“用人”上，他们认为做好了这两项工作，就能全盘性地把握大局，至于那些具体性的事务，他们不会牵扯太多的精力，而是大胆地交给下属去办。在“有为”与“无为”中把领导与下属拧成一股绳，实现最大合力。

有一位企业家管理方式很简单，他只过问3件事：财务状况、产品质量、市场反馈。他认为这3件事关系到企业的命脉，把关好这三方面的事务，公司就能稳步地发展下去。也正是因为他敢于放手那些小事，他才有时间悠闲地旅游和打球。

这位企业家的做法是高明的，他没有被纷繁的企业管理事务和市场乱象所迷惑，而是抓住了经营的几个关键点，尔后把更多的时间放在关乎企业生死存亡的大事上。这样他才能跳出企业这个庞杂的“局”，用乐观、冷静、理智的思维去思考企业的未来。

美国投资大师乔治·索罗斯就是这么做的，他对部下采取“放任”的态度，把公司的很多事情都交给员工去打理。他鼓励员工“先斩后奏”，经常对员工说：“很多事情你们自己拿主意就好，不用事前向我请示，如果每件事情都向我汇报会错失掉很多时机。”索罗斯为什么大胆放权给员工呢？其实，这与一件事情有很大关系。

有一次，索罗斯从国外出差回到办公室，还没坐下来，秘书就抱着一大叠文件过来让他签字。这些文件都是他出差的日子里积下来的，索罗斯翻看了文件之后，发现里面有几个文件还非常重要。索罗斯非常生气地质问道：“部门的经理都在忙什么，这些文件为什么不让他们签，你知道耽误的几天浪费掉多少机会吗？”

秘书一脸委屈地答道：“这都是你自己定下的制度，每份重要文件都必须交给你亲自过目。”

索罗斯听后，马上想起他曾经在一次会议上说过这句话，顿时觉得自己真是搬起石头砸自己的脚。于是他立即召开部门经理会议，向大家宣布了一个重要决定：“除非碰到你们没有办法解决的问题，否则不要耽误我打球的时间。”

从此，秘书再也没有抱着成堆的文件来找索罗斯签过字。

有时候，索罗斯会自我解嘲道：“这帮家伙都把我晾在一边，不再理我了。”正因为索罗斯懂得有所为，有所不为，懂得下放权力，他才能有更多的时间去思考公司战略层面上的问题。

当然，下放权力给员工并不意味着管理者对员工的工作进展不闻不问，任由员工“胡作非为”，而是让员工主动承担起属于自己的责任。管理者只有做到了这点，员工才能有机会获得成长，也才能让自己告别“穷忙”一族，更好地去思考和把握企业发展的大局。

2. 领导的任务不是替下属做事

孔子在《论语》中讲：“在其位，谋其政；不在其位，不谋其政。”指的是不去做不该做的事，这样才有时间和精力去做该做的事。可是很多管理者不明白这个道理，他们以为做得多就等于效率高，总习惯于“一肩挑”，把下属该做的事情也做了，以为这样能赢得下属的敬佩。如果真是这样，领导者要下属干什么？那还不如他一个人单干。

王强是某公司的企划部总监，每当他和朋友谈及近况时，他就会说：“最近忙死了，公司有新品上市的企划，我要做产品定位、广告创意、软文写作、上市活动设计、物料制作等等一大堆的事儿，我还要巡视市场、拟定促销方案、媒体购买和执行促销活动……”

朋友们感到奇怪，就问：“你是部门的领导，你手下还有一帮人呢？他们干什么去了？怎么都由你来干呢？”

“他们？别提了，他们有他们的事做，况且这些事他们也做不了……”

事实真是这样吗？当然不是，现在我们就来看一看，当王强忙碌时，他的下属们都在做什么。

当王强坐在电脑前面苦思冥想几个小时，只为写一个企划案时，他的下属们已经浏览了很多网页，然后在互联网上看了一场长达两个小时的NBA直播；当王强为了制定一份新的市场管理制度，把头皮都抓破了时，他的下属们已经聊完了国内明星的花边新闻，开始将话题转移到科比的风流韵事上了；当王强为了一份印刷品、几样物料、一则报纸广告，多次往返于公司与印刷厂、广告公司、报社之间时，他的下属们正在办公室吹着空调，吃着零食，天南海北地神侃瞎聊。

为什么王强不将手头的工作分一部分给下属做呢？他完全可以安排下属做市场调研，安排下属负责软文写作，安排下属拟定促销方案。难道他担心下属做不好？如果他的下属连这些技术含量较低的工作都无法胜任，那当初公司又为什么经过层层删选，将这些人招聘进他的部门呢？

请不要笑话王强，因为很多管理者和王强有类似的表现——上班比谁都早，下班比谁都晚，做的事比谁都多。整天忙得晕头转向，而他们的下属却闲得没事可做，只好通过上网、游戏、看新闻、聊天来打发时间。管理者为什么有那么多事情要做呢？因为很多原本不属于他们的事情，都被他包揽下来了。说得更明白一点，他们在做自己应该做的管理工作的同时，还在任劳任怨地替下属做事，“敬业”精神可见一斑。

可是你想过没有？公司给领导者招聘助手和下属，原本是想减轻领导者的工作压力，让他们从繁琐的事务中抽身出来。但是令人想不通的是，有些领导者偏偏不领情，偏要替下属做事，好像只有这样才能在下属面前显示自己的才能。那么，领导者到底为什么会替下属做事呢？细细分析一下，有这样几个原因：

（1）担心下属的能力太差，不信任下属

就像父母永远不放心孩子一样，有些领导者永远都不放心下属，他们对下属没有信心，害怕交给下属任务，下属无法胜任。因此，很多事情他们能做就替下属做了。可能你会问："为什么他们不教一教下属呢?" 因为他们会想：与其教下属去做事，不如我亲自动手，省得费时费力。

比尔·翁肯是美国著名的管理顾问，他曾提出过一个十分有趣的理论——背上的猴子。在这个理论中，"猴子" 指的是每个员工应负的职责。管理者要做的就是给下属分配职责，组织他们完成自己的职责。可是很多管理者却把下属的"猴子"背到自己身上，亲自为下属承担职责，结果累坏了管理者，下属也没有得到锻炼和成长，继而他们失去主动性和独立性。管理者替下属背猴子的做法是不可取的，因为这样会打击下属的工作热情，最后导致有才能的下属流失，剩下的是一群懒散的庸才。

（2）担心下属的能力太强，害怕被比下去

有些管理者见下属能力比自己强，处处提防着下属，遇到有挑战性的工作时，他们会亲自攻克，生怕给了下属，被下属攻克下来之后，会让自己显得逊色。在工作中，他们抢着和那些比自己优秀的下属比拼能耐，为的就是表现得比下属强。这就很容易导致下属没有机会去做他们本该做的事情，因此，很容易打击下属的积极性。

（3）技术骨干成了管理者

这种情况在很多企业普遍存在，比如，某个销售员业绩突出，公司提拔他为销售经理。做了销售经理，意味着要管理整个销售团队，可是他并不是管理方面的人才，他只是优秀的执行者。因此，一旦公司有了销售任务，他就会一马当先，这也会出现"替下属做事" 的现象。

管理者并不同于普通员工，管理者通常是战略任务的制定者、任务的下达者、工作进展的监督者，而不是具体事务的执行者，因为普通员工才是最坚实有力的执行者。如果管理者"闲"不住，把原本应该由员工做的事情做了，那他并不是一个值得称颂的领导者。相反，他是一个拙劣的领导者，因为领导者的任务不是替下属做事，而是让下属服从自己的命令，替整个团队和公司做事。所以，领导者一定要明确自己的职责，千万不要越俎代庖。

徐先生是做设计出身的，后来他开了一家装饰公司。曾经有一段时间，他每天白天出门见客户，晚上在办公室给客户画装修的图纸。累了就趴在办公桌上睡觉，饿了就吃点饼干或泡一袋方便面。后来，他招来几个专门从事设计的员工，但是他忙碌的状况并没有得到改善。

上班的时候，徐先生和往常一样拼命地工作，下班后他和往常一样拼命地加班。但是他的员工上班却偷偷地聊QQ，玩“反恐”、“魔兽”等网络游戏，下班了，他们一个比一个跑得快。为什么会这样呢？因为活儿都被徐老板抢去做了。

有一天，徐先生终于发现了自己的问题，他痛下决心，将以前不放心交给员工的工作交给员工，把主要的精力用在市场开拓上。再后来，徐先生轻松了很多，与员工的感情也融洽很多，公司的业绩稳步攀升。

作为一个管理者，你再也不能事无巨细地操心、担心和不放心了，你应该大胆地把工作交给员工，让他们承担应有的责任，让他们忙碌起来，这样他们的能力才能得到提升，他们才能为公司的发展贡献自己的力量。只有这样，他们的存在才是有价值的。

3. 权力下放，给下属以施展的空间

在企业中，领导者不可能事事亲力亲为，毕竟一个人的时间、精力、知识和能力是有限的。如果领导者想让工作更加富有成效，就要善于下放权力，给下属施展才华的空间，激发出员工无限的潜力。

沃尔玛创始人山姆·沃尔顿曾经说过：“一名优秀的经理，最重要的一点就是懂得授权和放权。”他认为在管理中，领导者必须分清哪些是战略性的工作，哪些是战术性的工作，哪些工作应该自己做，哪些工作应该让下属去完成。这样才能满足员工自我成长、获得成就的心理需求，同时为企业的发展增添动力。

有一位著名的企业家在演讲时，被众人问到有关事业成功的秘诀。企业家没有直接回答，只见他拿起一只粉笔，在黑板上画了一个留有缺口的圈。然后他指着这个圈问大家：“请问这是什么？”

有人说是“零”，有人说是“圆”，有人说是“圈”，有人说是“未完成的事业”，听众们七嘴八舌，众说纷纭。

企业家没有评判大家的答案，他说：“其实，这是一个未画完的句号。你们问我成功的秘诀是什么，其实很简单，我不会把事情做圆满，就像画一个句号，我肯定会留一个缺口，让我的下属去填满，以保证下属有施展能力的空间。”

不把事情做满，而是留下一个缺口，让下属去完成任务。这样至少有两点好处：第一，权力下放给下属，下属有了展现个人能力的机会；第二，在下属的付出下，事情圆满完成，他们会收获一种成就感。如果这个时候领导者足够有智慧，抓住机会表扬下属，把功劳归于下属，对下属无疑是一种很好的激励。

如果领导者总是把事情做满、做好，把什么事情都包揽了，这样的领导者充其量是一个将才，而非帅才。那些懂得将权力下放给员工，自己稳当坐镇、运筹帷幄、指点江山的领导者，才是真正的帅才，才是杰出的领袖。这样的领导者才能引爆员工的无限潜能，带企业实现飞跃性的发展。

詹森维尔公司创立于1985年，是一家典型的美国式家族企业，创业之初资金有限，规模很小，但是发展速度却相当惊人。那么，詹森维尔公司发展的秘诀是什么呢？其实，就在于公司实行了权力下放的政策。

举个例子，通常来说公司的财务预算都由财务主管、财务人员来制定，但是詹森维尔公司却把制订预算的任务交给现场的工作人员。由于现场工作人员对实际情况更为了解，因此，他们的预算计划最切合实际。而且一段时间后，现场的工作人员学会了预算，财务人员只负责把关就行了。这样既大大提高了财务人员的工作效率，又充分调动了现场员工的工作热情。就这样，在自行制订的预算指导下，当生产线上需要增添新设备时，他们会写一份报告并附上一份自己完成的现金流的分析文件，向财务主管证明添置设备的必要性和可行性。

自从实行权力下放以来，詹森维尔公司的经营形式一片大好，公司每年的销售额都保持15%的增长速度。这远远超出了公司创始人创办公司时的预期，后来公司的创始人塞塔尔深有体会地说：“如果不是权力下放，公司不会有今天的成绩。一把抓的控制方式是一种错误做法，最好的控制来自人们的自制。”

哈佛商学院的大学教授迈克尔·波特曾表示：“领导者唯有授权，才能让自己和团队获得提升。”当你意识到下属有能力完成某项工作时，就应该赋予他们充分的自由和权力，而不是牵制他们的行动。这样才能充分调动他们的积极性、主动性及创造性，下属也才有机会大展身手，而不会因空间狭小、领导的不支持不信任而束手束脚。

事实上，下放权力可以使员工从被动的执行者变成具有判断、创新能力的人才，这样可以激发他们的潜能，使他们发挥高效的执行力。所以说，下放权力不仅是权力的赋予，也是让员工不断学习和成长的必要途径。再者，下放权力可以表达对下属的信任，可以使下属感到领导对他们的尊重和重视，有助于建立相互信赖的上下级关系。

有一年，李嘉诚去汕头大学出席学校的董事会，汽车行驶在途中他突然接到公司一位经理的电话，说有一笔10亿的生意等着李嘉诚签字。李嘉诚说：“我不签字，你自己看着办吧，能做就做，不能做就算了。”说完就把电话挂断了。

这个经理当时愣住了，他以为听错了，于是再次打电话给李嘉诚确认，这才得知原来没有听错。李嘉诚这种充分下放权力的做法，让员工感受到无比的信任，他们对李嘉诚十分敬佩。因此，员工们一个个干劲十足，充分施展自己的能力为企业谋发展。

管理界的权威人物史蒂芬·柯维说过这样一句话：“有效授权也许是唯一且最有力的杠杆作用行为。”李嘉诚对这句话十分推崇，他认为这句话道出了管理的精髓，并将其奉为管理的宝典。在几十年的经商生涯中，正是因为李嘉诚懂得下放权力，给属下发挥的空间，激发他们的斗志和激情，他才能将庞大的企业集团管理得井然有序，他才能把更多的时间花在思考企业发展方向上。

美国环美家具跨国集团的总裁莫若愚老先生也是如此，他在近40年来的经商生涯中，没有亲手签过一张支票，因为他推崇充分授权。他曾经幽默地说：“具体的事情，如果我做错了，连骂都没得骂，而让别人去做，我还可以保持骂的权力。”由此可见，下放权力是领导者管理好企业、激发员工潜力、推动企业发展的不二法门。

4. 把握原则，使交办的工作有章可循

在管理中，有一种情况十分常见：你把下属找来，交给他一项任务。交代之后，你忙其他的事情。接到任务之后，下属认为你交代的工作不那么着急，于是把你的工作放在一边，忙他手头着急的工作。一个星期过去了，你突然想到交代给下属的事情，于是问下属要结果，但下属却说："我还没做好呢！"你火冒三丈，批评下属做事没效率，下属委屈地说："你又没说多久完成任务？我怎么知道你什么时候要结果？"顿时你哑口无言……

你碰到过类似的事情吗？在交办工作时，你会对下属说什么呢？为什么有些领导者交办工作给下属，下属三五分钟就能完成，而有些领导者交办工作给下属，下属拖一个星期甚至半个月？其实，交办工作是有学问的、需要讲原则的。

一般来说，交办工作需要注意以下几个原则：

（1）具体原则

所谓具体原则，是指你在交办工作给下属时，要清楚地告诉下属：具体要做什么事情？千万不要泛泛地交代，让下属摸不着头脑，不知道你想让他做什么。

具体原则还包括，这项工作多久完成，达到怎样的效果。很多领导者只是把工作交给下属，却不说明具体什么时间完成，导致下属认为：领导交办的这件事不着急，我先放一放。这样一来，下属就可能拖着不执行，等你需要结果时，得到的却是失望。要想改变这种状况，你要做的就是，向下属讲明时间："这件事交给你去办，明天上班之前给我结果。"这样一来，下属还敢拖着不执行吗？

（2）适当原则

所谓适当原则，指的是交办给下属的工作量、工作难度要适当，工作

量太小、难度太小，无法激发下属的积极性，不利于下属尽职尽责地完成；工作量太大、难度太小，超出了下属胜任的范围，下属就无法取得令你满意的结果。因此，在交办工作时，你要考虑到下属的工作能力、忙碌程度等因素，交办给下属适当的工作任务。

（3）信任原则

在交办工作时，对下属表达信任是很有必要的。千万不要一边对下属说："这件事拜托给你了，一定要做好。"一边却对下属说："做不好也没关系。"当然，信任原则还指在下属执行的过程中，管理者不应该随意干预下属。所谓"用人不疑，疑人不用"，一旦你把某项工作交办给下属，就要信任他，如果你不信任他，最好不要把工作交给他。

有些领导者为了表达对下属的信任，在交办工作时这样说："这项工作就全拜托你了，一切都由你做主，不必向我请示……"表面上看，这是领导者对下属的充分信任，但实际上这种做法是不可取的，因为一切都由下属做主，而且不必向你请示，很容易导致下属执行偏离你的预想，导致执行出现偏差。当然，工作交办下去之后，也不能大事小事都干预，大事过问一下，小事让下属做主，这才是明智之举。

（4）汇报原则

所谓汇报原则，指的是下属在执行任务的过程中，有必要适当地向领导汇报任务的阶段性进展情况。当然，这通常指的是系统性、较大的工作任务。如果是一些具体性的小事，下属没必要向领导汇报，直接给领导工作结果就行了。

很多领导者把任务交给下属后，就任由下属去"折腾"，而不要求下属汇报。等到出了问题，他们要么冲着下属发火，要么捶胸顿足暗自懊恼。

某公司实施一项投资计划，董事长把财务预算的任务交给财务总监并让他负责这项投资计划。过了一段时间后，董事长得知财务总监预算的投资数额严重超出他的期望，而且这项计划已经半路夭折了，他找到财务总监，对其吼道："为什么你没有向我汇报财务预算的情况？为什么我不知道这项计划的进展情况？为什么把我蒙在鼓里？"

你不要求下属汇报，你不主动和下属针对交办的工作进展进行沟通，下属就可能在执行中出现问题。所以，不要等到出了问题，才痛斥下属的不汇报，而要在交办工作的一开始，就明确告诉下属："及时向我汇报情况，最好两天一个汇报。"值得注意的是，在倾听下属的汇报时，要避免下属报喜不报忧，怎样避免呢？那就是下一原则要讲到的。

(5) 监督原则

依靠下属的汇报来了解交办的工作的进展，这是领导者被动监督下属的表现，高明的管理者不只是被动监督下属，他们往往会主动去了解下属的工作进展。他们从来不会把工作交办给下属之后，就做起"甩手掌柜"。不管他们对下属多么信任，在一些关键问题上，他们一定会亲自过问。这种把关和监督是非常重要的。IBM 前总裁郭士纳说过："员工不会做你希望的，只会做你监督和检查的。"这句话道出了监督的必要性——检查和监督是促使下属工作落实到位的关键一环。

(6) 带责原则

带责原则是指交办给下属一项任务，同时让下属对这项任务负责，也叫授权授责。领导者若能明确地将权与责同时授与下属，不仅可以促使下属尽职尽责地对待工作，还可以避免下属有权不负责或滥用权力的情况。在交办工作时，领导者应该向下属交代清楚权限范围，这样便于下属正确行使职权，更好地完成任务。

总之，如果你想让交办的工作有章可循地推行下去，让下属坚决彻底地贯彻执行，你就有必要在交办工作时把握以上的 6 条原则。

5. 根据下属的特长进行授权

对 NBA 有一定了解的人，想必对公牛队的"大虫"丹尼斯·罗德曼不会陌生。罗德曼是一名怎样的球员呢？此人满头红发，经常穿奇装异服，很多人看他不顺眼，但是在教练眼里，他却是一个有着无人能比的天赋的防守型球员。

罗德曼加盟到公牛队的第一天，教练就郑重地告诉他："在这里，你唯一要做的只有一件事情。"罗德曼问教练："什么事？"教练说："你每一场比赛，必须抢下15个篮板球。只要你能抓下15个篮板球就可以了，至于你能得几分，哪怕得零分，都没有关系。但你要记住，抓篮板球才是你最应该做的事情。"就这样，罗德曼在公牛队的体系中，锻炼成著名的"篮板王"。

为什么教练把抓篮板球任务交给罗德曼呢？因为他了解罗德曼，知道他有抓篮板球方面的天赋和特长。我们都知道，当篮球装上篮筐再弹回来时，很多个子高的球员一伸手就能抓到篮板。但罗德曼的身高并不突出，他是怎样抢篮板的呢？

原来，当篮球弹起来时，他通常跳起来用手挑一下篮球，然后再跳起来把球抓住。通常来说，人只有在膝盖弯曲的时候才能跳起来，但罗德曼居然能够在不弯曲膝盖的情况下连续起跳。因此，当球第二次下落时，个子高的球员正在屈膝准备起跳，但他已经"蹭"地跳起来，把篮球抓在手里了。

当年的公牛队不缺少得分手，因为乔丹就是最伟大的得分手。因此，在防守方面罗德曼起到了很大的作用，抢篮板是罗德曼的特长，是他的优势，是他了不起的地方，而英明的教练将这项任务交给他，可以说是让对的人做对的事。所以，公牛队当年才能缔造3连冠。

其实，领导一个团队、管理一个企业，和带领一个球队的道理一样，领导者就像球队的教练，一定要学会正确地用人，把相应的工作授予给对的人。如果你能把每一个员工都安排在正确的位置上，让每个员工做他擅长的事情，那么每一个员工都能发挥出最大的价值，团队的战斗力就会无比强大。

每个员工都有自己的特长，作为领导者，对待员工不能求全责备，而应该根据他们的特长进行授权，这样才能让他们做自己擅长的事情，他们的能力才能更好地发挥。在这方面，刘邦就做得非常好。

刘邦的成功与三个重要的下属有直接的关系，他们分别是韩信、萧何、张良。对于这3位下属，刘邦做到了用其所长，根据他们的特长进行授权。

在长期的征战中，刘邦渐渐发现韩信是带兵打仗的料，在用兵方面，堪称一绝，于是他果断地把兵权交给了韩信。

刘邦发现萧何心思缜密，为人处事谨慎小心，于是把粮草等后备物资的筹划、运输工作交给萧何，让他保障前线士兵的粮食供给，为前线提供物资支援。

刘邦发现张良足智多谋，称得上是运筹帷幄的高手，于是把出谋划策的重任交给了张良，让他做自己帐下的第一谋士。

刘邦的用人之道告诉我们：要善于发现下属的特长，并针对他们的特长进行授权和安排任务，这样才能把它们的优势充分利用起来，为实现企业的大目标所用。当下属的特长得到了发挥，他们的自信心、积极性、创造性都会得到有效的激发，这样下属就会变得越来越优秀。

那么，怎样才能发现人才的特长呢？这就需要领导者实现对人才的相关信息进行了解，比如，了解他们的教育知识背景、兴趣爱好、专业特长、工作经历等。只有用心地去了解，才能发现人才的闪光点，才能避免授权给错误的人。

1981 年底，已经成为 PC 机操作系统领域“霸主”的微软公司决定进军应用软件领域。当时比尔·盖茨雄心勃勃，坚定地认为微软公司不仅能开发软件，还能成为具有零售营销能力的公司。他的想法非常好，但却在行动中碰到了难题。因为虽然微软公司有很多软件设计方面的人才，可是在市场营销方面却人才匮乏，这直接导致微软迟迟无法进入零售市场。

这个时候，比尔·盖茨意识到必须找到营销方面的高手来帮忙，经过四处打听，最终他将目光锁定到罗兰德·汉森身上，此人是“肥皂大王”尼多格拉公司的营销副总裁。因为汉森具有丰富的市场营销知识和经验，于是他把汉森引入微软。

当时微软的高层主管对盖茨的做法很不放心，因为汉森虽然是营销专家，但是对软件一窍不通。而盖茨认为，汉森虽然不懂软件，但是在公司广告、公关、产品服务以及产品的宣传与推销方面，能起到十分重要的作用。

汉森进入微软之后，在营销方面得到了盖茨的大力授权，他也因此给那些只懂得软件、不懂市场的微软精英们上了一堂统一商标的课。在汉森的强烈建议下，微软公司所有的产品都要以“微软”为商标出现，不论是哪种类型的产品，都要打出微软的品牌。不久，微软在美国、欧洲乃至全世界被世人熟知，微软的产品也迅速被人接受，其市场占有率也迅速得以提升。

员工擅长做什么事情，你就把他擅长的工作方面的权力授予他，让他自主地完成相关的任务。这种做法是管理者在授权时必须重视的问题。

授权给有相关特长的员工，其实在某种程度上来看，也是授权给相关的专业性人员。比尔·盖茨之所以把营销方面的权力授权给汉森，是因为汉森是一位营销专家。同样的道理，在你的企业和团队中，也有一些人才是某方面的专才，如果你能发现他们的专业优势，并大胆地授权给他们，他们可能会给企业带来巨大的效益。

6. 科学分配任务，把正确的事情交给正确的人

在我们身边，经常会看到这样的管理者：他们一天到晚忙忙碌碌，时间一天天过去，却没忙出头绪，没有忙出成效。该解决的问题没有解决，团队的各项工作都卡在他们手里，而员工却闲着没事做。聪明的下属想帮忙，他们却不领情，认为下属瞎操心。当被人说他们工作方法不对时，他们却振振有词："做事要慢慢来！"

遇到这样的管理者，不知道是企业的悲哀，还是员工的悲哀。这样的管理者通常不知道：身为管理者，最该做的是什么。他们不知道，管理者是通过分配任务、指挥别人来做事的，而不是具体完成工作的人。对一个管理者来说，忙不是他的功劳，忙不是他做不好工作的理由。定计划、分任务、跟踪检查，促成团队目标达成，这才是管理者的本职工作。

不可否认的是，不少管理者是拙劣的任务分配者。虽然他们也分配工作，但对工作的情况、对下属的优势不完全了解，经常把工作分配给不适当的人去做，结果当然无法取得好的执行效果。等到出了问题之后，他们往往卷起袖子，亲自去做。这样一来，既浪费了时间，又浪费了人力物力，而且还会打击下属的积极性。那么，怎样分配任务最好呢？要注意什么呢？下面我们就来介绍一下分配任务的几大要点：

要点1：选定工作

在分配工作之前，要认真考虑：什么样的工作需要委派给下属去做？这些工作有什么特点？难度怎么样？如果没有搞清楚这些问题，不要轻易委派工作。

关于这一点，需要注意的是：有一种叫做“热土豆”式的工作是不能轻易委派出去的。什么叫“热土豆”式工作呢？它指的是重要且紧急的工作，这类工作要求管理者马上去处理。另外，非常保密的工作也不适合委派给下属。

要点2：选定能够胜任的人

原则上讲，你可以把任何一项工作，交给任何人去做。但是在企业管理中，我们追求的是管理效率，员工追求的也是执行效果。因此，你应该选定能够胜任工作的人，这才叫把工作交给正确的人。这样往往能取得较好的执行效果，下属在出色完成任务之后，也能获得成就感。

要想快速地选定能够胜任某项工作的人，就要求你平时多花时间去了解下属的能力。比如，你可以要求下属通过书面形式，把自己的优势、喜欢做什么工作都写下来，以便你去了解他们。当然，你也可以经常和下属沟通，多观察下属，这样也便于你了解下属的能力。

举个例子，你可能知道某个下属打字速度很快，完成同样一份材料的录入，他的速度远远快于他人，而且出错率很低。这样一来，当你有一些材料需要急用时，你可以把录入的工作交给这个员工。反之，如果你不知道谁打字快，随便把这项工作交给一个下属，而他恰好不擅长录入，那么不仅耽误了时间，还会影响你的正常工作需要。

要点3：委派工作的时间

同样是一项工作，什么时候委派给下属最合适呢？很多管理者不注意这一点，往往喜欢在上午委派工作，结果，员工原本可以按部就班进行的工作，完全被打乱，还会损害员工执行任务的积极性。为什么会这样呢？

因为一般来说，员工往往会在早上上班时，就想好了一天要做的事情，他们带着计划来到办公室。一上班，还没做几分钟，就接到了新任务。这个时候，他被迫改变原定的日程安排，工作的顺序也要调整。他们的内心会产生一种莫名其妙的烦躁，这会影响员工执行的积极性。

那么，应该在什么时候委派工作呢？除非紧急性的工作，管理者应该在每天下午或快下班时委派工作，让员工第二天来处理这些工作。如此一来，第二天员工就可以全身心地处理你委派给他的工作。

要点 4：委派工作的方式

怎样委派工作也是要注意的。有些管理者喜欢通过第三者传达委派的任务，而不是当面向员工交代，这样一来，经过一道中转，有可能发生信息传递误差，导致执行者错误理解领导者的意图。而且这种委派工作，会让被委派者觉得领导者不重视自己，容易影响他的积极性。因此，管理者最好面对面地委派工作，这样下属有什么疑问，可以当场提出来，便于沟通和交涉。当然，留便条、写邮件委派工作，也是不错的方法，但不会给下属深刻的印象。

要点 5：委派时要做的事

在委派工作时，你不妨告诉下属：你为什么要把这项工作交给他，向他指出他有某项特殊的才能，适合完成这项工作，这样可以表达你对他的信任和赏识，有利于激发他的积极性。同时，你应该让下属知道，这项工作的重要性，完成这项任务，对公司的直接影响，让他意识到肩负的责任。

在委派工作时，你有必要解释一下工作的性质和目标，向下属交代一些相关的信息，告诉下属：这项工作要做到什么效果，什么时间完成，在这个过程中向谁汇报工作进程，等等。

最后，一定要记得用肯定的语气对下属说："我确信你能做好这项工作。"这句话对下属将会产生很大的激励作用。

7. 授权之后不要忘记检查，监控并不代表不信任

说到"授权"，给人的感觉是放弃控制，放任不管，让被授权者全权负责。其实并不是这样，授权不代表放任不管，授权离不开事后检查和监

督。日本“经营之神”松下幸之助认为，领导者在管理中，必须遵循授权加控制的原则。如果不授权只控制，那么局面将会变成一潭死水；如果授权之后不加控制，后果将会是四分五裂。关于这一点，有一个特别典型的案例，对很多小老板都有启发。

有位先生在2001年创办了一家企业，在十余年间，公司从原来的一家变成了8家，经营规模越来越大。在这个过程中，他已经变得越来越力不从心，因为他的个人精力有限，无法管理8家企业。为了让自己从日常管理中解脱出来，做更多的事情，比如，他想开更多的分店，于是他让自己的亲戚加入自己的企业。他让自己的哥哥管一家分店，让自己的嫂嫂管一家分店，让自己的妹妹管一家分店，让自己的表哥管一家分店……

开始的时候，他手把手地培训这些亲戚，等他们上手之后，他就开始完全放权，让他们全权负责店面的经营管理。在这期间，他从来不过问分店的事情，也不要求亲戚们向自己汇报工作，更没有走下去检查工作。因为他觉得都是自己人，没必要去检查，相信他们会用心做好工作。

然而，3年时间过去了，大家产生了不少矛盾与误解，亲戚们纷纷离开公司，自立门户，而且把分店的重要员工也带走了。一时间，各分店一下子垮掉了。面对这种情况，他不得不重新沉下去做管理。一边忙着进货，一边忙着招聘员工。

这时他才真正发现，原来店内的很多制度都是白纸一张，员工工作作风散漫，对公司抱怨不止，不断有员工流失，客户的投诉也此起彼伏，业绩快速下滑，顾客不断流失，甚至很多工作都无法继续开展下去……

这样的案例在我们生活中并不少，出现这种情况，根源在于老板放权之后没有检查和监督，导致授权后失控，最后企业管理混乱。

管理者要认识到一点：授权之后，如果从不过问、不干涉，就叫做弃权。授权就是授权，根本不是弃权，作为管理者，必须关注进程、关注成果。有些管理者在检查和监督下属时，让下属产生了不被信任的感觉，甚至感到压力巨大。

有一位被派驻在北美市场的高级业务主管表示：“老板很‘关心’我，经常派人来视察工作，而派来的人，每次都会召开主管会议，并让我们汇报业务发展的近况，那种威风凛凛的样子，让我想到了古时候皇帝派下去视察工作的钦差大臣，就差八抬大轿、敲锣打鼓、前簇后拥了。”

从这位主管的话中，我们可以感受到他所承受的压力。这种压力的产生，与老板检查和监督的方式不当有直接关系。那么，到底该检查到什么程度，监督到什么程度呢？对此，松下幸之助先生做得卓有成效。

在放权之后，松下先生既能让被授权者发挥主观能动性，又不至于使他们完全脱离控制而发生重大的失误。他有一条著名的授权监督理论——60%智慧，即放60%，管40%。他通过特定的程序选出被授权者，使对方主动要求领导者的指导，这样既发挥了他们的积极性和创造性，又化解了检查和监督导致领导者与下属之间产生的不信任和猜疑。

在企业管理实践中，不少管理者经常感叹：任务布置下去之后，总有下属拖着不办，推一推，动一动，有些下属推都推不动。其实，出现这种现象，问题不在于员工，而是由于管理者监督不力导致的。如果管理者在布置任务之后，提出要求、任务完成期限，并有严格的检查和监督机制，那么就能彻底打消下属的侥幸心理和拖延心理，促使他们快速高效地完成工作。

有一位成功的企业家对授权做了很好的诠释：“授权就像打篮球一样，不是把球交到谁手里，责任就是谁的，就什么也不管了。一定要考虑整体局势，进行控制，相互照应。这样，被授权员工的智慧才会获得增长，才能有足够的力量去完成授权任务。”对于授权的事情，你可以放手不管，但是不能撒手不管，对于授权之后，下属完成该工作的情况，一定要定期检查和监督。

高明的管理者，在授权之后懂得在恰当的时刻，选择最恰当的方式，使自己随时掌握工作的进程。当他们发现下属执行跑偏时，会用恰当的方法把跑偏的马拉回到正确的轨道上来。形象地说，这就叫做“扶上马，送一程”。通过“送一程”，确保被授权者在执行中取得更好的成效，保证授权的成功。这就要求领导者在授权之后，不只是对下属说：“现在，你可以放手去干了。”还需要管理者告诉下属：“如果有需要，就来找我吧！”

第十一章 Di Shi Yi Zhang

上通下达，良好的沟通是管理的生命线

没有沟通就没有管理，美国通用电气公司前首席执行官杰克·韦尔奇曾说过一句名言："管理就是沟通，沟通，再沟通。"对于管理者来说，有了沟通，工作才能交办清楚，才能有效地把握下属执行的情况；对下属来说，有了沟通，下属才能明白领导者的意图，才知道执行的方向、达到的效果。尤其是在出现重大问题时，唯有沟通才能保证信息的上传下达。所以，一言以蔽之，沟通是管理的生命线。

1. 管理之道，在于把握员工的心声

员工在公司工作，他们除了每周五天、每天朝九晚五地上班下班之外，内心会有什么想法呢？他们对公司满意吗？他们对公司还有哪些期盼？他们对公司的管理有什么意见和建议？对此，作为管理者，你是否试图去了解过呢？只有主动去了解，你才能把握员工的思想动态和心声，才能有的放矢地管理企业。在这方面，沃尔玛集团的创始人萨姆·沃尔顿做得十分到位。

“你在想些什么？”“你最关心什么？”这是萨姆·沃尔顿在视察分店时，经常向员工提到的问题。在视察的过程中，沃尔顿经常与基层员工沟通，通过聊天了解他们的需要和困难，以此把握员工的心声。

据一位沃尔玛公司的职员回忆：“我们盼望董事长来商店参观时的感觉，就像等待一位伟大的运动员、电影明星或政府首脑一样。但他一走进商店，我们原先那种敬畏的心情立即就被一种亲密感受所取代。他以自己的平易近人把笼罩在他身上的那种传奇和神秘色彩一扫而光。参观结束后，商店里的每一个人都清楚，他对我们所作的贡献怀有感激之情，不管那些贡献是多么微不足道。每个员工都似乎感到了自身的重要性。这几乎就像老朋友来看你一样。”

萨姆·沃尔顿曾在一篇文章中写过这样一句话：“我们都是人，都有不同的长处和短处。因此，真诚的帮助加上很大程度的理解和交流，一定会帮助我们取得胜利。记住，老板必须总是把员工放在他们自己的前面。如果你能做到这一点，你的事业将会一帆风顺。”

俗话说：“人生不如意事十之八九。”员工除了在工作上会遇到困难之外，在生活上是否有苦恼呢？作为管理者，一定要认识到：员工发牢骚、

吐苦水是很常见的事情，不要以为员工表达不满，就表示对公司甚至对你个人有成见，是不爱公司的表现。

恰恰相反，员工爱公司、把公司当家，才会抱怨公司的不足，才愿意指出公司的弊病，他们这样做无外乎让领导者重视这些问题，想办法改变不良的现状。而且通过员工的抱怨、不满、意见或建议，你还可以意识到其他人也有这样的感受。如此一来，你就能很好地把握员工们的心声，这对管理企业、带领团队是十分有益的。

所以，管理者不能对员工的抱怨充耳不闻，对员工的意见和建议置之不理，更不能对这类员工产生偏见。而应该像萨姆·沃尔顿那样，主动放低姿态，走近员工，与员工心贴心地沟通，了解他们的所思所想，了解他们的需求和困难，这样才能体现企业对员工们的人性化关怀，使员工感受到被尊重、被重视，从而激发员工的工作积极性。

著名的玫琳凯化妆品公司的创始人玫琳凯曾在《玫琳凯谈人的管理》一书中谈到倾听的重要性。玫琳凯从一家小公司发展成一家拥有20万名美容顾问的化妆品大公司，其成功的秘诀之一就是重视倾听每一位员工的心声。

玫琳凯本人非常清楚地了解到，员工真正需要的不只是金钱、地位，他们更需要一位能真正倾听他们意见的管理者。因此，她始终要求自己、要求公司的管理者记住一条金科玉律：倾听是首要的事情，尤其是倾听员工的心声与抱怨。

除了公司管理者重视了解员工的心声之外，企业更应该将了解员工的心声制度化。通过制度规范，建立了解员工心声的渠道和机制，保证公司上下沟通畅通。这样才能让公司的每一位管理者都重视沟通和了解员工的心声，重视倾听员工的意见和建议。这对推动企业的发展具有十分重要的意义。

百安居集团是一家相对保守、等级森严的英国公司，但是他们的管理者们十分重视与员工直接沟通。当员工在工作中遇到了麻烦，可以直接找管理者帮忙解决。百安居（中国）公司的副总裁、人力资源总监胡蔚雁举例说，有一次公司筹建物流中心，当时有一名员工被解聘，在新领导没有到任时，他被要求离开公司。于是，他找到胡蔚雁投诉。

胡蔚雁先了解他的想法，然后要求部门给出一个合理的解释报告。后来，胡蔚雁了解到，这个员工平时工作态度很好，只是在技能方面有些欠缺。最后，他与相关部门负责人沟通，达成了一个共识：公司花一些精力和时间去培养他，并设立了6个月的观察期，看他是否能够在培训中达到公司要求。事实证明公司的这种做法是正确的，经过培训，这位员工达到了公司的要求，而且工作十分努力。

除了直接与管理者沟通，以寻求帮助。百安居还有相关的制度来保证员工发表意见，尤其是在百安居的英国总部，有一个"草根会议"，一些来自基层的员工和总部的各个员工每个月都会召开一次会议。每个员工都可以在会议上提出问题和建议，公司的高层领导者会面对面地了解员工的想法、公开对话。

如果员工的问题和建议有价值，那么管理层和相关部门就会制订行动计划，然后去推行解决。在下一次草根会议上，管理层会通报解决情况，继续了解员工的反馈，看他们对结果是否满意，还有什么意见。这种沟通方式让员工感觉到重视，极大地满足了员工的参与心理和被重视心理。

如果没有到草根会议召开的时间，员工也有其他反映问题的渠道。如果员工觉得面对面向管理者反映问题比较尴尬，或他们离总部比较远，不方便面对面反映问题，那么他们还可以通过写信或打电话反应问题。公司有一个对员工免费的24小时录音电话，员工可以通过它跟总裁或总经理反应任何问题。公司的管理者每天都会接听整理，然后汇报给高层，也会定期给反应问题的员工回馈。

了解员工的心声，并不是简单地听，更要主动地去询问，真正重视员工的反馈，及时解决问题、消除员工的不满。当然，管理者还可以询问员工意见和建议，让他们参与问题的解决过程，这样可以缩短上下级的距离，让员工获得满足感。

2. 良好的沟通是管理的生命线

说到沟通问题，有一个因沟通不畅导致机毁人亡的案例，它用血的教训告诉管理者们：良好的沟通是管理的生命线。下面我们就来看看这个案例：

1990年1月25日19：40分，在美国新泽西海岸上空3.7万英尺的高空，阿维安卡52航班正常飞行。当时预测，机上的油量可以维持两个小时的航程，在正常情况下，将会在半小时之后降落到纽约肯尼迪机场。

然而，在20：00分，由于发生了严重的交通问题，肯尼迪机场航空交通管理部门通知52航班的飞行员，要求他们在空中盘旋待命。这一盘旋就是45分钟，当时飞行员向机场交通管理部门报告："燃料快用完了。"

机场航空交通管理部门收到这一信息后，却没有及时批准飞机降落，一直拖到21：24分，52航班才被允许第一次试降。但由于当时的能见度太差，飞机无法安全着陆，试降失败。随即，肯尼迪机场指示52航班进行第二次试降时，机组人员又发出信息："燃料将要用尽。"

21：32分，52航班的两个引擎失灵，1分钟后，另外两个引擎也停止了工作，燃料耗尽的52航班在21：3分坠毁于长岛，飞机上的73名人员全部遇难。

事后，调查部门从飞机的座舱中找到了黑匣子，并与当时的航空交管部门取得了沟通，发现导致这场悲剧发生的原因是沟通障碍。一个简单的信息，既然被清楚地表达出来，又为何未被充分地接受呢？

首先，我们来看飞行员的那句"燃料快用完了"。这句话竟然没有引起机场交管部门的重视，他们让飞机在空中盘旋太久，最终耗尽了燃料。可笑的是，飞行员明知道燃料即将用尽，在交管部门没有及时做出试降决定前，并未继续发出“燃料危急”的呼声，这才是机毁人亡的根本原因。如果当时他们针对“燃料问题”沟通清楚，那么这场灾难完全可以避免。

同样，在企业管理中，很多问题的发生，与沟通不畅有很大的关系。这主要来自于两个方面：一方面是上情下达出现障碍；一方面是下情上达出现障碍。因此，企业管理需要良好的沟通作保障，管理者必须重视沟通问题。

诺基亚公司董事长兼首席执行官沙玛·奥里拉曾在自己的管理箴言中写道：“我觉得有两个技能很重要，第一是沟通能力，第二是人才管理能力。但没有好的沟通能力，一切都无从谈起。”日本松下电气公司创始人松下幸之助认为：“企业管理过去是沟通，现在是沟通，未来还是沟通。”

事实上，很多优秀的企业家已经形成共识：没有什么比良好的沟通更重要。沟通是企业经营成败的关键，如果没有良好的沟通，管理者就不能及时、准确地了解下属的想法，也就不能及时了解事情的进展，及时作出反应；如果没有良好的沟通，下属就不能正确执行上司的旨意，就无法有效地执行到位。可以说，没有良好的沟通，企业就无从发展。而一切优秀的企业，都是良好沟通的典范。

1992 年，摩托罗拉公司在天津经济开发区破土兴建寻呼机、电池、基站等 5 个工厂，工人人数从不到 100 人快速增加到 8000 多人，年产值高达 28 亿美元，这是一个在华投资取得巨大成功的企业。

之所以取得这样的成绩，与摩托罗拉公司良好的沟通机制是分不开的。公司规定，所有管理者必须敞开办公室的门，任何职位的员工任何时候，都可以直接进门，与任何级别的管理者面对面、平等地交流。

公司还规定，每个季度的第一个月，从 1 号至 21 号，中层管理者都要与下属和自己的上司进行一次对话，回答：“在过去的 3 个月里，你受到了尊重吗?”等 6 个问题。

另外，公司的员工可以通过管理者为他们准备的 11 条表达意见的途径，来向公司反馈自己的想法和建议。比如，

我建议（I Recommend）——通过书面形式提出对公司的意见和建议；

畅所欲言（Speak out）——保密的双向沟通渠道，员工在隐去姓名的

前提下，对公司的问题进行评论和投诉；

总经理座谈会（G M Dialogue）——每个星期四召开座谈会，员工提出的问题大部分都可以当场得到答复，管理者在 7 个工作日内反馈处理结论；

589 信箱（589 Mail Box）——如果员工通过以上几个渠道反映的问题无法得到充分、及时地解决，员工可以直接写信，这个信箱由中国区人力资源总经理管理。

从这几种沟通渠道上来看，摩托罗拉公司对沟通十分重视，这为摩托罗拉的发展构架起到了良好的沟通桥梁，管理者可以及时了解员工的心理状态，获得员工的意见和建议。

你希望团队变成一盘散沙，还是希望团队充满凝聚力呢？毫无疑问，你希望团队充满凝聚力，实现 1+1>2 的凝聚力和战斗力。那么，从现在开始，就不要总坐在电脑前了，不要总是待在办公室里了，而要出去多走走，哪怕是每天抽出 15 分钟，走出办公室，走到下属中去，与下属沟通交流，都会对下属产生非常大的影响。这在管理学上叫“走动管理”，它既有利于了解员工的执行情况，又便于了解员工的心声，发现一线的问题。

美国汽车制造业在没有引进团队管理之前，虽然各个零件在行业内都是最好的。但是组合起来之后，汽车的性能却远远比不上单个零件比较落后的日本汽车。为什么会这样呢？因为美国每个汽车制造厂的各个员工，在生产过程中，没有与其他部门保持沟通与合作，这才导致他们生产的汽车不如日本汽车。

身为管理者，在营造沟通氛围、建立沟通机制方面责任重大。你要相信，原本每个下属都是一颗珍珠，但是你要想办法把他们串起来，怎么串联他们呢？最好的办法就是走动和沟通，通过沟通引导大家相互了解、团结协作，这样你的团队才会成为一条精美的项链。

3. 换位沟通，相互理解了什么事都好办

人与人之间，在思维方式、处事方法、对问题的看法等多个方面都有很多不同，还有脾气秉性、生活习惯等的不同。因此，在相处过程中，出现摩擦、隔阂、分歧、矛盾和冲突是非常正常的。因此，人与人之间渴望相互理解，于是有人说“理解万岁”。

有这样一个故事，值得每一位领导者思考：

女孩小王是上海人，嫁给了湖南的男孩小陈，两人感情尚可，但经常因“吃菜问题”闹矛盾。上海人爱吃甜食，小王也不例外，因此，她做菜时喜欢放糖；湖南人嗜辣如命，小陈也是如此，菜不辣他吃不下饭。就这样，两人经常吵架，导致婚姻出现了裂痕，最后离婚了。

后来，小王与小张结婚，小张是四川人，也爱吃辣。这一次，小王犯难了，她经历了第一次婚姻失败的痛苦，经过深思熟虑，她觉得有必要换位思考。

婚后第一餐饭，她就抢着买菜做饭，每一道菜里她都放辣椒，小张吃得津津有味。吃着吃着，他突然发现小王被辣得满头大汗，就说：“既然你不爱吃辣椒，就少放点辣椒吧！”

小王听罢，心中泛起丝丝甜意，笑着说：“因为你爱吃辣椒啊！”

小张有些感动，第二天，他抢着买菜做饭，他在每道菜里都加了糖。小王一吃，挺对胃口的，就问丈夫：“你不爱吃甜的，为什么每道菜里都放糖呢？”

小张笑着说：“我向你学习，处处替对方着想啊！”

小王一听，感动得流出了泪水。她暗想，如果当年和小陈能够多一些换位思考，也不至于闹得不欢而散。

换位思考才能实现有效的沟通，上文中的小王和小张，若不是相互站在对方的立场思考问题、满足对方的需求，他们很可能像小王和小陈一样，两人生活不到一块儿。其实，不只是恋人、夫妻之间需要相互理解，管理者与员工之间也需要相互理解，有了相互理解，沟通就变得容易许多，工作就会顺利地开展。

要想和员工实现相互理解，领导者就有必要学会换位思考，把自己设想成员工，想员工之所想。比如，当员工犯错时，领导者要想到：员工希望获得领导的谅解和宽容，于是领导者这么做了，员工自然会感动。

在管理中，领导者也有必要将心比心、设身处地地为员工着想，这样可以更好地理解员工，表达对员工的关爱。员工得到领导者的理解、感受到领导的关爱之后，通常也会投之以桃、报之以李地去为领导着想。这样一来，工作中再棘手的问题都好解决。

某大型企业的董事长安德斯·伯格伦是员工们非常喜欢的、十分受员工尊敬的领导。如果你让公司的员工评价伯格伦，他们往往会用“平易近人”、“以他人为中心”、“体谅他人”等词来形容他。而伯格伦本人经常挂在嘴边的管理秘诀只有四个字：“尝试错误。”

什么叫“尝试错误”呢？伯格伦的解释是：从别人对自己的反应（反馈）中认识自己的错误，然后不断调整自己的行为，让别人更好地理解自己。为了更好地说明自己的管理秘诀，伯格伦讲述了一件事：

有一次，伯格伦去国外的一家分公司视察工作。一天，他给分公司的秘书一叠文件，让秘书打印出来：“请把这些文件打一份，谢谢！”秘书接过文件之后，就把文件压在一大堆文件的下面。时间慢慢过去了，两个小时、三个小时、四个小时……一天过去了，伯格伦见秘书还没有把打印的文件送过来，就忍不住去问秘书。结果秘书告诉他：“我以为你不急着用这份文件，所以我先做比较急的工作了。”

听秘书这么说，伯格伦才明白原来分公司所在的国家的文化与总公司所在地的文化是不同的。在自己的国家，如果伯格伦把一份文件交给秘书，让秘书打印出来，秘书知道要立刻完成。但是，在分公司显然不是这样。因此，伯格伦没有任何生气，他笑着对秘书说：“对不起，这是我的错误，是我没有交代清楚，才让你那么认为。”秘书听到董事长这么说，顿时觉得不好意思，忙说：“对不起，董事长先生，是我没有及时完成你交代的工作，我现在马上去完成。”

这件事让伯格伦意识到，在交代任务的时候，一定不能想当然地认为下属听懂了，而要站在下属的立场想一想：下属听到怎样的交代，才会明白上司的意图？从那以后，伯格伦再也没有犯过类似的错误。

伯格伦以这种谦虚、诚恳、敢于认错的姿态，为自己树立了强大的人格魅力，深深赢得了员工的信任，大家有了什么想法，都愿意积极地与他分享；对公司有什么不满，也愿意坦诚地向他倾诉。而每次伯格伦都能设身处地地为员工着想，这很好地表达了对员工的尊重和理解，极大地激发了员工的积极性。在他的英明领导下，公司发展得越来越好。

安德斯·伯格伦为什么广受员工的好评呢？因为他善于换位思考、换位沟通，努力去理解员工的想法。当领导者设身处地地去理解下属时，下属会感到遇见了知心人，下属就会亲近领导，就愿意与领导沟通。这样一来，领导就可以从与下属的沟通中感知下属的需求，了解公司中存在的问题，及时地加以解决。

当然，领导者在理解下属的同时，也要让下属理解自己。经常有领导者抱怨：“下属不理解我的意图，我交代给他的任务，他不积极执行。”“下属执行不到位，做出的结果不是我想要的。”之所以会出现这些问题，就在于下属没有理解领导者。因此，在下达任务的时候，一定要站在下属的角度，用下属听得懂的话语、用下属愿意听的语气去下达任务。这样才能赢得下属的积极配合、心甘情愿地服从和支持。

4. 跟员工沟通：多用建议，少用命令

在企业日常管理中，领导者与员工沟通是最常见的管理行为。那么，怎样与员工沟通呢？也许你会说：“这还不简单？不就是针对某些问题和

员工交流想法吗？”话是这么说，但具体怎么做呢？我们先来看一个案例吧：

某企业的生产车间里比较脏乱，原因是生产任务比较繁重，大家都忙着搞生产，无暇顾及卫生情况。这天，生产部门主管来到车间，见地上比较脏乱，非常不满意，他把车间主任叫到跟前，大声地说：“看看你的车间，又脏又乱，还不赶紧收拾一下！”

车间主任不高兴地说：“生产任务这么重，我们忙得连上厕所的时间都没有，哪还有时间收拾这些？”

生产部主任一听，觉得车间主任说的也有道理，于是闷声不响地离开了。

过了一会儿，生产部经理来到车间，也发现车间比较脏乱。他先在车间里四处巡视一番，然后找到车间主任，关切地问：“最近忙坏了吧？”

车间主任说：“还好了，幸亏大部分已经完工了，剩下的任务可以按部就班地进行了。”

生产部经理说：“我在车间转了一圈，感觉里面有点乱啊，能不能抽个时间收拾一下？”

车间主任说：“我也注意到了，我马上安排人整理。”

大概过了半个小时，生产部经理来到车间，发现里面已经井然有序，地上非常干净。

为什么生产部主任和生产部经理分别给车间主任下达了相同含义的命令，但结果却大相径庭呢？是因为生产部主任的职位比生产部经理的职位低、说话不管用吗？当然不是，而是因为他们下达命令的方式不对，他们的不同在哪儿呢？

生产部主任说“还不赶紧收拾一下”，语气中带有责怪、硬性要求的含义，给人一种压迫感，让人觉得没有得到尊重，因此，容易激起车间主任的逆反，于是车间主任以顶撞来回应。而生产部经理说：“感觉里面有点乱啊，能不能抽个时间收拾一下？”语气中充满了协商的口吻，意思是：如果你有时间，就收拾一下，没有时间，推后收拾也无妨，你自己看着办！这种有弹性的命令，带有建议性的口吻，让车间主任感受到了一种平等感、被尊重感，因此，车间主任欣然应允，马上安排人收拾。

由此可见，同样的沟通，语气不同，沟通的效果却大相径庭。所以，不要以为自己是领导者，就表现得高高在上、颐指气使，就用强硬的命令压你的员工。要知道，每一个员工都有自尊心，他们希望被领导者平等相待。如果你忽视员工的这层心理，采用命令的口气与他们沟通，要求他们去做事，他们最多只是把事情做完。但如果你采用商量的口气、建议的口吻与下属沟通，下属往往会把事情做好。

“做完”和“做好”，一字之差，执行效果也许相差甚远，做完只是基本的完成，充其量是合格。做好则是做到位、做圆满，让你无可挑剔，可以称得上是“优质”。试问，你希望下属给你怎样的执行效果呢?

人是情感动物，而不是机器，人会有情绪、有感受、有自尊心，而机器没有。当你向机器下达命令时，你要做的就是用力地按下某个按钮，而当你向员工下达命令时，如果你语气“重”了，就容易使员工感受到压迫感，他们会本能地抗拒。如果你轻声一点，多一点协商，多一点建议，他们就会舒服地接受命令，做到你想要的效果。

美国管理专家帕特里克·兰西奥尼曾说过：“企业中无穷无尽的管理危机，往往并不是表面上的战略失误、营销不利、竞争威胁、技术开发上的不智决策等等所致，而是管理者犯了一些基本的但是又没有引起正视的错误，才导致危机的爆发。”其实，命令性的口吻和语气，就是一个基本的但是又没有被引起正视的错误，它是造成管理危机的一个导火索。

这是发生在某大型企业的一件事：

一天，总裁先生回办公室取东西，走到门口时，突然意识到自己没有带钥匙。这个时候，他的秘书早已下班。他给秘书打电话，但是秘书没有及时接听。他感到非常气愤，于是不停地拨打对方的电话，终于，秘书接听电话了。

在电话中，总裁带着满腔的怒火斥责对方，并命令道：“你给我马上来公司，我在这里等你开门。”

面对总裁的要求，秘书当即反驳道：“我凭什么去公司？我已经下班了，我不再受你的指使，你没有资格对我吼叫……”

第二天，秘书来到公司人事部，要求办理离职手续。

日本松下电器公司的创始人松下幸之助曾表示：“不论是企业或团体

的领导者，要使属下高高兴兴，自动自发地做事，我认为最重要的，要在用人和被用人之间，建立双向的，也就是精神与精神，心与心的契合、沟通。”在他看来，精神与精神、心与心的平等沟通十分重要，要做到这一点，最好就是用建议和商量的口吻和下属沟通。

一般来说，在与员工沟通时，有这样几个细节值得领导者注意：

（1）放平语气，不要颐指气使。有些领导者有事就扯着大嗓门儿对下属吼，自认为这是雷厉风行的表现，能产生好的效果，其实恰恰相反，这样非常令人反感。

（2）在沟通中，多用“请”。请是一种温和的要求，作为领导者，原本要求下属做某件事实属正常，但若领导者懂得用“请”字，那么下属会受宠若惊，会感到尊重。比如，你让下属收拾办公桌，说：“请大家把办公桌收拾一下。”这样效果就比“把办公桌收拾一下”的效果好。

（3）沟通中，询问下属的看法：“你有怎样的想法呢?”所谓沟通，讲究的是相互，当你说出想法之后，下属不一定会认同你，因为他们可能有自己的想法。这个时候，你不妨用征询的口吻问他：“你有什么想法呢?”引导他说出来，便于你们更好地沟通。

（4）用建议的口吻下命令。下达命令是很常见的管理行为，但你要知道：没有谁喜欢被呼来唤去，因此，当你向下属下达命令时，不妨建议道：“你是否可以抽个时间，把车间收拾一下呢?”这样下属更愿意接受你的建议。

5. 循循善诱，才能有力说服下属

在管理中，领导工作在很大程度上就是说服工作。要知道，无论是决策的制定，还是决策的执行和监督，任何一个阶段都少不了说服工作。领导者要做的，就是说服下属坚决贯彻执行公司的决策。

也许有人会说："领导者可以通过下命令迫使下属服从，无所谓说服和不说服的问题。"其实，如果没有强有力的说服，不能让下属认同，再强硬的命令，也没有实质的意义。因为当下属不理解、不认同你时，在执行过程中就容易出现偏差、发生错误。况且，下属也有自尊心，需要被尊重，他们需要获得平等的对待。所以，说服是领导者管理团队的唯一手段。

说服是一种高超的语言技巧，需要良好的语言素质、口头表达能力。同时，说服时还要针对不同的说服对象，细心地琢磨对方的心理，灵活地把握原则，因人制宜、因时制宜，循循善诱，这样才能实现有效的说服。在这方面，《战国策》里《触龙说赵太后》的故事可以称得上是"循循善诱说服他人"的范本，对领导者说服下属有非常好的借鉴意义。故事的大意是：

秦国攻打赵国，处于危难之际的赵国向齐国求救。但齐国提出了一个条件：必须把赵太后的小儿子长安君作为人质，留在齐国，他们才肯出兵。赵太后十分溺爱长安君，所以坚决不同意。大臣们纷纷劝谏，但是没有说服赵太后，反而惹恼赵太后。在这种情况下，左师触龙出面去劝说赵太后。

触龙蹒跚地来到赵太后面前，先是问长问短，和赵太后拉家常。赵太后原以为触龙是来说服自己的，没想到触龙并未提及长安君的事，也就放下了抵触情绪，怒气也消退了很多。随后，触龙循循善诱，说父母都疼爱孩子，但真正爱孩子就应该让孩子得到锻炼，而不应该溺爱孩子，这样的话引起了赵太后的强烈共鸣。

最后，触龙转入正题，对赵太后说，只有让长安君为国建功立业，才能巩固他将来的地位。怎样才能让长安君为国建功立业呢？很明显，触龙的意思是：让长安君出使齐国为人质，保赵国安危。

尽管在整个说服过程中，触龙只字未提让长安君去齐国做人质，但是赵太后不知不觉间，已经心悦诚服地接受了他的主张，并付诸了行动。最后，赵国的危机得以化解。

在这个故事里，触龙循循善诱的说服技巧体现得淋漓尽致，对领导者说服下属，有非常好的参考价值，其参考价值主要表现在以下几个方面：

（1）适度褒扬，顺水推舟

每个人都渴望得到他人的理解，受到别人的肯定和赞扬。身为领导者，在劝说下属之前，不妨先适度褒扬下属，引导他顺水推舟，对你产生好感和认同。比如，当下属找借口拖延执行时，为了调动他的积极性，你可以这么劝说他：“我知道你很忙，抽不开身，但这件事非常重要，只有你能胜任，我对其他人能否做好这件事没把握，思前想后，觉得你才是最佳人选。”下属听了这话，明显地感受到你对他的高度认可，怎么还会拒绝呢？这一点在触龙说赵太后的过程中也有体现，触龙高度认可赵太后对长安君的疼爱，表达了“可怜天下父母心”这种情怀，很好地赢得了赵太后的认同，淡化了她的抗拒心理。

（2）设身处地，将心比心

俗话说：“人同此心，心同此理。”很多领导者在说服下属的过程中失败了，并不是因为他们没有把道理讲清楚，而是由于他们没有设身处地、将心比心地为下属着想。如果换个位置，多站在下属的立场进行说服，沟通起来就会容易许多。这一点在触龙说赵太后的过程中也有体现，触龙和赵太后寒暄时，也表达了自己作为父亲对孩子的疼爱。这就非常契合赵太后当时的心理，很容易赢得赵太后的共鸣。

（3）求同存异，缩短差距

毫无疑问，触龙不认同赵太后溺爱孩子，不认同他因溺爱而置国家安危于不顾。但是一开始，他并没有表达这种观点，而是采取求同存异的办法，先说他与赵太后相同的理念——爱惜孩子，不舍得让孩子受苦。赵太后一听，觉得触龙理解她，因此也就放下了逆反情绪。

其实，领导者在说服下属的时候，也应该采取求同存异的办法，一开始千万不要说出你与下属有分歧的观点，因为这样很容易激起下属的反感，而要一开始摆出与下属某些相同的观点，这样可以让下属觉得你懂他，觉得找到了知己，这样下属的心态放平缓，愿意与你进一步交流。这就为后面的说服工作打下了坚实的基础。

（4）克己忍让，以柔克刚

触龙作为下属，在说服赵太后的过程中，自然要字斟句酌，表现得非常温和。而领导者在说服下属的时候，由于领导是上级，下属是下级，就很容易出现一种不好的现象：领导者自认为高下属一等，于是表现得语气强硬，甚至粗暴无理，这样能行吗？肯定不行，因为下属虽然在职位上低于领导者，但是在说服工作中，领导者若想赢得下属的认同，首先就必须让下属对你有好感，否则，一切大道理都无济于事。因此，领导者也要学会克己忍让，温和表达观点，软化下属内心的坚冰，达到以柔克刚的目的。

(5) 推心置腹，动之以情

古人云："感人心者，莫先乎情。"领导者要想说服下属，就不得不动感情。只有善于运用感情技巧，动之以情，晓之以理，才能打动下属的心。要知道，感情是沟通的桥梁，如果你想说服下属，只有通过这座桥梁，才能走进下属的心里。否则，下属的心门一直关闭着，你再怎么威胁、恐吓都无效。

在这一点上，触龙也为我们做了很好的示范。他在说服赵太后的时候推心置腹地表达了这样的观点："如果你想让长安君将来在赵国的地位稳固，就要想办法让他建功立业。"通过这种观点，让赵太后感觉到触龙真心实意地为长安君着想，没有任何私心。所以，赵太后才会被打动。

6. 沟通到位，才能执行到位

在企业管理中，经常会出现因沟通不到位，导致执行不到位的情况。而由于执行不到位的原因是沟通不到位，还会导致上下级之间产生误会、矛盾、冲突，严重影响团队的执行力，造成团队成员之间出现内耗。有这样一个案例：

总经理交给办公室主任一个任务："买草，买土，把厂区的荒地绿化一下。”

过了一段时间，总经理见事情迟迟没有动静，就问办公室主任：“我交给你办的事情怎么样了？怎么不见动静啊？难度很大吗？”

办公室主任说：“当然难度大，一是过了种草的季节，二是花费太大，你又没有说好要投入多少钱，我怎么敢随便做决定？”

总经理不满地说：“我是领导，我要求你做的，你就去做。至于花多少钱，你不知道问我一下吗？”

办公室主任振振有词地说：“我是具体做事的人，我认为现在种草不合适，我认为不该去做。”

一时间，剑拔弩张，上下级之间怒气冲天，关系陷入了僵局。

这个案例所揭示的现象，在很多企业都存在。领导者和下属之间沟通不到位，特别是缺乏信息反馈，领导者交代下属做什么，下属做了之后发现难度较大，就中断执行，却不反馈给领导；领导交代给下属之后，也不过问，等过了一段时间，就开始要结果。

更严重的是，在沟通中，领导者说得太粗略，有些该交代的重要信息却不交代，下属不好意思问，这样就造成了沟通不到位。比如，上面的案例中，总经理并未说明买草投入多少钱，导致下属不敢轻易执行。而没有沟通到位，谈何执行到位呢？

事实上，企业存在的很多问题，本质上都是因为沟通出了问题，沟通不到位是一切问题的根源。而沟通不到位，关键在于管理者的出发点与下属的出发点不一样，看问题的角度和心态也不一样。下面这个案例就充分反映了这几点：

总经理对秘书说：“帮我查一下我们公司有多少人在洛杉矶分公司工作，下周一的会议上，董事长会问我这些情况，你帮我准备详细一点。”

秘书马上给洛杉矶分公司的总经理助理打电话，说：“董事长需要一份你们公司所有员工的名单和档案，请准备一下，我们3天内需要。”

分公司的助理马上找到人事部，调出了公司所有工作人员的名单和档案，还有一些相关的材料，并通过空运运到了公司总部大楼。

这个案例反映的典型问题是，管理者在沟通中，语言不够精确，一句“我希望你准备得详细一点”，引起了下属误解。其次，下属没有及时反馈也是个问题，比如，若下属接到这个任务后，多问一句："你需要哪些资料？"恐怕就不至于把分公司所有员工的档案运送到总部了，而是只给总经理一组数据就可以了。

在企业管理中，正是因为这些细小问题上的沟通不畅，导致工作效率大大降低，严重干扰了公司的发展，有时候还会引起顾客的投诉。

一天中午，一位客人在某酒店的前台退房，他把钥匙交给前台经理，表示半小时后回来结账。当时前台经理正准备去吃午餐，考虑到客人半小时后才回来，而她用餐时间不到半小时，于是她将客人交来的钥匙放在柜台里边，并未告知下属，就去吃饭了

不料，仅过了15分钟，客人就回到前台，表示要退房。而另一名值班员要求客人上交钥匙，但客人却表示钥匙已经上交。由此，客人与值班员发生了矛盾，最后客人生气地投诉了饭店。

酒店的前台经理缺乏沟通意识，她在离开时，并未与下属交代清楚，这才是导致客人投诉的根本原因。由此可见，在管理中一定要强调沟通到位，沟通不到位或没有沟通，对企业管理会产生很多负面的影响。那么，在沟通时，管理者应该注意哪些问题呢？

首先，沟通要简洁明确，切忌啰唆。

简洁明确是指，言简意赅地把任务交代清楚，要做什么、要做到什么样的效果、什么时候完成等，一一告知清楚。而不要啰啰唆唆，像唐僧念经一样，那样会削弱员工对关键因素的印象，不利于员工执行到位。

其次，询问员工：你有什么不明白的吗？

很多管理者在沟通时，不重视这一点，他们认为下属明白，其实下属明白了吗？员工是否明白，管理者多问一句就可以了。这样给员工一个表达疑问的机会，显得管理者善解人意。

再次，让员工重复一下你的意思。

当你与员工沟通之后，你不妨对他说："你说一下我要你做什么？"通过这种方式，可以考察员工是否真的明白你的意思。

最后，对员工说："执行过程中，有问题随时问我。"

有时候，员工在执行中出了问题，不好意思问领导者，硬着头皮去执行，到头来执行结果与领导者要求的相差甚远。其实，如果在遇到问题

时，及时询问领导者的意见，这种情况是很容易避免的。所以，管理者有必要提醒下属一句："有问题及时来问我。"

7. 忽视员工抱怨只会让抱怨蔓延

抱怨是一种正常的心理情绪，不论在什么样的公司，员工的抱怨都是客观存在的。从薪酬福利到工作任务量，再到部门利益，再到企业制度等，都存在抱怨。作为领导者，要看抱怨的背后是什么？是公司的制度存在不合理的地方，还是仅仅是一种抱怨而已？抱怨的存在是员工本身的问题？还是公司的问题？

管理者大可不必对员工的抱怨产生恐慌，但是一定要认真对待。很多管理者忽视员工的抱怨，装聋作哑，不重视员工的抱怨，认为只要不去理会，员工的抱怨就会自然消失。殊不知，这种掩耳盗铃般的自我安慰有多么可笑。要知道，抱怨就像一种慢性毒药，时间越久，扩散越大，甚至会产生"蝴蝶效应"，毒性一波一波地扩散开来，最后造成难以弥补的后果。

拥有20多年管理经验、现任麦考林CFO（财务总监）的张先生表示，他听多了员工的抱怨，也解决了很多抱怨。在他看来，针对不同的抱怨，要有相对应的措施，这样才能像打太极一样，达到"四两拨千斤"的效果。

张先生说："有些员工只是抱怨公司不能吃东西，或者一些办公设备老旧，这样的抱怨只是抱怨而已。他们需要发泄，那就发泄好了；有些抱怨则涉及到公司的影响和利益，如果这样就不能袖手旁观了，必须及时解决，包括制定规范的工作流程、明确岗位职责、完善规章制度等。"

抱怨并不可怕，可怕的是作为领导者，没有体察到员工的抱怨所折射出来的想法，或者对员工的抱怨反应太慢，从而导致员工的抱怨情绪蔓延下去，最终导致管理混乱、矛盾激化。因此，领导者要在第一时间注意到员工的抱怨，及时消除员工的抱怨。

有一位财务经理上任伊始，就遇到了一件棘手的事情。原因是他在召开部门工作调整会议之前，事先没有与员工进行沟通，员工认为他的做法过于自我、武断，并由此产生了不满和抱怨。他是怎么知道员工产生了抱怨呢？

原来，在他开完部门工作调整会议后，老板就把他叫到办公室，说："刚才你的部门有几个员工找到我，抱怨你分配工作不公平。"听了老板的话，财务经理的脑子"嗡"的一声就大了，他自认为分配工作很公平，而且在召开会议的时候，他也没有发现员工有不满的情绪。

老板没有为难财务经理，只是对他说："你不用着急，回去思考一下，怎样解决他们的抱怨吧！"

财务经理经过冷静的思考，决定轮流找下属谈话。最后，他终于弄明白了，原来他们觉得他在工作调整会议之前，没有和他们及时沟通，他们认为他的决定是在拍脑门儿，是对他们的不尊重，是不负责任的。

找到下属抱怨的症结之后，财务经理就要想办法解决。在那段时间，他经常会找那几位抱怨的员工聊天，引导他们去适应新的工作。慢慢地，他们也体会到财务经理的良苦用心，抱怨逐渐消除了。

这位财务经理的聪明之处在于，当他意识到下属存在抱怨之后，没有忽视这种抱怨，而是非常积极地去找下属抱怨的症结，然后通过贴心的沟通化解员工的抱怨。如果他当时没有这么做，后果会怎样呢？也许那些抱怨的员工会把对他的不满情绪进一步宣泄出来，演变成公然的不配合、不服从甚至是挑衅、作对，如此一来，团队就会陷入混乱。

员工的抱怨情绪有点像流感，具有传染性。消除流感的做法是先把它们分类，分清是病毒性感冒还是普通感冒。对待员工的抱怨也应该如此，分清到底是日常事务型的抱怨？还是属于想改进制度或为公司好？还是反映问题没得到解决而抱怨？也就是说，化解员工抱怨的根本办法是对症下药。

施布尔是一家大公司的员工。在工作上，他的能力突出，每次都能按时按质地完成部门经理交给他的任务，但是不知出于什么原因，部门经理好像就是不喜欢他，对他有些反感。

为什么部门经理反感他呢？原来，每次部门经理交给他生产任务时，他就会抱怨："我每个月拿这么点薪水，要完成的任务却这么多？"对于施布尔的抱怨，部门经理根本不放在心上，他唯一做的就是对施布尔表现出反感的情绪。

后来，施布尔的抱怨传到了公司总经理的耳朵里，总经理派人对施布尔的工作进行考察，发现施布尔的工作能力突出、工作尽职尽责、业绩名列部门前茅，于是当即提拔他做部门的经理，代替原来的部门经理，并且提高了他的薪酬水平。

果然，施布尔上任不久，就把这个原本效益不好的部门整顿得有条不紊，公司的利润比原来多了很多。而且，对于公司交给他的任务，他再也不抱怨了。

看完这个故事，我们看到了一种良好的结局。如果回过头去设想一下，假如公司的总经理不提拔施布尔、不给他加薪，而是像部门经理一样，对他的抱怨不予以理睬，甚至以开除或降级相威胁，那么，公司将会损失一个优秀的人才。

由此可见，施布尔的抱怨是有原因的，因为他不被重视、没有得到重用，而并非他本身懒惰、没事找事去抱怨。对待这样的员工，你一定要重视他，给他安排合理的职务，给他相应的薪酬，他的抱怨自然会停止。

事实上，许多优秀的企业都十分重视员工的抱怨。比如，在120多个国家拥有超过30000家餐厅的麦当劳公司，就特意为员工设立了抱怨、宣泄的正当渠道。每一年，麦当劳都会举行一次不记名的"员工满意度调查"，让不同级别的员工都有机会表达自己对公司的意见和看法。公司在各分店还设立了"同仁意见箱"，或申诉、或提出新点子。毫无疑问，麦当劳的做法值得我们深思。那么，我们应该怎样对待员工的抱怨情绪呢？

（1）建立一个反应意见的平台，让员工有机会表达自己的意见、想法和不满。请记住，给他们发言权，就是对员工的一种尊重。

（2）鼓励员工合情合理的抱怨，从员工的抱怨中，领导者能察觉公司所存在的问题，继而有针对性地改善。

（3）耐心地倾听下属的抱怨，了解下属抱怨背后的原因，找到解决症结问题的办法，彻底消除员工的抱怨。

第十二章 Di Shi Er Zhang

向员工描绘蓝图，好的领导者必须是一个造梦大师

企业发展离不开美好的愿景和伟大的蓝图，离不开宏伟的目标和合理的计划。管理者应该把企业的愿景和蓝图告诉员工，把自己的梦想，把企业的梦想和目标传达给员工，与员工一同分享，以激发员工无限的斗志和工作激情。要让员工看到企业是充满希望的，这样员工才会有希望。同时，管理者要帮员工进行职业规划，让员工不再迷茫，而是每天都有奔头。在这种情况下，员工才会积极进取，为企业的发展贡献力量。

1. 好的领导者必须是一个造梦大师

没有资金，没有技术，没有人脉，没有客户，这样的企业是不是就没有希望呢？对于许多中小企业老板来说，熬到“后天的美好”都是一件艰难的事情。然而，作为企业的领导者，只要你有梦想、有激情，并脚踏实地地去行动，你就有希望带领企业和全体员工走向光明的未来。

“电子时代大帝”“互联网产业独一无二的造梦人”——软银集团董事长兼总裁孙正义曾经鼓励中国创业者：“只要你们有激情、热情与梦想，我愿意支持你们，与你们一道成功。”古往今来，所有伟大的领导者都是优秀的造梦大师。如果你拥有造梦和激励人心的能力，你就能成为优秀的领导者。

马丁·路德金曾说过：“我有一个梦想！”作为企业的领袖，作为团队的头领，你也需要一个梦想，不，你需要很多梦想，用这些梦想点燃员工心中的火炬，用这些梦想照亮企业前进的方向，让你的企业充满星星燎原般的希望。

如果你还没有给员工造梦，请立刻行动；如果你正在给员工造梦，请尽量将梦想清晰化；如果你将梦想清晰化了，请随时随地地传播。10 多年前，阿里巴巴的马云造了一梦：“让天下没有难做的生意！”这一梦想成为阿里巴巴近 2 万多名员工前进的动力，影响着阿里巴巴员工的一生，甚至影响了成千上万中小企业老板的一生。

1999 年春节，马云从北京回到杭州，把十几个朋友叫到家里，开了一次创业动员会。在会上，马云和大家分享了三个梦想：

梦想之一：要做一个持续发展 80 年的公司；

梦想之二：要做世界十大网站之一；

梦想之三：要让所有商人用阿里巴巴。

就是这三个梦想，也是公司的远景目标，更是公司的使命。如今的事实证明，阿里巴巴已经正在实现或者说已经实现了当初的梦想。

回忆起当年创业时的梦想，阿里巴巴创办人之一金建杭说："当时大家都很迷茫，因为10多个人要做80年的公司，这个梦想太遥远了，好像跟大家都没有关系。还说要做全球10大网站，当时打死也没人相信，就凭10多个人，怎么做出全球10大网站？让所有商人都用阿里巴巴，这个比较诱人，但是永无止境。"

2004年，阿里巴巴举办创业5周年庆典。马云在庆典上又造了一个梦：要做102年的公司。为什么要做102年，而不是做100年或101年的公司呢？马云的解释是：阿里巴巴创办于1999年，如果做102年，刚好跨越三个世纪，这必将是中国最伟大的公司之一。

为了实现"做102年的公司"这个目标，阿里巴巴对全球百年以上的公司的制度、文化等方面进行研究，最后制定了人才招聘制度、员工培训制度等一系列的制度机制。马云表示，要实现"做102年的公司"的梦，不是一个人能做到的，而需要像接力赛一样，必须由几代人共同完成，而他只是第一棒。

马云说："企业是为了使命而生存的。"他经常参加世界性的论坛，在全球不断传播阿里巴巴的使命和发展的意义。对于什么是使命感，马云讲了一个令人感动的故事：

一个大雨天，有位先生的丰田轿车的雨刮器突然坏了。司机顿时傻了眼，不知道该怎么办。就在这时，一个老人冒着雨冲了过来，他帮这位先生把雨刮器修好了。司机问老人是谁，老人说他是丰田公司的退休工人，他认为他有义务把雨刮器修好。

马云表示，这位老人所表现出来的就是使命感，这是强大的企业文化影响了他，才使他把公司的事情当成了自己的事情。

如今，当我们再次听到马云当年的那些豪言壮语时，已经不觉得新奇，因为阿里巴巴已经成长为中国最大的网站之一。但是当年，当马云喊出那些梦想时，有多少员工相信？然而，马云就是在这些梦想的支撑下，一步步落实公司的发展计划，才取得了今天的成就。

值得一提的是，梦想纵然伟大、空洞，让人不可捉摸，也没有关系。身为领导者，不但要造就一些让人无法想象的梦，更要把这些梦清楚地落到实处，规划出一个实践的步骤。否则，仅仅是空洞的梦想，是无法震撼人心的，是无法激励斗志的。

比如，你可以将伟大的梦想规划成10年、20年，甚至30年、40年计划，并把这些计划分解开来，再规划出2年的短期目标、5年的中期目标、10年的长期目标。为了实现每个目标，你都制订具体的计划，要做什么，都清楚地列出来，然后坚决贯彻执行，如果你做到了这些，相信梦想终究会被你实现。日本松下电器公司的创始人松下幸之助就是这么做的。他经常找员工谈话，畅谈自己对公司未来的设想。

1955年，松下先生宣布了自己的首个“五年计划”，他计划在5年时间内，把公司的效益从220亿日元增加至800亿日元。这种做法让员工看到了企业的志向，看到了企业的伟大目标。从而很好地激发了员工对企业的信心。后来，松下真的实现了这些计划，把看似不可实现的梦想变成了现实。

2. 没有希望，韩信也会选择逃亡

在楚汉争霸中，有一个“萧何月下追韩信”的故事。相信看过《楚汉传奇》的人都有印象，这个故事具体情节是这样的：

刘邦率军到了南郑，拜萧何为丞相，曹参、樊哙、周勃等为将军，准备养精蓄锐，再和项羽决一死战。但是他手下的士兵思乡心切，每天都有士兵逃走。刘邦为此很着急，一天，有人来报：“丞相逃走了。”

刘邦一听，顿时急坏了。要知道，萧何可是刘邦的左膀右臂。可是到了第二天早晨，萧何回来了。刘邦见他之后，又高兴又生气，责问道：

“听说你逃跑了？怎么回事？”

萧何说：“我怎么会逃走呢？我是去追韩信了。”

韩信是淮阴人，项梁起兵之后，路过淮阴，韩信就投奔了他，可是他在楚营里没有得到重用，只当个小兵。韩信多次向项羽献计献策，可项羽都自大地不肯采纳。最后，韩信失望地离开了项羽，转而投靠刘邦。那么，既然投奔了刘邦，韩信为何还要逃走呢？究其原因，同样是没有得到刘邦的重用，韩信感觉很失望，所以才会出逃。

但是萧何识才，他知道韩信是难得的将才，最后在他的力荐下，刘邦拜韩信为大将军。当然，后来在韩信的辅佐下，刘邦最终打败了项羽，夺得了天下。

没有希望，韩信也会选择逃亡。当人才得不到重用，聪明才智没有平台展现时，人才会感到没有希望；当企业制度陈腐，起不到惩恶扬善，反倒是惩善扬恶时，人才也会感到没有希望；当企业管理者平庸无能，狂妄自大时，人才也会感到没有希望。你是怎样的管理者呢？你能给员工希望吗？

身为企业管理者，你不妨经常扪心自问：“我能不能服人？我能不能给人希望？我能不能识别人才？能不能让人才有机会展现自己的才华？”当你在做出决策、出台某项制度时，不妨问一下自己：“我的这项决定会浇灭员工的希望，还是会点燃员工的希望呢？”如果你经常这样反思自己，思考自己的决策是否明智，那么久而久之，你就会更多地考虑你的决策对员工造成的影响，从而使你的领袖能力增强，使你的影响力越来越大。

拿破仑曾说过：“不想当将军的士兵一定不是好士兵。”每个人的内心都有一种进取的愿望，都希望不断地获得提升。在企业中，每个员工都希望得到更多的赏识和器重，获得更多的晋升机会。尤其是那些优秀的人才、高级人才，他们十分看重事业上的成就感，渴望获得赏识，渴望获得晋升的机会。如果一个有能力的员工，在公司工作3年，依然还是普通职员，那么他就会感到没有希望，最终他会选择离开公司，去寻找让他感到有希望的公司。

行为科学家赫茨伯格曾经指出，工资、工作条件、工作环境等因素属于“保健因素”，激励作用不是特别强大，而职位提升、工作成就、自我实现等因素，是真正的激励因素。所以，管理者非常有必要建立合理的晋升制度，为员工的职业发展铺平道路，只要员工努力，就能获得相应的晋升。这样，员工就会看到希望，就会充满激情和干劲。当然，如果你发现员工有特别的才能，破格提拔也是可以的，这样可以极大地鼓舞人心。

在日本索尼公司，有一套明确的内部晋升制度，这套制度是由索尼公司的创始人盛田昭夫亲自建立的。盛田昭夫喜欢与员工聊天，还鼓励员工为公司的发展提出建议。有一次，盛田昭夫与员工一起吃饭时，发现有个年轻的员工郁郁寡欢、满腹心事。于是，盛田昭夫主动坐到这名员工对面，亲切地和他聊了起来。在盛田昭夫的引导和鼓励下，这名员工终于说出了不开心的原因。

“我毕业于东京大学，有一份待遇十分优厚的工作。进入索尼之前，对索尼公司崇拜得发狂。当时，我认为进入索尼是我一生的最佳选择。但是，我发现我不是在为索尼工作，而是在为课长干活。坦率地说，我这位科长是个无能之辈，更可悲的是，我所有的行动与建议都要得到课长批准。我自己的一些小发明与改进，课长不仅不支持，还挖苦我异想天开、有野心。我现在对在索尼的工作失去了兴趣，也很后悔自己放弃了那份优厚的工作来到这里！”年轻员工如是说。

盛田昭夫听了这番话，顿时震惊了，他想：公司肯定还有类似的问题，管理者应该关心员工的苦恼，了解员工的处境，让员工对公司有希望，而不能堵塞员工的上进之路。于是，盛田昭夫决定进行人事改革。

后来，索尼公司规定：每周出版一次内部小报，刊登公司各部门的“求人广告”，员工如果觉得在原来的职位上工作不开心，可以自由且秘密地前去应聘，他们的上司没有权力劝阻。另外，公司规定：每隔两年就让员工调换一次工作，对于那些能力突出、精力旺盛的员工，不应该让他们被动地等待提拔，而应该主动晋升他们，让他们有机会施展才华。

每个人才都渴望得到领导者的重视，得到公司的认可，得到职位上的晋升机会。这就要求管理者擦亮眼睛，用心去发现人才。如果你无法发现人才，那么赶紧制定一套可行的人才晋升机制，让有能力的员工在这套制度的保护下，从团队成员中脱颖而出。这样，才能留住优秀的人才，企业长久发展才有希望。

除了晋升能让员工看到希望，管理者还可以从授权、物质奖励、人文关怀等方面下手，表达对员工的认可和肯定，让他们感受到自己的重要性。这样，也可以激发他们为企业效力的积极性。

3. 与员工分享公司的愿景，向员工描绘蓝图

每一个伟大的公司都有一个看似遥不可及的愿景，比如，

阿里巴巴的愿景是：让所有的商人都用阿里巴巴；

联想集团的愿景是：未来的联想应该是高科技的联想、服务的联想、国际化的联想；

麦当劳的愿景是：控制全球食品服务业；

索尼公司的愿景是：为包括我们的股东、顾客、员工乃至商业伙伴在内的所有人提供创造和实现他们美好梦想的机会；

IBM 的愿景是：无论是一小步，还是一大步，都要带动人类的进步；

通用机器（GE）的愿景是：使世界更光明；

微软公司的愿景：计算机进入家庭，放在每一张桌子上，使用微软的软件；

福特公司的愿景是：汽车要进入家庭；

迪斯尼公司的愿景是：成为全球的超级娱乐公司；

苹果电脑公司的愿景是：让每人拥有一台计算机；

……

这些愿景看似很难实现，但是却能给员工带来强烈的使命感，使他们充满奋斗的信念。如果企业没有这个愿景，就会像在一个没有终点的跑道上赛跑，不知道自己到底要追求什么。

马克·利普顿的《愿景引领成长》中，这样写道：“愿景可以团结人，

愿景可以激励人，愿景是拨开迷雾指明航向的灯塔，愿景是困难时期或不断变化时代的方向舵，愿景是可用于竞争的有力武器，愿景能够建立起一个命运共同体。”

如果说企业价值观是企业愿景的核心，那么共同的愿景就是团队的灵魂。共同的愿景可以把个人的愿望与团队的愿望结合为一体，充分激发个人对事业的追求，使每个个体都能为超出个人利益至上的目标去奋斗。

愿景在企业发展过程中有巨大的作用，归纳出来有这样几点：

（1）指导作用。愿景可以指导企业有意图、有秩序地变革活动，使所有活动都指向有期望的结果，把无效的执行降到最低，提高团队的绩效。

（2）激励作用。愿景是企业在变革创新过程中克服困难的强大动力，当员工明白企业的愿景与核心价值观之后，了解公司未来的前景之后，他们就会对企业产生信心，激发出个人的满足感，从而调动自身的积极性，努力发挥出自己的潜能。

（3）凝聚作用。企业的愿景可以吸引那些与企业有相同价值的员工，同时排斥那些与企业愿景不同的人，从而加强企业的凝聚力。

（4）控错作用。愿景可以指出企业未来的发展方向，帮助企业看到未来可能遇到的困难，这样有利于企业及早做出谋划，未雨绸缪。

身为企业管理者，有义务、有责任与员工分享企业的愿景，帮助员工深入地了解企业的愿景。你可以在公司的会议上清楚地表达公司的愿景，锁定企业发展的方向，争取获得每个员工的支持，并让大家把企业的愿景当成自己个人的愿景。

在这一点上，惠普公司的执行总裁路·普莱特就做得很好。一位哈佛教授曾这样评价惠普公司的执行总裁路·普莱特：“他说话从不大声，也不是个外向的人，但是他不断地和员工沟通企业的愿景，而他内敛的表达方式，让他的很多同事不仅了解，而且支持他的想法。”

当然，你不可能让100%的员工都认同企业的愿景，但是没关系，只要大多数人认同就可以了。对于那些不认同企业愿景的人，你可以通过不断分解企业愿景，来逐渐影响他们改变观念，从而认同你的企业愿景。

4. 帮助员工进行职业规划，鼓励员工创造更大的成绩

人生需要方向，事业需要规划。在这个社会，应该说绝大部分人不甘于平庸，不甘于原地踏步，他们希望自己的人生不断地丰富精彩起来。在职业发展上，很多有进取心的员工都希望有一个明确的职业规划，可现实是，很多人茫然地“混迹”在公司，“混迹”在自己的岗位上，他们找不到方向，感觉事业上失去了动力。

作为企业的管理者，你有必要重视员工的职业规划问题。也许有些管理者会说：“我招聘员工过来是为企业创造价值的，他们的职业规划与我们无关，如果我们去重视每个员工的职业规划，我们哪有时间和精力管理企业?”

这话听起来颇为有道理，但细想一下：员工如果没有职业规划，职业前景一片茫然，没有目标和动力，他们会在你的公司长久地效力吗？可能性微乎其微，即便员工长期效力于你的公司，他们也可能是抱着“就这样吧，混下去吧”的心态对待工作。也就是说，当员工没有清晰的职业规划时，他们就会迷茫，就会失去前进的动力，并且很有可能频繁地跳槽，你是留不住他们的。

对企业发展而言，如果留不住人才，尤其是那些优秀的人才，那么企业的发展就会充满诸多变数。要知道，优秀的人才是企业发展的基石，如果基石不稳固，企业大厦怎么能牢牢矗立于激烈竞争的市场中呢？

某公司的部门经理辞职了，公司需要从团队内部选一名合适的人担任此职位。这件事让老板十分烦恼，因为他选出了两名候选人，其中老赵在公司工作时间很长，属于第一批老员工。无论是从资历上，还是从工作能

力上，他都非常优秀。如果让老赵做部门经理，大家会心服口服，工作将会顺利地开展。因为在员工的心目中，这个经理也是非老赵莫属。

小韩到公司仅一年多，表现也十分出色，其个人素质、业务能力，在员工中都有突出的表现，更可贵的是，他是一位可塑性十分强、接受新事物能力也很强的员工，他的知识结构、管理素质、性格等各方面也符合部门经理的岗位要求。

面对两名出色的候选人，老板左右为难，思前想后不知道该提拔谁。最后，他通过竞评的方式来考核他们的综合素质，结果，在考核中，小韩胜出了。老板让小韩担任部门经理。

虽然老赵表面上表示服气，但是从他之后的工作表现上，他明显对这次竞选失败感到失望，他的工作积极性大不如从前。每次老板找他谈话，他都表示认识到了自己的问题，也会努力。但是两个月后，他毅然选择了辞职。老板最后一次挽留他，问他为什么要辞职时，他给出的回答是："我找不到努力的方向，看不到自己的职业前途。"

自从老赵辞职之后，公司在短时间内出现了一阵"员工辞职旋风"，大家表示：老赵在工作上兢兢业业，对公司作了很大的贡献，却没有获得晋升，他们从这件事上感觉到在公司没有希望。

可以说，员工找不到努力的方向，看不到自己的职业前途，这是目前职场中普遍存在的问题。大多数管理者并未意识到自己在这其中肩负的责任，没有意识到有什么必要帮助员工进行职业规划。即使当员工辞职时说"我找不到方向，我看不到自己的职业前途"时，他们也无法认识到员工需要一个清晰的职业规划。

在上面的案例中，老赵辞职的根本原因也不是没有被提拔为部门经理，而是他找不到努力的方向，感觉不到职业的前途。试想一下，一个在公司效力多年的老员工，基本上到了一个职业瓶颈期。这时老板如果经常与老赵谈话，和他探讨职业规划，并明确告诉他：下一步公司会如何提拔他，为此他需要在哪些方面进行自我完善，以便更好地胜任这个职位。那么，老赵就会清楚自己要干什么，明白自己的职业前途在哪儿，也会觉得在公司工作是有上升空间的。即便这次没有提拔他担任部门经理，他也不会感到沮丧，因为他知道：只要自己朝哪个方向努力，就会获得怎样的职业成绩，这样一来，他会充满希望地去努力工作。

身为管理者，如果消除不了员工的失望情绪，驱散不了员工心头的迷茫，那么员工的工作热情就会逐渐降低，直至离开公司。这就需要管理者帮员工找到职业的方向，帮他们做好职业规划。为此，首先要让员工有职业规划的意识，让员工明白职业规划的重要性，并指导他们如何去规划。其次，他们帮助员工、指导员工完善他的职业规划。这是帮员工成长的重要方式之一。

比如，当你发现公司的某员工适合做客户服务工作时，把他调换到客服部，对他进行培养，并告诉他："你做客服有独特的优势，你好好锻炼半年，公司将根据你的表现，决定是否提拔你做客服部经理。"当你发现某员工技术过硬，管理能力很强时，你也可以培养他，然后把他提拔为执行经理。这是在帮助员工明确职业方向，帮助员工不断变得优秀起来。在这方面，谷歌公司有独特的职业规划五步法，相信对你会有借鉴和参考价值。

第一步：根据员工当前所在的职位特点以及职责评估，找出适合员工的努力方向和晋升路径。

第二步：把员工的绩效与晋升的关系列出来。比如，如果员工在考核中获得了五个"优"，工资就能升两级；行政职位升一级。如果员工在考核中不达标，公司会给他改善的建议。

第三步：结合员工的能力与素质进行规划。在帮助员工进行职业规划时，必须考虑员工的能力与素质，因为不同的职位所需要的员工的核心能力是不同的。员工有哪方面的优势，就让他从事与他优势相关性最大的工作，这便于员工扬长避短、最大化发挥优势。

第四步：确定发展和晋升的方式。晋升有多种方式，不同岗位的晋升方式是不同的，需要在岗位说明书中明确指出。

第五步：指出需要改善之处。职业生涯规划不单单是帮员工确定下一个努力的方向和目标，更重要的是，指出员工工作中的不足之处，帮助员工改善，这样有助于员工进步。

5. 创造舒适的工作环境，让员工创造性地工作

健康优雅的工作环境，对激发员工的工作积极性、激发员工对生活的热爱、对事业的美好追求，都有着十分重要的意义。在舒适的环境中，员工往往会感到心情愉悦，并容易保持高效的工作状态。

在一家民营企业的办公楼大院里，有一个约占大院面积一半的人工湖，水非常清澈，而且是流动的。水中养了很多观赏鱼。人工湖的周围是绿草坪，还有松柏、桃树和翠竹。办公楼的窗户是整块的玻璃，没有墙壁阻隔视线。员工可以在工作的间隙，把视线转移到窗外的大院，欣赏院内的风景，让繁忙的身心得到片刻的放松，缓解紧绷的神经。如果在这样的环境中工作，你会感觉身心愉悦吗？反之，如果在下面这种环境中工作，你的感受会怎样呢？

某公司的办公大厅设置在暗间里，四面都是墙壁，根本见不到阳光。进入公司就要开灯，而屋顶的灯光非常昏暗。在其中待上几分钟，人就会感到压抑和憋闷。员工们说，由于灯光太昏暗，看东西久了，眼睛会发痛，进而会目眩，工作效率没法提高。

当环境令人压抑时，员工的精神状态无法兴奋起来，思想和行动都会变得萎靡和迟缓，这样很难创造性地工作。身为管理者，如果你无法理解员工对舒适环境的渴望，你也可以扪心自问：在糟糕的环境中，你的心情是怎样的？千万不要为了节省一点成本，就忽视办公环境的营造。

一般来说，舒适的环境最起码要满足这两点：

第一，环境要健康、清洁、卫生，如果办公环境中垃圾横飞，地上满是废纸、办公桌上脏乱不堪，墙上还有许多口水印、口香糖，试问，在这样的办公室你会觉得舒服吗？

第二，环境要舒适，比如，自然光线、空气流通、绿色植物等等。当然，如果室外还有绿色景观，比如，大片绿色草坪或繁茂的树林等，那是最好不过了。

创造一个舒适的办公环境，体现了公司对员工的尊重、关心和爱护，这是公司人性化的体现之一。这种环境不仅仅指空间上的环境，还包括心理上的、精神上平等的氛围，这种环境相对于空间环境，对激发员工的创造性影响更大。

微软公司云集了许多优秀的人才。比尔·盖茨为了让他们更好地发挥聪明才智，营造了一种没有等级隔阂的文化氛围。在微软公司，每个员工都有自己独立的办公室或房间，在每个办公室里，都可以透过窗户眺望外面的风景。每个办公室的大小都差不多，比尔·盖茨的办公室也不比大家的办公室大多少。每个员工都有权按照自己的想法布置和装饰自己的办公室，其他人没有权力干涉。

在办公室里，你想坐在哪个位置呢？对此，微软公司没有硬性的规定，而是让员工自由地挑选。如果某个办公室多人都想要，那么将会通过抽签的办法来决定。如果第一次员工没有选到中意的办公室，下一次他还有机会选，直到满意为止。

微软公司尊重每个员工的隐私，每个办公室都有门。这种做法让员工感受到了平等与尊重，大家都很舒心。

微软的总部大楼在西雅图，办公大楼主要是玻璃和钢材结构，地上铺着地毯，天花板上散发着柔和的灯光。但是在办公大楼内，你找不到一个时钟。因为微软提倡大家凭良心上班下班，如果你不愿意来上班，你可以在家里办公，只要你能按期按质完成工作任务，没有人强迫你加班，如果你愿意加班，完全可以加班。西雅图的天气多为阴天，晴天较少，每当风和日丽的日子，员工就会在公司外面散心。

微软公司营造了一种无等级隔阂的办公环境，让每个在这里的员工，都能感受到尊重与平等，这有利于大家平等地沟通与交流，对增强企业凝聚力、加强团队合作是非常有益的。在这种自由宽松的工作氛围中，员工可以自由地创新，自发地工作。正是靠着别出心裁的人性化的办公环境和管理制度，微软才能吸引一大批富有创造力的人才，并且让这些人才心甘情愿地留在微软。

微软的做法告诉我们：舒适的环境不仅体现在视觉上、感觉上，更表现在心理上。有些企业的做法与微软的做法截然相反，他们的工作环境中处处充满了对员工的不信任和监控，让员工没有任何隐私和自由，使员工感受不到尊重。比如，某公司办公大厅的天花板上，安装了8只“电子眼”，随时监视着员工的一举一动，这让员工感觉很压抑、很不舒服。

员工小黄说，自从有了“电子眼”，她就常常感觉有一双眼睛在看着自己，感觉后背脊发凉。她在座位上不敢再“开小差”，不敢再偷偷挖鼻孔、看新闻，然而，她的思想却经常“开小差”，工作效率并没有比以前高。和小黄的感觉一样，8只“电子眼”让办公室的很多员工感觉到压力，有人甚至萌生了辞职的念头。

对于这种现象，我们只想问一问公司的管理者：“如果你经常被摄像头监视着，你的一举一动都被‘公开化’，你没有任何隐私，没有任何自由，你会作何感想?”

6. 大目标分成小目标，让员工每天都有奔头

曾经有人做过这样一个实验：

组织三组人员，让他们沿着公路往前走，去往10公里外的庄园。但是三组人员对相关的信息了解程度不一样。

第一组人员不知道庄园的名字，也不知道距自己出发的地方有多远，他们只被告知跟着向导走。第二组人员知道去哪个庄园，也知道有10公里远，但是路边没有路程牌，他们只能凭经验判断自己走了多远，距目的地还有多远。第三组人员最幸运，他们知道庄园的名字，也知道那个庄园离出发地有10公里远，并且路边有路程牌，只要看路程牌就知道自己离那个

庄园有多远。

结果出现怎样的状况呢？

第一组人员刚走出两三公里，就有人开始叫苦，走到一半时，有些人几乎开始愤怒了，他们大声地抱怨：为什么要大家走这么远？什么时候才能走到？有的人甚至坐在路边，用行动表示抗议。最后，人们情绪低落，队伍七零八落，溃不成军。

第二组人员走了一半，有人就开始叫苦。很多人都想知道他们已经走了多远，经验丰富的人说："大概走了一半的路程。"当他们走了四分之三的路程时，大家的情绪开始低落，觉得疲惫不堪。他们感觉前面还有很漫长的路，当有人说"快到了"时，大家又振奋起来。

第三组人员一边走，一边哼着小曲。每看到一个里程碑时，他们就知道自己离目的地近了一段。他们的情绪一直很高涨，当他们走了七八公里时，有些人确实感到累了，但是他们没有叫苦，因为他们知道还有两三公里就到了，胜利就在前方，于是他们继续有说有笑地往前走。在快到目的地时，大家居然情绪高涨起来，反而加快了速度。

这个实验告诉我们：当我们的行动有明确的目标，并且目标被划分为多个小目标时，我们就可以不断地把自己的行动与目标进行对照，从而清楚自己所处的位置，还需做怎样的努力。这样，我们就会自觉地克服困难，努力实现目标。

在企业中，管理者是团队的领头羊，主要任务是统一全体成员的意见和行动，并为大家确立目标，提供行动的方向。如果管理者善于制定明确的目标，并把大目标化分为多个小目标，让每个员工都负责完成相应的目标，那么，每个员工都能在目标的激励下，迸发出强烈的工作热情，最终实现团队的大目标。

很多时候，员工之所以感到茫然，感到没有奔头，其实往往是因为没有方向感和目标感。因此，作为管理者，必须给员工方向感和目标感。怎样才能给员工方向感呢？那就是把团队的大目标告诉员工，让员工明白将要干什么；怎样才能给员工目标感呢？那就是把团队的大目标分解为多个小目标，让每个员工都负责相应的小目标，让他们知道该做什么。如果你能做到这一点，那么员工就不会轻易迷茫了。

然而，有些管理者做到了第一步，却忽视了第二步。他们让员工明白团队的大目标，却没有将大目标分解开来。员工只知道公司要做什么，却不知道自己该做什么。这样一来，员工就会被大目标吓到，在执行中就会不由自主地产生畏难情结，最后引发心理学上所说的“目标恐惧症”，继而使人产生中途放弃的念头，这就叫“半途效应”。

关于半途效应，有一个很典型的例子：

1952年7月4日清晨，34岁的费罗伦丝·柯德威克从加利福尼亚海岸以西21英里的卡塔林纳岛上跳入太平洋，开始向加州海岸游去。如果她成功了，将是第一个游过这个海峡的女人。那天早晨，雾气很大，海水冰冷，冻得费罗伦丝全身发麻。在游了15个小时之后，她已经筋疲力尽，于是产生了放弃的念头。

随行人员叫她不要放弃，说离加州海岸很近了，但是她放眼望去，除了看到浓雾，什么也看不到。于是，她还是放弃了。当人们把她拉上船时，行驶没多久，就达到了加州海岸。原来，当时她上船的地方离加州海岸只有半英里。

事后费罗伦丝显得十分懊悔，她说：“说实在的，我不是为自己找借口，如果当时我看见陆地，也许我能坚持下来。”

两个月后，费罗伦丝再次横渡这个海峡。与上次不同，她把整个距离划分为8个小分段，设置标志物，每到一个标志物，她就知道自己离目标还有多远，最后，她顺利地到达了目的地，并且这个成绩比男子的记录还快了大约两小时。

从这案例中，我们可以发现：将大目标划分成小目标，所产生的激励作用有多么强大。

在企业管理中，管理者的职责就是确定目标、划分目标、分派任务，与其让一帮员工完成一个宏大的目标，不如把宏大的目标划分开，让每个员工负责一个目标。分解大目标的意义就是在告诉员工：“你完全有能力完成这个目标。”“胜任”是对员工最好的激励，或者说激励的本质在于让员工感到自己能够胜任。这才是完美的激励，这样的管理者才是高明的激励大师，而不是口若悬河的鼓动家。

松下幸之助有一条重要的经营策略，那就是不断提出新的发展目标，让员工有目标感，他经常找员工畅谈对未来的设想，并由此制定具体的目标。1955年，他宣布了自己第一个五年计划：计划用5年的时间，把松下电器公司从一个效益为220亿日元的公司，发展成一个效益为800亿日元的公司。

与此同时，他将这个大目标划分到每一年，即为了实现这个目标，全体成员每一年要达成怎样的目标。之后，再把每一年的目标落实到每个员工身上，让每个员工肩负起自己的责任。他还承诺，如果能实现这个目标，那么大家将享受到与西方发达国家相同的薪资待遇。

5年之后，松下先生的“五年计划”实现了，他对员工的薪资承诺也兑现了。从此，员工士气大振，大家与松下先生一起，筑起了松下电器的王国。

在一个具有超强目标感的管理者的带领下，员工工作的动力就很容易被激发出来。反之，如果管理者是一个没有规划，没有目标感的人，大家都在混沌中工作，那么员工的情绪就会一落千丈，团队就会变成一盘散沙。

阿里巴巴公司的创始人马云曾经说过：“不要让你的员工为你干活，而让我们的员工为我们的目标干活，共同努力，团结在一个共同的目标下面，要比团结在一个企业家周围容易得多。所以，首先要说服大家认同共同的理想，而不是让大家来为你干活。”很显然，松下幸之助就是这么做的。

7. 注重培训，打造一支学习型队伍

有这样一个故事：

很久以前，有两个国家经常发生战争，他们都想灭掉对方，而取胜的基本条件是兵强马壮。但是千军易得，良马难求。于是，两个国家都贴出

告示，悬赏献出千里马的人。

有一个人见到告示后，就把自己的马牵来见这个国家的国王。他对国王说："我这匹马不是千里马，但是它有成为千里马的潜质，我有信心将它调教成千里马。"国王大怒，将这个人赶了出去，并赐他一顿棍棒。

这个人非常沮丧，于是又牵着马来到另一个国家，对国王说了同样的话。但这次不同的是，这个国王高兴地款待了他，国王对他说："你有调教千里马的本领，你是难得的人才，只要你好好为我效力，我绝不亏待你。"

结果，在这个人的精心调教下，这个国家发现和培养了很多千里马、800里马、500里马，后来这个国家把另一个国家消灭了。

这个故事告诉我们：企业要发展，人才是关键。但人才不只是靠招聘才能得到的，更应该重视对企业内部的人才发掘和培养，只有这样，才能不断提高团队的素质，壮大团队的竞争力。

在如今这个信息化时代，产品更新换代的速度快得让人咋舌，知识、技术必须不断升级，才能跟上时代的脚步。因此，定期或不定期地对员工进行培训，帮员工提升知识和技能，努力打造一支学习型的队伍，对企业发展具有重要的意义。

保洁公司的前任董事长Richard Dupree曾经说过："如果把保洁公司的人才带走，把保洁公司的资金、厂房以及品牌留下，那么保洁公司会垮掉；相反，如果把保洁公司的人才留下，把保洁公司的资金、厂房以及品牌拿走，10年之内，保洁公司将会复兴。"为此，保洁公司制定了完善的培训制度，为人才提供了良好的学习平台，以此增加员工的归属感，从而达到留住人才的目的。

每一年，保洁公司都会拿出一笔巨大的资金用于人才的培训。培训的方式多种多样，比如，请专家名师来企业授课，或接受保洁的管理者一对一的指导，甚至会组织优秀的人才去海外进修。这种做法为保洁公司凝聚人才、营造归属感打下了重要的基础，也是保洁公司成功的重要因素。

俗话说："工欲善其事，必先利其器。"企业想借用员工的聪明才智和专业技能为公司的发展服务，就必须先投入成本，或在员工效力于企业的过程中，不断地投入成本，用于培训员工，提升员工。世界华人首富李嘉诚在这一点上做得很好。

在李嘉诚的创业史中，在长实集团的壮大过程中，我们不得不提起一个人，他叫周年茂。他的父亲叫周千和，是长实集团的功勋元老。周年茂在学生时代，就显露出过人的才华，于是李嘉诚将他作为长实集团未来的专业人才进行培养，花血本将其送到国外学习法律专业。1981年，周年茂回到香港，进入长实集团，被李嘉诚指定为公司的发言人。两年后，他被选为长实集团的董事。

俗话说得好："没有梧桐树，引不来金凤凰。"如果说周年茂是金凤凰，那么他在读书时，最多是个雏凤凰。在李嘉诚的大力栽培下，才成为后来长实集团的风云人物。由此可见，李嘉诚对待人才，真的是非常用心。

与李嘉诚相比，很多企业管理者也知道人才是企业的财富，但只知道"榨取"人才自身的价值，却忽视对人才进行"价值再造"。在这种情况下，员工在企业工作了一段时间后，由于知识、技能没有得到提升，他的综合素质就跟不上企业发展的需要了。而在这种情况下，企业一般不会辞退老员工，尤其是对企业有过重要贡献的老员工，于是，这些以前优秀的员工，无形中就阻碍了企业的发展，而企业管理者们却浑然不知。

管理者一定要认识到，对于一个可持续发展的企业，建立一个良好的培训机制是不可或缺的。在麦当劳，有超过七成的餐厅经理、五成以上的中高级主管以及三成以上的加盟经营者，都是从计时员开始培训，最后才成为公司的中坚人才的。在通用公司，仅杰克·韦尔奇执政的20年内，接受过他培训的中高级管理人员就多达2.7万人。通过培训，这些人员为通用公司的发展做出了巨大的贡献。

企业应该成为人才的培训场，而不只是产品的生产厂。就像松下幸之助曾说过的一句话："松下电器公司是制造人才的地方，兼而制造电器产品。"在松下先生看来，事业的发展考的是人才，人才培训更是当务之急。如果企业只知道用人，却不重视培育、培训人才，是不可能成就霸业的。